ABITUR

Prüfungsaufgaben
mit Lösungen

2015

Französisch

Grund- und Leistungskurs
Gymnasium • Gesamtschule
Nordrhein-Westfalen

2008–2014

STARK

ISBN 978-3-8490-1094-2

8. ergänzte Auflage
www.stark-verlag.de

Inhalt

Jeweils im Herbst erscheinen die neuen Ausgaben der Abiturprüfungsaufgaben mit Lösungen.

Autoren:

Dauth, Isabella:	2014: GK (n) 1 und 2
Haberkern, Rainer:	Übungsaufgaben zur mündlichen Prüfung
Hepperle, Tanja:	2010: GK (n) 1 und 2; 2011 LK 1 und 2;
	2012: GK (n) 2, LK 2; 2013 GK (f) 2
Krä, Sandra:	2010: LK 1 und 2; 2012: GK (n) 1; 2013: GK (n) 2
Lange, Ulrike C.:	2009: LK 1 und 2
Meyhoefer, Sven:	2010: GK (f) und 2; 2011 GK (f) 1 und 2;
	2012: GK (f) 1 und 2; 2013 LK 1 und 2; 2014: LK 1 und 2
Müller-Fischbach, Ursula:	2008: GK (f) 1 und 2
Pierre, Isabelle:	2009: GK (f) 2
Ruhrbruch, Jan:	2013: GK (f) 1; 2014: GK (f) 1 und 2
Teckenburg, Almut:	2008: LK 1 und 2

Vorwort

Liebe Schülerin, lieber Schüler,

der vorliegende Band bietet Ihnen die Möglichkeit, sich optimal auf das **Zentralabitur 2015** im Fach Französisch vorzubereiten.

- Der Band enthält die **Original-Prüfungsaufgaben** der vergangenen Jahre. So bekommen Sie einen guten Eindruck vom Aufbau der Prüfungen und der Art der Aufgabenstellungen.
- Zusätzlich finden Sie in diesem Band **Übungsaufgaben** im Stil der **mündlichen Prüfung**.
- Zu jeder Aufgabe gibt es vollständige, auf Französisch ausformulierte **Lösungsvorschläge**, anhand derer Sie abschätzen können, was von Ihnen erwartet wird, und die Ihnen Anregungen zu eigenen Formulierungen geben. Vor einigen Lösungsvorschlägen finden Sie zudem mit grauen Rauten markierte **Hinweise** in deutscher Sprache, die die Lösung noch transparenter machen.
- Im Kapitel **„Hinweise und Tipps zum Abitur"** können Sie sich über die Schwerpunkte des Abiturs 2015 informieren sowie über die Erwartungen, die im Rahmen der Prüfung an Sie gestellt werden. Dazu erhalten Sie viele praktische Tipps, wie Sie die schriftliche und mündliche Prüfung erfolgreich bewältigen können.

Sollten nach Erscheinen dieses Bandes noch wichtige Änderungen in der Abitur-Prüfung 2015 vom Schulministerium bekannt gegeben werden, finden Sie aktuelle Informationen dazu im Internet unter:
www.stark-verlag.de/pruefung-aktuell

Viel Erfolg bei Ihrer Abiturprüfung!

Stichwortverzeichnis

mots-clés

personnes

Hinweise und Tipps zum Abitur

Schriftliche Abiturprüfung

1 Ablauf der Prüfung

In der Abiturprüfung Französisch werden Ihnen sowohl im Leistungskurs als auch im Grundkurs je zwei Prüfungsvorschläge unterbreitet, von denen Sie selbst einen zur Bearbeitung auswählen.

Bearbeitungszeit

Die Gesamtprüfungszeit (Auswahlzeit + Bearbeitungszeit) beträgt im Leistungskurs 285 Minuten, im Grundkurs 210 Minuten. Diese zeitlichen Vorgaben umfassen bei allen Kursarten eine Auswahlzeit von 30 Minuten.

Erlaubte Hilfsmittel

Für die Bearbeitung der Abituraufgabe werden ein ein- und ein zweisprachiges Wörterbuch bereitgestellt.

2 Inhalte

Für Französisch sind im Hinblick auf das **Abitur 2015** folgende inhaltliche Schwerpunkte verbindlich:

Fortgeführte Fremdsprache

Themen	Aufgaben
• *Vivre avec notre voisin à l'ouest* – *Les relations franco-allemandes* – *L'engagement commun pour l'avenir de l'Europe*	GK (f) 2008, 2 GK (f) 2009, 1 GK (f) 2011, 1 GK (f) 2014, 2 LK 2009, 1 LK 2011, 2 LK 2014, 2

Themen	Aufgaben
• *Voyager – (Im-)Migrer – Résider* – *Paris : Réalité et fiction* – *Le Midi* – *Le Québec – une région francophone d'outre-Atlantique* – *Le passé colonial de la France et l'immigration*	GK (f) 2008, 1 GK (f) 2009, 2 GK (f) 2010, 1 GK (f) 2010, 2 GK (f) 2011, 2 GK (f) 2012, 2 GK (f) 2013, 1 GK (f) 2014, 1 LK 2008, 1 LK 2008, 2 LK 2009, 1 LK 2009, 2 LK 2010, 2 LK 2011, 1 LK 2012, 2 LK 2013, 2
• *Existence humaine et modes de vie* – *Problèmes existentiels de l'homme moderne* – *Conceptions de vie* – *La culture banlieue*	GK (f) 2011, 1 GK (f) 2012, 1 GK (f) 2012, 2 GK (f) 2013, 1 GK (f) 2013, 2 LK 2010, 1 LK 2010, 2 LK 2012, 1 LK 2012, 2 LK 2013, 1
Im Leistungskurs zusätzlich: • *Images littéraires de la société française* – *Le Siècle Classique* – *Du Réalisme au Naturalisme*	LK 2012, 1 LK 2014, 1

Im Unterricht müssen dabei sowohl **Sach- und Gebrauchstexte** (Reden, Zeitungsartikel, Internetauszüge) als auch **literarische Texte** *(nouvelle, roman, pièce de théâtre, poème, chanson, rap, scénario)* herangezogen werden, im Leistungskurs zusätzlich die *fable*.

Neu einsetzende Fremdsprache

Themen	Aufgaben
• *Voyager – (Im-)migrer – Résider* – *La Provence* – *Paris et la région parisienne*	GK (n) 2008, 2 GK (n) 2009, 2 GK (n) 2010, 2 GK (n) 2011, 1 GK (n) 2011, 2 GK (n) 2012, 1 GK (n) 2012, 2 GK (n) 2013, 2 GK (n) 2014, 1
• *La vie quotidienne* – *L'école et le monde du travail* – *Famille, amour et amitié* – *Vivre en banlieue*	GK (n) 2008, 1 GK (n) 2009, 1 GK (n) 2010, 1 GK (n) 2010, 2 GK (n) 2011, 1 GK (n) 2011, 2 GK (n) 2012, 1 GK (n) 2012, 2 GK (n) 2013, 1
• *La France et l'Allemagne* – *Être jeune en France et en Allemagne* – *Rapports culturels, professionnels et personnels entre Français et Allemands*	GK (n) 2008, 1 GK (n) 2014, 2

Neben **Sach- und Gebrauchstexten** (Reden, Zeitungsartikel, Internetauszüge) müssen **literarische Texte** *(nouvelle, conte, roman, textes scéniques, poème, chanson, rap)* berücksichtigt werden.

3 Aufgabenarten

Bei den beiden Prüfungsvorschlägen, die Sie im Abitur bekommen, handelt es sich, unabhängig von der Kursart, die Sie gewählt haben, um **Textaufgaben**.
Diese Textaufgaben umfassen nur noch die **Aufgabenarten A und A +**, wobei A + bedeutet, dass anstelle eines *commentaire* ein produktiv-gestaltender Auftrag gegeben wird. Zu beachten ist weiterhin, dass in allen Kurstypen, d. h. im LK, im Gk (f) und im GK (n) – den LK (n) gibt es in NRW nicht mehr – nur noch 4 Arbeitsaufträge gestellt werden und der Schwerpunkt der zu erbringenden Leistung im Anforderungsbereich 2 *(analyse)* liegen muss. Dies bedeutet in den meisten Fällen, dass zwei Aufträge zur *analyse* gestellt werden müssen. Somit kommt es in den Abiturklausuren in allen Kurstypen fast ausschließlich zu der Kombination 1 + 2 + 1, d. h. 1 Auf-

trag zur *compréhension*, 2 Aufträge zur *analyse* und 1 Auftrag entweder zum *commentaire* oder zur gestaltenden Textproduktion.
Ausnahmen zu dieser Regelung können lediglich für den Fall gelten, dass im Beurteilungsbereich Inhalt im Rahmen der 60 zu verteilenden Punkte eine Aufgabe zur *analyse* gestellt werden kann, die mindestens 24 Punkte (4 Kriterien zu jeweils 6 Punkten) ausweist.
Aufgaben, die sich auf auditive oder audiovisuelle Materialien stützen, sind für das kommende Abitur nicht vorgesehen.

4 Anforderungsbereiche und Operatoren (mit praktischen Tipps)

Die Textaufgaben umfassen drei Bereiche *(compréhension, analyse, commentaire)*, die unterschiedlich hohe Anforderungen an Sie stellen. An die Stelle einer Aufgabe zum *commentaire* kann auch eine produktiv-gestaltende Aufgabe treten. Die Operatorenliste ist abrufbar unter:
www.standardsicherung.nrw.de/abitur-gost/fach.php?fach=5

Anforderungsbereich 1: *Compréhension*

Im Rahmen der Informationsaufnahme geht es um das Erfassen der im Text explizit geäußerten Information.

résumer	Résumez le texte. (GK (f) 2014, 1, 1)
indiquer	
exposer brièvement	Exposez brièvement les avis de Nathalie et d'Angeline sur Marseille. (GK (f) 2010, 2, 1)
décrire	Décrivez l'évolution de la ville de Paris telle que l'auteur la présente dans le texte. (LK 2013, 2, 1)
présenter	Présentez les étudiants, leurs projets et leurs expériences. (GK (n) 2012, 2, 1)

Anforderungsbereich 2: *Analyse*

Im Rahmen der Informationsverarbeitung geht es um das Erfassen der versteckten Information. Bei der Bearbeitung der die *analyse* betreffenden Aufträge ist es sinnvoll, den Text selektiv oder intensiv zu lesen.

analyser	Analysez les pensées et les réactions de Mathieu pendant la rencontre. (GK (f) 2013, 2, 3)
caractériser/ faire le portrait de qn	Caractérisez Lucie Aubrac. (LK 2011, 2, 3) Faites le portrait de Fernanda. (GK (n) 2008, 2, 3)
préciser	Précisez ce que signifie le sourire pour Monsieur Ibrahim et pour Momo en tenant compte de ses expériences. (GK (n) 2013, 1, 3)

examiner	Examinez la réaction du couple lorsque Georges Louis fait comprendre qu'il connaît la vérité. (LK 2014, 1, 2)
dégager	Dégagez les causes de cette évolution et leurs effets sur l'identité de la ville. (LK 2013, 2, 2)
expliquer	Expliquez les raisons qui poussent Samir et Hatim à rentrer au Maroc. (GK (f) 2011, 2, 1)
comparer	Comparez les réactions des deux sœurs. (GK (f) 2014, 1, 2)
étudier	Étudiez les réactions de l'enfant pendant l'entretien avec Mamie Rose. (GK (f) 2012, 1, 3)

Anforderungsbereich 3: *Commentaire*

Der *commentaire* betrifft den Bereich der Informationsbewertung. Hier wird erwartet, dass Sie zu den zuvor im Rahmen der *compréhension* und *analyse* bearbeiteten Inhalten nunmehr wertend Stellung beziehen oder in größere thematische Zusammenhänge einordnen. Dabei kann die im Ausgangstext dargestellte Wirklichkeit einerseits mit eigenen Vorstellungen und Werten in Beziehung gesetzt werden. Andererseits können Sie aufgefordert werden, die Wirklichkeit des Ausgangstextes in größere Zusammenhänge einzubetten. Es kann darum gehen,

- Ansichten, Haltungen und Überzeugungen des Autors/der Autorin, die im Unterricht der Qualifikationsphase thematisiert worden sind, im Text nachzuweisen bzw. zu belegen, zu bewerten und zu kommentieren,
- Inhalte des zuvor bearbeiteten Textes mit anderen, in den Jahrgangsstufen 12 und 13 bearbeiteten Texten zu vergleichen, Parallelen zu ziehen oder Unterschiede auszumachen,
- im Ausgangstext handelnde Personen, deren Verhaltensweisen und Wertvorstellungen in größere, z. B. soziale, historische, religiöse Kontexte zu integrieren und zu bewerten.

comparer	Comparez Sganarelle aux médecins du *Malade imaginaire* de Molière. (LK 2012, 1, 4)
commenter	Commentez l'attitude des artistes en vous référant à l'image que la tour Eiffel suscite aujourd'hui. (LK 2011, 1, 4)
discuter/ peser le pour et le contre	Vous devez faire un stage de six mois dans une entreprise en France. Vous avez plusieurs offres, entre autres celle d'une entreprise à Marseille. Pesez le pour et le contre d'une vie à Marseille en partant des textes. (GK (f) 2010, 2, 4)
juger	[…] Jugez de cette classification en vous référant au texte et au travail fait en cours. (GK (f) 2014, 1, 4)
justifier	

Aufgaben zur produktiv-gestaltenden Textproduktion

Beinhaltet eine Aufgabe einen produktiv-gestaltenden Auftrag, wird von Ihnen erwartet, dass Sie in thematischer Rückkoppelung zum Ausgangstext etwas Neues in Form eines eigenständigen Textes erstellen.

In thematischer Anlehnung an den zuvor bearbeiteten Text können z. B. folgende produktiv-gestaltende Aufträge gestellt werden:

- Umschreiben eines vorgegebenen Textes
  Beispiel: *L'extrait de ce texte de Maupassant est un texte du XIXe siècle. Placez-le dans un contexte actuel.*
- Fortsetzung eines unvollständigen Textes
  Beispiel: *Ecrivez une fin possible de l'histoire.*
- Umformung eines Textes in eine andere Textform
  Beispiel: *Le texte que vous avez traité est l'extrait d'un récit. Transformez-le en fait divers.*
- Schreiben eines Antitextes
  Beispiel: *Le texte sur la Provence donne une image parfaite de cette région. Ecrivez un anti-texte sur cette région.*
- Ausfüllen von Leerstellen
  Beispiel: *« Ce restaurant est interdit aux youtres ». Mettez-vous à la place du client (juif) et exprimez ses pensées en ce moment précis.*
- Perspektivenwechsel
  Beispiel: *Racontez le début du récit en adoptant la perspective de M. d'Arnelles.*
- Ausgestaltung eines Erzählkerns
  Beispiel: *Tiraillé entre le plaisir et son devoir, M. d'Arnelles hésite. Exprimez ses hésitations en adoptant le style indirect libre.*

5 Kriterien der Leistungsbewertung

Bewertet werden Sprache und Inhalt, wobei der sprachlichen Leistung (60 %) gegenüber der inhaltlichen (40 %) ein größeres Gewicht zufällt.

Sprache

Bei der sprachlichen Leistung (Darstellungsleistung) wird nach Sprachrichtigkeit, Ausdrucksvermögen und kommunikativer Textgestaltung differenziert.

Inhalt

Die Ermittlung einer Zensur für eine Teiloperation (z. B. für die *analyse*) ist nicht vorgesehen, vielmehr wird eine Gesamtnote für den inhaltlichen Bereich erstellt.

6 Praktische Tipps für die Prüfung

Um eine Prüfung erfolgreich bewältigen zu können, ist es häufig sinnvoll, sich zuvor bestimmte Strategien und Techniken zurechtzulegen. Außerdem sollte man sich bereits vorher mit den Operatoren in den Aufgabenstellungen vertraut machen und sich darüber klar werden, welche Erwartungen an die Lösung sich dahinter verbergen.

Bearbeitungsschritte

Da innerhalb einer bestimmten Zeit eine umfangreiche Aufgabe gelöst werden muss, ist es ratsam, gewisse Strategien einzusetzen und folgende Schritte zu beachten:

1. Nach Möglichkeit schnelle Entscheidung für einen der beiden Texte → die Auswahlzeit für die Bearbeitungszeit nutzen.
2. Erste (kursorische) Lektüre des Textes → Überblick über den Text verschaffen: Hauptgedanken bzw. inhaltlichen Schwerpunkt, Textsorte, Textintention formulieren bzw. festlegen.
3. Aufgabenstellung verstehen → mehrmaliges intensives Durchlesen der Aufträge.
4. Intensive Bearbeitung des Textes (intensive bzw. selektive Lektüre des Textes) → Markierungstechniken anwenden, Text mit Symbolen bearbeiten.
5. Bearbeitung der Arbeitsaufträge → Reihenfolge der Aufträge beachten, die eine Progression berücksichtigen *(compréhension → analyse → commentaire)*; Zeitlimits für die Bearbeitung der jeweiligen Teiloperationen setzen.
6. Nachkorrektur der Arbeit → genaues Durchlesen der Arbeit; intensive sprachliche Korrektur (persönliche Fehlercheckliste anwenden).

Lesestrategien

Wenngleich es sich bei allen Aufgabenformen um gelenkte Textproduktionen handelt, sind Sie in der Abiturprüfung zunächst einmal mit einem unbekannten Text konfrontiert, den Sie erschließen und anschließend bearbeiten sollen. Dazu ist es erforderlich, dass Sie diesen unbekannten Text gut verstehen. Zuvor angeeignete, im Unterricht erprobte Strategien und Techniken erleichtern Ihnen die Texterschließung.

Folgende Lesetechniken können bei der Erschließung des Textes greifen:

- Das orientierende Lesen hat den Zweck, durch schnelles und überfliegendes Lesen einen ersten Überblick zu gewinnen und herauszufinden, worum es im Text überhaupt geht. Wesentliches wird herausgearbeitet, Details werden nicht beachtet.
- Beim selektiven Lesen tasten Sie wie ein Scanner den Text nach einer bestimmten Information ab; entsprechend dem Auftrag werden spezifische Aspekte aus dem Text gefiltert.
- Das intensive Lesen ist eine Leseform, die vor allem bei der *analyse* angewendet wird. Ziel ist es, auch bei kürzeren Passagen den Text vollständig zu erfassen.

Beim ersten Kontakt mit dem unbekannten Text sollten Sie zunächst durch orientierendes Lesen den Hauptgedanken des Textes *(l'idée centrale)* erfassen, ohne dabei auf Details einzugehen und das Wörterbuch hinzuzuziehen. Unterstreichen Sie mithilfe von Textmarkern Wesentliches wie Schlüsselbegriffe und/oder Schlüsselsätze.

Résumé

Bevor Sie sich an die Erstellung des Resümees begeben, ist es sinnvoll, den Text mehrfach gründlich durchzulesen. Wenn Sie ein Wort nicht kennen, versuchen Sie, die Bedeutung des Wortes durch den Kontext, durch die Ableitung von einem Fremdwort oder auch durch Wortbildungsregeln zu erschließen. Das Nachschlagen im Wörterbuch kostet Zeit. Bei der Erstellung des Resümees sind insbesondere folgende Punkte zu beachten:

- Geben Sie in einem kurzen Einführungssatz den Hauptgedanken des Textes an.
- Behalten Sie die gedankliche Anordnung des Originaltextes bei.
- Formulieren Sie mit Ihren eigenen Worten; verwenden Sie eine einfache, klare und neutrale Ausdrucksweise.
- Verwenden Sie die 3. Person Singular und das Präsens.
- Seien Sie kurz und bündig: Ihr Resümee sollte nicht ein Drittel des Originaltextes überschreiten.
- Vermeiden Sie Zitate, direkte und indirekte Rede, eigene Kommentare und jedwede Ausschmückung Ihres Textes.

Personencharakteristik

Innerhalb des literarischen Textes gibt es zwei Möglichkeiten, Figuren zu charakterisieren. Der Erzähler beschreibt die Person, ihre Eigenschaften und Gefühle explizit oder er lässt diese Person Aussagen treffen oder Handlungen ausführen, die dem Leser somit implizit Rückschlüsse auf dessen Persönlichkeit ermöglichen. Häufig ist es möglich, diese – teilweise versteckten – Informationen dem Text zu entnehmen. Folgende Aspekte können dabei zum Tragen kommen:

- Name, Alter, Beruf, Status
- Sozialer Kontext: Familie, Wohnumfeld, Bildung, Werdegang
- Äußeres Erscheinungsbild, Ausdrucksweise, Verhalten
- Charaktereigenschaften, Gedanken und Gefühle
- Bindungen und Beziehungen zu Mitmenschen

Hilfreich für die Erstellung einer Personencharakteristik kann die vorherige Anfertigung eines Rasters sein, in das die jeweiligen Elemente eingetragen werden. Es ist wichtig, dass ausgewertete Elemente als Textbelege angeführt und durch entsprechende Zeilenangaben in Klammern am Text belegt werden.

Betrachtung der Erzählperspektiven und deren Funktion

Bei der Bearbeitung von narrativen Texten, aber auch im Rahmen produktiv-gestaltender Aufgaben kann die Wahl der Erzählperspektive bzw. deren Wechsel von Bedeutung sein. Unter dem *point de vue* ist der Blickwinkel, aus dem eine Geschichte erzählt wird, zu verstehen. Durch die Wahl einer Erzählperspektive ergibt sich für den Erzähler somit die Möglichkeit, auf den Leser einzuwirken. Grundsätzlich unterscheidet man zwei Erzählweisen:

- Die Geschichte wird in der 1. Person erzählt, der Erzähler ist in der Erzählung als *narrateur-personnage (biographie)*, als *personnage-héros* (Protagonist in der Fiktion) oder als *narrateur-témoin* (Beteiligter, jedoch kein Protagonist) zugegen.
- Die Geschichte wird in der 3. Person erzählt; der Erzähler tritt in der Geschichte als handelnde Person nicht auf. Drei Perspektivierungen *(focalisations)* sind bei der Erzählung in der dritten Person möglich:
  La focalisation zéro: Ein allwissender (auktorialer) Erzähler lenkt das Geschehen, er kommentiert und wertet, er schaut voraus und blickt zurück. Er weiß mehr als der Leser.
  La focalisation interne: Die Geschichte wird aus der Perspektive einer handelnden Person erzählt. Der Erzähler identifiziert sich mit dieser Person, er weiß nicht mehr als sie. Im Verlauf der Geschichte kann diese Perspektive auch auf andere Personen übertragen werden.
  La focalisation externe: Die Geschichte wird weder von einem allwissenden Erzähler noch aus der Perspektive einer handelnden Person erzählt. Das Geschehen wird objektiv übertragen, lediglich konkret erfahrbare Elemente werden geschildert. Gefühle, Kommentierungen, Wertungen; Vor- bzw. Rückschau entfallen.

Häufig wird ein Auftrag gestellt, neben den zu charakterisierenden Personen die Rolle des Erzählers *(le narrateur)* zu klären. Dabei geht es darum, dessen Einmischungen im Text ausfindig zu machen, diese als Belege anzuführen und explizit bzw. implizit getroffene Aussagen zu analysieren bzw. zu interpretieren, um damit seine Sicht der Dinge zu verdeutlichen.

Sprachlich-stilistische Analyse

Im Rahmen dieser formalen Analyse setzen Sie sich mit dem Stil des Textes auseinander und erklären die Funktion der sprachlichen Mittel. Folgende Aspekte können dabei untersucht werden:

- Registerwahl *(langue soutenue, langue standard, langue familière, argot)*
- Syntax (einfach → komplex; parataktische ↔ hypotaktische Strukturen)
- Sprechweise wie z. B. distanziert, sachlich, humorvoll, ironisch
- Textsorte (expositorisch, narrativ, deskriptiv, argumentativ, instruktiv)
- Textfunktion *(fonction référentielle, expressive, appellative, ludique)*
- Stilistisch-rhetorische Mittel: Im Leistungskurs sollten Stilmittel erkannt und funktionalisiert werden *(comparaison, métaphore, personnification, symbole, image, litote, exagération/hyperbole, répétition, énumération, ironie, paradoxe, parallélisme, gradation, allitération, antithèse, question rhétorique)*

Produktiv-gestaltende Aufgaben

- Lesen Sie sich den Auftrag genau durch; kreativ sein heißt nicht, dass man schreiben kann, was man will.
- Wenngleich Grundlage der Textproduktion der Basistext ist, sollten Sie sich beim eigenständigen, kreativen Neuansatz davon lösen und nicht bereits Geschriebenes reproduzieren.

- Ordnen Sie Ihre Ideen, strukturieren Sie Ihren Text und seien Sie in Ihrer Gedankenführung logisch und schlüssig.
- Beachten Sie bei der Abfassung textsortenspezifische Ausprägungen; einem Brief, Zeitungsartikel oder Sonett unterliegen formale Kriterien.
- Achten Sie auf eine adressatengerechte Abfassung: Sollen Sie einen Werbetext schreiben, muss die Appellfunktion deutlich werden.
- Verwenden Sie – je nach Textsorte – gängige Stilmittel: Ihr Text wird dadurch ansprechender und ausdrucksstärker.
- Geben Sie Ihrem Text eine persönliche Note: Fantasie und Originalität machen Ihren Text interessanter.

7 Wichtige Ausdrücke und Redewendungen

Compréhension

- *Dans le texte présent, il est question de…*
- *Dans l'extrait présent, il s'agit de…*
- *Dans le texte intitulé (…), l'auteur parle de…/présente…*
- *Dans ce passage, le lecteur apprend/remarque/voit…*
- *Le texte présent parle de…/traite de…/pose la question de savoir si…*
- *L'auteur informe sur…/aborde le phénomène de…/expose le problème…*
- *Le/la journaliste dit/révèle/exprime/constate/affirme qc*
- *Il/elle donne des informations/renseignements sur…/évoque qc*
- *Dans la première partie du texte, le narrateur raconte/décrit/fait allusion à qc*
- *Il décrit/dépeint/énumère qc ; il donne une image de…*
- *Il/elle donne son opinion sur/critique/discute…*
- *Il/elle se prononce sur/contre qc*
- *Il/elle invite à faire qc/fait appel à qc ou qn*
- *Il/elle tire la conclusion/termine/conclut ses propos*

Analyse

- *Le texte présent se compose de quatre parties/comprend/contient six paragraphes*
- *On peut diviser/subdiviser le texte en plusieurs parties*
- *L'auteur met en relief le contraste/souligne la différence fondamentale entre…*
- *Il parle du désaccord entre…/explique le décalage/la disproportion entre…*
- *Il fait voir une analogie/établit un parallèle entre/présente une relation bizarre…*
- *L'auteur explique/caractérise/analyse/dépeint de façon détaillée…*
- *Il se concentre sur/il met l'accent sur/il met en relief/en lumière/en valeur…*
- *L'auteur énumère/répète à plusieurs reprises/il met en opposition/il accentue la différence entre…*
- *Pour souligner ses idées il choisit des images frappantes/*
il utilise une métaphore/une image/le symbole de…/
il emploie des structures antithétiques/il choisit des structures parallèles/
il accumule des exemples/il se sert d'une comparaison…/
les parallélismes font ressortir les aspects communs entre…

– *L'histoire est racontée par un narrateur-personnage/*
la perspective du récit est celle d'un narrateur personnage/
le narrateur adopte le point de vue de…
– *La vision est celle d'une caméra/le narrateur est absent du récit…*
– *La perspective est celle d'un narrateur omniprésent/*
il intervient souvent dans le récit sous forme de commentaires/de jugements personnels/d'appréciations et de réflexions intimes

Commentaire

Indicatif	*subjonctif*
– *je pense que*	*je ne pense pas que*
– *je crois que*	*je ne crois pas que*
– *je trouve que*	*je ne trouve pas que*
– *il me semble que*	*il semble que*
– *je suis convaincu que*	*je ne suis pas tout à fait sûr/certain que*
– *il est sûr/certain que*	*il est normal/étrange/bizarre que*
– *je suis d'avis que*	

– *Je suis d'accord avec l'auteur…/j'accepte son opinion sur…*
– *Je ne partage pas l'opinion de l'auteur quand il dit que…*
– *Je rejette/réfute l'idée/la pensée*
– *Je désapprouve qc/je critique qc/je conteste qc/je reproche qc à qn*
– *J'accuse l'auteur de ces lignes de racisme*
– *J'ai l'impression que l'auteur cache la vérité*
– *Je suis persuadé qu'il dissimule ses véritables intentions…*

Charnières

– *Pour exprimer la chronologie/la suite :*
au début, d'abord, en premier lieu, premièrement,
deuxièmement/troisièmement ; ensuite, puis ; à cela s'ajoute ;
finalement, en dernier lieu ; pour terminer, enfin

– *Pour exprimer la cause/la conséquence/la conclusion :*
en conséquence, par conséquent, donc, c'est pourquoi ;
à cause de cela, pour cette raison ; c'est-à-dire, à savoir… ;
en conclusion, en somme ;
ainsi, pour ainsi dire ; car ; parce que, pour que

– *Pour exprimer un contraste/une opposition :*
d'une part… d'autre part ; d'un côté… d'un autre côté ;
mais, pourtant, cependant ; quand même ; contrairement à ; au contraire de ;
en revanche, malgré cela… ;
tandis que/alors que (indicatif) ;
bien que (subjonctif)

– *Pour exprimer une comparaison :*
de même, en comparaison avec ; par rapport à… ; à la différence de…

- *Pour exprimer un aspect nouveau :*
  de plus, en plus, en outre ; il faut encore ajouter… ; à part cela… ; de toute façon ; également
- *Pour exprimer un point de vue :*
  au fond ; au moins ; au sujet de ; du point de vue de ; d'habitude ; quant à moi ; en ce qui me concerne ; en général, en réalité, en partie ; en tout cas ; tout à fait, sans doute, sans aucun doute

Mündliche Abiturprüfung

Im Prinzip gelten für die mündliche Abiturprüfung dieselben Anforderungen wie für die schriftliche Prüfung. Die Prüfung besteht aus zwei Teilen: im ersten Teil tragen Sie in der Fremdsprache selbstständig die Ergebnisse der vorbereiteten Aufgabe in einem zusammenhängenden, ca. 10 Minuten dauernden Vortrag vor; im zweiten Teil werden in einem Prüfungsgespräch größere fachliche und fachübergreifende Zusammenhänge angesprochen, wobei sich die Inhalte nicht nur auf ein Kurshalbjahr beschränken dürfen.

1 Aufgabenstellungen

Aufgabenstellungen für den ersten Teil der mündlichen Prüfung können sein:

1. Bearbeitung einer **Lesetextvorlage**, die für den Leistungskurs eine Länge von 450, für den Grundkurs eine Länge von 400 Wörtern nicht überschreiten darf
2. Bearbeitung einer **Bildtextvorlage** (z. B. einer *caricature, image publicitaire)* mit Textteilen
3. Bearbeitung einer **reinen oder bildgestützten Hörtextvorlage** (nicht zulässig für den Grundkurs II); dabei darf die Abspieldauer 2–3 Minuten nicht überschreiten

Im Gegensatz zur schriftlichen Abiturprüfung enthält die Aufgabe nur eine globale Arbeitsanweisung, die jedoch im Sinne einer Hilfestellung untergliedert werden kann.

Beispiel: *Présentez le texte et expliquez sa fonction.* (S. 10)

2 Bewertungskriterien

Wie bei der schriftlichen Abiturprüfung sind die Bereiche Inhalt und Darstellungsleistung/Sprachliche Leistung maßgebend.

Kriterien für den Bereich Sprache sind:

- Leseverstehen
- Hörverstehen
- Sprechfertigkeit (Aussprache und Intonation, Sprachrichtigkeit, Kohärenz, Kommunikationsbezug)

Kriterien für den Bereich Inhalt sind:

- Textverständnis; Fähigkeit, die Textinformationen zu verstehen, zu analysieren und zu kommentieren.
- Interkulturelle Kenntnisse und Einsichten, Kenntnis von landeskundlichen und literarischen sowie interkulturellen Aspekten, die im Gespräch in übergeordnete Zusammenhänge zu integrieren sind.

- Grad der Selbstständigkeit der Präsentation; Nachweis der Fähigkeit, dass fachspezifische Methoden selbstständig angewendet werden können und eine der Prüfung angemessene Redeform benutzt wird.

3 Praktische Tipps für die Prüfung

- Während der 30-minütigen Vorbereitungszeit lesen Sie den Text sowie den untergliederten Arbeitsauftrag mehrfach gründlich durch; machen Sie dabei stichpunktartige Notizen; ordnen Sie dann Ihre Notizen und fertigen Sie eine übersichtliche Struktur an. Vermeiden Sie unbedingt eine Ausformulierung Ihres Vortrags: ein Ablesen ausformulierter Sätze ist nicht zulässig. Sie tragen Ihre Ausführungen in freier Rede vor.
- Beachten Sie, dass bei einer mündlichen Prüfung das Auftreten eine große Rolle spielt. Treten Sie freundlich, locker und sicher auf, vermeiden Sie jede Form der Überheblichkeit. Lächeln Sie! Begrüßen Sie die Mitglieder der Prüfungskommission beim Eintreten in den Prüfungsraum in der Zielsprache.
- Reden Sie laut und deutlich, formulieren Sie ganze Sätze. Verwenden Sie eingeübte, dieser Kommunikationssituation angemessene Redewendungen und Floskeln.
- Die Untergliederung der Arbeitsaufträge ist unter anderem als Hilfestellung zu verstehen. Hängen Sie deshalb nicht sklavisch an diesen Fragen und am Text. Nutzen Sie die Möglichkeit – immer unter der Voraussetzung, dass eine thematische Anbindung gegeben ist – die Inhalte in größere fachliche Zusammenhänge zu integrieren und sie gegebenenfalls mit persönlichen Erfahrungen anzureichern.

Nordrhein-Westfalen: Französisch (n) Grundkurs
Mündliche Prüfung – Übungsaufgabe 1

Les vacances

Peter Kornherr

Annotations

le parcmètre	*dt.* die Parkuhr
la barrière	*dt.* die Schranke
la municipalité	*dt.* die Stadtverwaltung
le parasol	*dt.* der Sonnenschirm
l'arnaque (f)	*dt. hier* : die Abzocke

Sujets d'étude

Présentez l'image et prenez position :

1. Décrivez le dessin en tenant compte en particulier du lieu, des objets, des personnes et de leurs « activités ».
2. Expliquez de quelle sorte de dessin il s'agit et quelle est l'intention du dessinateur.
3. Comment est-ce que vous passez vos vacances ?
   Exprimez vos préférences en ce qui concerne
   – le pays, le lieu,
   – le climat,
   – les personnes,
   – vos activités.

Lösungsvorschläge

1. ***Hinweis:*** *Hier wird erwartet, dass Sie anhand der aufgeführten Hilfestellungen (Angabe des Ortes, der Objekte, der Personen und deren Aktivitäten) das Bild nach bekannten Kriterien (Hintergrund, Vordergrund) beschreiben können.*

Le dessin nous montre une scène typiquement estivale : nous sommes dans une station balnéaire au bord de la mer, probablement sur une côte de la Méditerranée. A l'arrière-plan, on peut voir des immeubles à plusieurs étages qui abritent des hôtels, des restaurants, des bars etc. Une route bordée de palmiers sépare ces immeubles de la plage et de la mer où se sont installés des milliers de baigneurs et de baigneuses. Presque toute la plage est occupée par ces touristes qui prennent un bain de soleil. Il y en a tellement que la municipalité de cette station balnéaire a profité de cette énorme affluence pour faire payer la place au soleil : elle a eu l'idée d'installer des parcmètres dans lesquels il faut régulièrement mettre une pièce pour se payer un bain de soleil à la plage. Ainsi, au premier plan, à droite, on voit une jeune fille qui vient de payer et qui va emporter le papier qui lui permet de rester à la plage. Mais, ce n'est pas tout : la ville a également réglementé les bains en mer : Il ne faut pas seulement payer la place à la plage, mais en plus le bain de mer. Au premier plan, à gauche, on voit un monsieur installé sous un parasol ; la fonction de cet employé de la municipalité est de surveiller et de faire payer l'accès à la plage. Une file de baigneurs attend ; chaque fois qu'un touriste a payé, la barrière se lève et il peut aller se baigner.

2. ***Hinweis:*** *Der Auftrag lenkt Ihr Interesse auf anormale Gestaltungen und unterstreicht die Wirkung, die bei Ihnen Schmunzeln hervorrufen wird. Es gilt, die „irrealen" Elemente auf der Zeichnung zu erkennen, das gesellschaftliche Phänomen zu benennen und zu erklären sowie die Absicht des Zeichners zu thematisieren.*

Il s'agit bien sûr d'une caricature parce que les parcmètres et les barrières sur les plages n'existent heureusement pas encore. Le dessinateur a eu une idée géniale : il a transposé un phénomène des grands centres urbains dans une station balnéaire, à la plage. L'être humain est considéré comme une voiture, une chose. Comme on doit payer dans une grande ville le stationnement de la voiture assez cher, l'être humain doit payer sa place au soleil, parce que, dans les grandes stations balnéaires comme Cannes et Saint-Tropez, il y a trop de touristes. Le dessin est – bien entendu – une exagération. Il nous amuse et nous fait rire, mais en même temps le dessinateur pousse celui ou celle qui le regarde, à réfléchir. Il présente de façon humoristique un phénomène de société bien connu pendant la période d'été, surtout pendant les mois de juillet et d'août : le tourisme de masse. Des millions de touristes envahissent les plages du sud où on peut être sûr d'avoir du soleil, mais plus de place. Un deuxième phénomène est étroitement lié au premier et sa conséquence inévitable, c'est l'arnaque. Cette fois-ci, ce n'est pas seulement dans les hôtels, les pensions, les bars et les restaurants que les touristes sont obligés de payer le prix fort, même la municipalité a inventé un moyen pour créer des emplois, faire payer les touristes et remplir les caisses de la municipalité.

3. ***Hinweis:*** *Bei dieser Teilaufgabe haben Sie die Möglichkeit, Ihre eigenen Ferienerfahrungen wiederzugeben, Vorzüge zu äußern und vor allem Vorwissen über Frankreich (Geografie, Geschichte, Architektur, Gastronomie, Sport usw.) einzubringen, kurzum Kulturwissen im weitesten Sinne.*

J'adore la chaleur, la mer et la plage mais je préfère passer mes vacances d'été dans des endroits un peu moins peuplés. La Méditerranée me plaît énormément, mais j'évite pendant les mois de juillet et d'août la côte d'Azur et les grandes stations balnéaires comme Cannes, Nice, Saint-Tropez etc. J'y suis allé une fois il y a quelques années ; il y avait trop de monde et c'était horriblement cher.
Ceci dit, je préfère pendant les grandes vacances la côte basque où il fait chaud aussi et où il y a d'immenses plages de sable. Il faut dire que j'adore les activités qu'offre la mer et la plage. Avec mes copains et copines, on passe beaucoup de temps à la plage, à bavarder, à rigoler, mais aussi à jouer au frisbee, au volley et même au foot. J'adore nager et faire de la planche à voile. Et quand il ne fait pas beau, quand le ciel est un peu couvert, on loue des vélos et on fait un tour dans les Landes. C'est plat, donc pas trop fatigant ; on peut faire beaucoup de kilomètres, découvrir le paysage, les forêts de pins, les lacs et visiter les vignobles et les châteaux. Donc, des vacances actives et sportives.

Etre partagée…

Annotations

porter le voile	*dt.* ein Kopftuch tragen
la babouche	nordafrikanischer Schuh
la bottine à talon	*dt.* die Stiefelette
le clavier	*dt.* die Tastatur
le casque	*dt.* der Kopfhörer
la djellaba	traditionelles Kleid (Nordafrika)
l'ordinateur (m)	*dt.* der Computer
l'écran (m)	*dt.* der Monitor
faire le grand écart	*dt.* einen Spagat machen

Sujets d'étude

Présentez l'image et prenez position :

1. Décrivez le dessin.
2. Expliquez de quelle sorte de dessin il s'agit et quelle est l'intention du dessinateur.
3. « Une intégration pour une beurette est souvent une affaire bien difficile. » Commentez cette phrase.

Lösungsvorschläge

1. ***Hinweis:*** *Nehmen Sie die lexikalischen Hilfestellungen auf und beschreiben Sie, was Sie in der Bildmitte und auf der linken bzw. rechten Seite erkennen können. Unterlassen Sie dabei unbedingt persönliche Stellungnahmen oder Wertungen.*

   Le dessin montre une jeune femme qui fait le grand écart entre la France et l'Afrique, plus exactement entre la France et l'Algérie. A gauche, on peut voir ce grand continent avec deux pays du Maghreb (le Maroc et l'Algérie) dont les contours se distinguent clairement. On peut constater que le pied droit de la jeune femme se trouve en Algérie. Son autre pied se trouve en France, à la hauteur de la Bretagne. On peut nettement distinguer les contours de l'Hexagone, on voit aussi la Gironde et le point qui symbolise la capitale de la France, Paris.
   Au milieu, on voit cette jeune femme – une beurette – qui travaille sur un ordinateur : elle a devant elle un clavier et elle est en train de taper des lettres. L'écran se trouve à sa gauche, à la hauteur de son genou. Elle porte un casque, un voile et une robe traditionnelle (la djellaba). Le pied droit qui se trouve en Algérie est chaussé d'une babouche, la chaussure traditionnelle des pays du Maghreb. Le pied gauche qui se trouve en France est chaussé d'une bottine à talon, la jambe gauche est vêtue d'un pantalon, probablement d'un jean.

2. ***Hinweis:*** *Bei diesem Auftrag geht es darum, die überzeichnete Darstellung zu erkennen und die Zeichnung als Karikatur auszuweisen. Machen Sie Ihre Behauptung an den anormalen Ausgestaltungen (Haltung, Kleidung) fest. Benennen Sie davon ausgehend das gesellschaftliche Phänomen und die dahinter verborgene Absicht der Karikaturistin.*

   Il s'agit bien sûr d'une caricature à cause de l'attitude et des vêtements de la jeune femme. Comme je l'ai déjà indiqué auparavant, elle fait le grand écart entre deux pays, la France et l'Algérie. Cette attitude révèle que la jeune femme est partagée entre deux pays, deux continents et deux civilisations, le monde arabe et le monde occidental.
   Cette situation ambiguë et difficile est soulignée par le fait que cette beurette porte le voile et la djellaba. Ces éléments symbolisent le monde islamique, la vie en Algérie et, dans la plupart des fois, la vie à la maison, chez les parents. Mais la jeune femme veut et doit s'adapter à la vie occidentale, aux exigences du modernisme. Ceci est symbolisé d'une part par le pantalon (le jean) qu'elle porte et d'autre part par le casque (la musique), le clavier et l'écran qui font partie de l'ordinateur. Cet instrument représente le progrès et est devenu une partie intégrante de notre vie privée et professionnelle. La caricaturiste veut souligner la situation contradictoire et parfois même dangereuse que les beurettes doivent supporter entre un père respectueux des traditions et une jeune femme qui veut vivre sa vie, profiter de la vie moderne et de cette liberté dont jouissent ses copines françaises.

3. ***Hinweis:*** *Bei dieser Teilaufgabe haben Sie die Möglichkeit, im Unterricht erarbeitetes Wissen einzubringen. Erwartet wird, dass Sie die spezifischen Schwierigkeiten der „beurettes" angeben und in einem zweiten Schritt die für eine Integration notwendigen Prozesse angeben.*

Ce sont surtout les jeunes musulmanes de la deuxième génération qui ont connu et qui connaissent encore des difficultés énormes. Elles ont grandi dans un contexte social hostile, en banlieue et même dans des ghettos. Souvent, les parents ne parlaient pas le français et avaient l'intention de retourner plus tard au Maghreb. Ils ne voyaient aucun intérêt à ce que les filles fassent des études ; surtout dans des familles où les parents tenaient aux traditions les filles étaient surveillées, contrôlées et destinées à un mariage précoce pour devenir mères. Sans contact avec l'extérieur elles étaient isolées.
Pourtant, pour s'intégrer dans une société moderne qui change sans cesse, il faut d'abord parler la langue du pays, apprendre donc le français, aller à l'école et passer des diplômes. Il faut absolument être ouvert, accepter les normes et les valeurs du nouveau pays, entrer en contact avec des Français, profiter des associations et institutions pour trouver un travail.
C'est pour cela qu'on peut dire que dans les conditions citées auparavant une intégration est souvent une affaire bien difficile.

Nordrhein-Westfalen: Französisch Leistungskurs
Mündliche Prüfung – Übungsaufgabe 3

De Gaulle : L'Appel du 18 juin 1940

Les chefs qui, depuis de nombreuses années, sont à la tête des armées françaises, ont formé un gouvernement. Ce gouvernement, alléguant la défaite de nos armées, s'est mis en rapport avec l'ennemi pour cesser le combat.

Certes, nous avons été, nous sommes, submergés par la force mécanique, terrestre et aérienne, de l'ennemi.

Infiniment plus que leur nombre, ce sont les chars, les avions, la tactique des Allemands qui nous font reculer. Ce sont les chars, les avions, la tactique des Allemands qui ont surpris nos chefs au point de les amener là où ils en sont aujourd'hui.

Mais le dernier mot est-il dit ? L'espérance doit-elle disparaître ? La défaite est-elle définitive ? Non !

Croyez-moi, moi qui vous parle en connaissance de cause et vous dis que rien n'est perdu pour la France. Les mêmes moyens qui nous ont vaincus peuvent faire venir un jour la victoire.

Car la France n'est pas seule ! Elle n'est pas seule ! Elle n'est pas seule ! Elle a un vaste Empire derrière elle. Elle peut faire bloc avec l'Empire britannique qui tient la mer et continue la lutte. Elle peut, comme l'Angleterre, utiliser sans limites l'immense industrie des Etats-Unis.

Cette guerre n'est pas limitée au territoire malheureux de notre pays. Cette guerre n'est pas tranchée par la bataille de France. Cette guerre est une guerre mondiale. Toutes les fautes, tous les retards, toutes les souffrances, n'empêchent pas qu'il y a, dans l'univers, tous les moyens nécessaires pour écraser un jour nos ennemis. Foudroyés aujourd'hui par la force mécanique, nous pourrons vaincre dans l'avenir par une force mécanique supérieure. Le destin du monde est là.

Moi, Général de Gaulle, actuellement à Londres, j'invite les officiers et les soldats français qui se trouvent en territoire britannique ou qui viendraient à s'y trouver, avec leurs armes ou sans leurs armes, j'invite les ingénieurs et les ouvriers spécialistes des industries d'armement qui se trouvent en territoire britannique ou qui viendraient à s'y trouver, à se mettre en rapport avec moi.

Quoi qu'il arrive, la flamme de la résistance française ne doit pas s'éteindre et ne s'éteindra pas.

Demain, comme aujourd'hui, je parlerai à la Radio de Londres. *(367 mots)*

http://www.charles-de-gaulle.org/dossier/18juin/temoignages/appel.htm

Annotations

l. 2	alléguer qc	mettre qc en avant, affirmer qc
l. 4	être submergé, e	être dépassé, e ; être débordé, e par une puissance
l. 19	trancher qc	résoudre qc ; décider qc

Sujets d'étude

Présentez le texte et expliquez sa fonction.

1. Lisez à haute voix le texte de la ligne 1 à la ligne 13.
2. Présentez les informations essentielles.
3. Examinez de plus près le contexte historique auquel de Gaulle fait allusion.
4. Précisez le type de texte et l'intention du locuteur.
5. Analysez les moyens stylistiques tout en expliquant leur fonction.

Lösungsvorschläge

1. ***Hinweis:*** *Nennen Sie kurz Autor, Titel und Textsorte, bevor Sie den Text unter Berücksichtigung der Aussprache und Intonation vortragen.*

   Le texte présent est l'appel du 18 juin 1940 que Charles de Gaulle à lancé à partir de Radio Londres. Il s'adresse aux Français et Françaises en France occupée par les armées allemandes.

2. ***Hinweis:*** *In geraffter Form sollen die wesentlichen inhaltlichen Aspekte dieser Rede wiedergegeben werden (Akzeptanz lediglich einer Niederlage, Internationalisierung des Konflikts, Weiterführung des Krieges durch Ausschöpfung aller personellen sowie materiellen Ressourcen, Aufruf zum Widerstand).*

   De Gaulle reconnaît la défaite, il avoue clairement que la France a perdu une bataille, qu'un nouveau gouvernement négocie actuellement avec l'occupant afin de mettre fin à la guerre. Cette défaite est – selon lui – surtout due à une meilleure technique des armées allemandes. C'est pour cette raison que de Gaulle n'accepte pas de cesser le combat ni de reconnaître une défaite définitive : pour lui, la France a encore des moyens pour continuer la lutte contre l'ennemi. Ce n'est pas une lutte limitée au territoire de la France, mais il s'agit d'une guerre mondiale. Ceci l'amène à croire que l'Allemagne actuellement supérieure grâce à sa technique sera vaincue par une autre force encore supérieure qui a encore davantage de ressources. C'est cette perspective qui l'a poussé à lancer cet appel à partir de la BBC de Londres, appel adressé aux combattants de reprendre le combat.

3. ***Hinweis:*** *Bei dieser Teilaufgabe sollen konkret und detailliert die historischen Aspekte thematisiert werden.*
   Blitzkrieg, technische und taktische Überlegenheit der deutschen Armeen sollten als Begründung für die Niederlage erkannt werden. Des Weiteren sollen Sie im Text erkennen, dass Frankreich in dieser global-internationalen Auseinandersetzung auf sein eigenes « Empire » sowie befreundete Staaten zählen kann.

   Comme je l'ai déjà dit auparavant, la France a subi une défaite sévère. Les armées allemandes ont pu – grâce à une guerre éclair (à la « Blitzkrieg »), au grand nombre de leurs chars et surtout de leurs avions – battre les armées françaises et envahir rapidement le pays. Un nouveau gouvernement sous la présidence du Maréchal Pétain se forme, reconnaît la défaite de la France et accepte l'occupation du pays par l'Allemagne nazie.
   Mais de Gaulle qui a pu se réfugier en Angleterre ne veut pas reconnaître un gouvernement qui accepte la défaite, un armistice humiliant et qui, en plus, a l'intention de collaborer avec l'occupant. C'est pour cette raison qu'il lance cet appel et avance des arguments pour ne pas cesser le combat : D'abord, la France a encore ses (anciennes) colonies où elle trouvera des hommes, du matériel et de l'argent pour continuer la lutte ; ensuite il y a les Anglais qui possèdent également un grand

Empire colonial pour pouvoir résister à l'ennemi allemand et surtout, il y a les Etats-Unis qui ont des ressources énormes pour battre l'Allemagne nazie. De Gaulle sait que, dans ce conflit mondial, l'Allemagne ne pourra pas à la longue vaincre cette Grande Alliance à laquelle appartiennent des pays comme l'Angleterre, les Etats-Unis, la Chine et plus tard l'Union soviétique. On peut dire que l'appel du 18 juin est le début de la « Résistance » à laquelle il donne vie ce jour-là.

4. ***Hinweis:*** *Bereits in der Überschrift wird der Appellcharakter des Textes deutlich; Sie müssen im Text ausfindig machen, an wen de Gaulle sich wendet. Aus der spezifischen Situation (Niederlage und Besatzung) ergibt sich auch die Intention dieser politischen Rede: de Gaulle will etwas bewirken. Daher muss er aufrütteln, überzeugen und ermutigen.*

Il s'agit d'une allocution à partir de Radio-Londres adressée d'abord à tous ceux qui pourraient continuer le combat à savoir officiers et soldats, ingénieurs et ouvriers spécialisés. C'est un discours politique, un appel à tous ceux qui n'acceptent pas la défaite. De Gaulle veut être le chef de cette résistance et pour cela, il invite les « résistants » à se mettre en contact avec lui. De Gaulle avance – bien sûr – des faits pas toujours très concrets, mais son intention n'est pas seulement d'informer, mais surtout de persuader, de convaincre, de donner du courage, parce qu'il sait qu'il en faudra.

5. ***Hinweis:*** *Hier geht es nun darum, in der Rede typische Mittel der Überzeugungskunst ausfindig zu machen. Bei der Bewältigung dieses Teilauftrags können Sie Erfahrungen mit Texten aus dem Deutsch- bzw. auch Englischunterricht einfließen lassen (rhetorisch-stilistische Elemente der Hörerbeeinflussung).*

Pour persuader, convaincre et surtout pour donner du courage, de Gaulle utilise des moyens rhétoriques et stylistiques qui montrent qu'il est un orateur très habile. Il construit son discours de façon antithétique : il parle d'abord des choses négatives (la défaite de la France ; le nouveau gouvernement dont il ne cite pas le nom du président ; les occupants → les Allemands), mais ensuite, à partir de la l. 11, il passe rapidement aux éléments positifs ce qui – par la suite – occupe une grande place dans son discours. Pour établir un contact avec l'auditeur, il essaie de l'impliquer dans son discours en posant des questions rhétoriques. Pour éviter un découragement profond que les Français pourraient ressentir face à cette défaite subite et rapide, il utilise des exclamations qui sont répétées trois fois (l. 14). Pour souligner la grandeur de la France, il met en valeur les ressources qu'elle possède et le soutien dont elle pourra profiter. Il insère dans son discours des verbes (p. ex. écraser nos ennemis, l. 21) et adjectifs expressifs (hyperboles → p. ex. vaste, l. 15 ; immense, l. 16/17). On voit donc que c'est un discours truffé d'éléments stylistiques qui n'a qu'un but : rassembler les Françaises et les Français autour de lui, résister à l'envahisseur, continuer la lutte pour gagner la guerre et libérer la France.

Nordrhein-Westfalen: Französisch Leistungskurs
Mündliche Prüfung – Übungsaufgabe 4

Le bœuf et la grenouille

Un bœuf apercevant une alerte grenouille
Fut saisi de ravissement.
Il la contemple, il s'agenouille :
Quels bonds ! Même le firmament
Semble être à sa portée ! Le lourdaud se décide
A l'imiter.
Il marche, il saute, il court, il va dans le torride
Après-midi d'été,
Comme si mille taons le harcelaient sans cesse.
Trempé de sueur, le mufle bas, il demande : « Est-ce
Assez ? » Mais la grenouille rit,
Et semble s'envoler. Alors le boeuf est pris
D'un courage héroïque : il jeûne, il boude l'herbe
Verte, fraîche, superbe.
– « Suis-je à votre niveau ? – Pas tout à fait encor !
– Ma taille est-elle fine ? – Accentuez votre effort ! »
Le balourd se résigne
A souffrir pour avoir la ligne.
En quelques jours il perd
Son port majestueux, sa peau flotte, il a l'air
D'une pauvre carcasse.
Ses flancs se sont creusés, ses os percent sa peau.
Il trépasse
Bientôt.

Le monde est plein de gens qui ne sont pas plus sages :
Les femmes bien en chair envient les fils de fer
Et jeûnent pour avoir l'air d'un haricot vert.
Les messieurs bedonnants s'agitent sur les plages
Comme des garçonnets ;
L'épais béton copie la dentelle de pierre ;
La pesante voiture envie la montgolfière ;
Sur scène, on voit se contorsionner
L'énorme cantatrice
Voulant sussurrer, en discrète actrice,
Sa terrible clameur.
Et l'on peut allonger la liste :
Le plus lourd des rimeurs
Singe le léger fabuliste.

(249 mots)

Jacques Charpentreau, « La poésie dans tous ses états », Editions ouvrières/Editions de l'Atelier, 1984, p. 56–57.

Annotations

l. 1	alerte	vif, agile
l. 4	le bond	le saut
l. 4/5	le firmament est à sa portée	*ici :* elle peut toucher au firmament
l. 5	le lourdaud	un animal lourd ; voir aussi l. 17 : le balourd (syn.)
l. 7	torride	très chaud
l. 9	le taon	une sorte d'insecte qui pique
	harceler	torturer moralement
l. 13	bouder l'herbe	refuser de manger l'herbe
l. 20	son port	son allure
l. 21	la carcasse	le corps avec la peau sur les os
l. 23	trépasser	mourir
l. 28	bedonnant	qn qui a un gros ventre
l. 38	singer qn	imiter qn

Sujets d'étude

Présentez et analysez le texte.

1. Lisez le texte.
2. Résumez l'action.
3. Faites le portrait des protagonistes en vous basant sur d'autres aspects comme par exemple l'aspect lexical, sémantique ou métrique.
4. Comparez la fable avec une autre étudiée en cours et expliquez pourquoi il s'agit d'une fable moderne.

Lösungsvorschläge

1. ***Hinweis:*** *Bevor Sie mit dem Vorlesen des Textes beginnen, ist es sinnvoll, als „Einstieg" Autor, Textsorte und Titel zu benennen. Anschließend tragen Sie den Text sinndarstellend sowie phonetisch-intonatorisch korrekt vor.*

   Il s'agit d'une fable de Jacques Charpentreau intitulée « Le Bœuf qui veut se faire aussi petit que la Grenouille ». Cette fable a été rédigée en 1984, il s'agit donc d'une fable moderne.

2. ***Hinweis:*** *Geben Sie kurz die Situation an (Zusammentreffen von Rind und Frosch). Gehen Sie auf den Ablauf des Geschehens ein und führen Sie wesentliche Strukturelemente der Fabel an (« récit »/« moralité »)*

   La situation est la rencontre de deux animaux. Un bœuf voit une grenouille et il est étonné des sauts qu'elle fait. Il prend la décision d'en faire autant (l. 1–6). Pour pouvoir l'imiter, il faut que le bœuf maigrisse. Il commence donc un régime ; ces efforts sont décrits entre les lignes 7 et 18. Les conséquences de ce régime forcené et surtout son échec sont racontés entre les lignes 19 à 24. Ce récit est suivi de la morale qui constitue la fin de cette fable (l. 25–38). On peut donc dire que – en ce qui concerne la construction – cette fable est conçue selon un schéma tout à fait classique.

3. ***Hinweis:*** *Bei dieser Teilaufgabe ist es wichtig, dass Sie das Stilmittel der Antithese und der Überzeichnung erkennen. Aus der ungleichen Kombination (bœuf/ grenouille) lassen sich Gegensatzpaare aus der Beschreibung der Tiere sowie deren Verhalten dem Text entnehmen. Diese Übertreibungen werden zudem syntaktisch und metrisch gestützt.*

   Déjà le titre fait ressortir le jeu des oppositions ; ces contrastes sont soulignés au moyen de l'exagération, de l'ironie qui va jusqu'à la caricature.
   Dès le début, l'opposition sémantique de « bœuf » et « grenouille » saute aux yeux. Elle met en scène un animal énorme dont les qualités naturelles (le port majestueux → l. 20) disparaissent en vue du projet insensé de vouloir imiter la grenouille ; cette intention est mise en relief sur le plan métrique par le rejet (l. 6). Cet animal superbe se ridiculise en face de cette grenouille (l. 2/3), ses attributs ne sont que négatifs (l. 5 → le lourdaud ; l. 17 → le balourd) tandis que la grenouille est valorisée (l. 1 → alerte) dès le départ surtout par ses activités qui sont exagérées à outrance (l. 4/5 → bonds qui atteignent presque le firmament, l. 12 → elle semble s'envoler) : en même temps, l'auteur n'hésite pas à ridiculiser les efforts insensés du bœuf (l. 13 → le courage héroïque) soulignés sur le plan syntaxique par l'emploi du discours direct (l. 15/16). La bêtise du bœuf trouve son apogée dans l'accumulation de plusieurs éléments stylistiques et métriques : « le port majestueux » (l. 20) contraste avec cette « pauvre carcasse » (l. 21), « carcasse » rime avec « trépasse », la perte et la mort sont mises en relief par le jeu des allitérations

(*p*ort… *p*eau… *p*auvre, *c*arcasse… *c*reuse ; *s*es flancs *s*e *s*ont creu*s*és, *s*es os per*c*ent *s*a peau), des assonances (*o*s… p*eau*… bient*ô*t) et par le rejet de « il trépasse » et de « bientôt ».

4. ***Hinweis:*** *Hier sollten Sie zunächst den Vergleich mit La Fontaines Fabel « La grenouille qui veut se faire aussi grosse que le bœuf » ziehen. Weisen Sie anschließend auf Unterschiede hin (Transformationsmerkmale) und verdeutlichen Sie in einem dritten Schritt die damit verbundene Wirkungsabsicht (Aktualisierung der Fabel, Stigmatisierung von unenchten Verhaltensweisen, die Menschen lächerlich erscheinen lassen).*

La ressemblance avec la fable de La Fontaine est frappante : Charpentreau se sert bien sûr de plusieurs éléments de la fable de son illustre prédécesseur comme les animaux et la reprise de parties identiques (des vers repris littéralement). Pourtant, ce n'est plus la grenouille qui veut se transformer et s'élever au rang du bœuf, mais c'est le bœuf qui veut se convertir en animal alerte. La fable de La Fontaine avait une visée politique en ce sens que La Fontaine se moquait des gens à la cour de Louis XIV. Ces nobles courtisans voulaient égaler le roi, ils essayaient de paraître plus qu'ils ne sont, ils voulaient qu'on les prenne pour des personnages importants. Sur un plan plus vaste La Fontaine s'attaque à l'ambition, à la vanité humaine, à la démesure et à la mégalomanie. Dans la fable de Charpentreau, l'auteur condamne également la vanité humaine, mais plutôt sur un plan social : il actualise la morale en stigmatisant le désir des gens de suivre n'importe quelle mode, en l'occurrence le modèle de beauté qui nous est imposé par les mass-média, surtout par la télévision. Ce n'est donc plus de son propre chef que l'homme « prend une décision » ; Charpentreau s'attaque au phénomène que l'homme est manipulé ou – pire encore – ne se rend même pas compte qu'il est manipulé, qu'il suit de fausses routes, se ridiculise et, pire encore, perd son identité. Ce manque de sagesse débouche dans les deux fables sur le même résultat : la perte de l'existence.

« Pas de Boche chez nous, ma fille », Les années 50, Ouest-France

Quand les premiers échanges franco-allemands commencent, les participants constatent que la réconciliation ne se fait pas tout de suite.

[…]

Il est grand, […], doux et gentil, il s'appelle Hans et vit à Cologne. Elle est châtain clair, elle a des fourmis dans les jambes, un sac au dos, elle vient de Rennes, elle a dix-huit ans.

Tous les deux se sont rencontrés sur une route « Pax Christi » pendant l'été 59, ces sortes de « colo » avec veillées, discussions sans fin, feux de camps, guitares sèches, ces rassemblements d'été qui entraînent des jeunes Européens sur les routes des années 50. Pour faire se rencontrer jeunes Français, Italiens, Allemands ou Britanniques. Se connaître, c'est se comprendre. C'est oublier les années d'avant, les horreurs et la haine.

Hans et Jacqueline s'aiment bien sur les chemins de Suisse. Sans malice, ils s'embrassent sur la joue quand ils se quittent, commencent à s'écrire et il annonce sa venue en France. « A Noël, tu me feras découvrir la Bretagne ». C'est simple. C'est compliqué. Très compliqué. Jacqueline en parle à sa mère : « Accueillir un Allemand chez nous ? Tu n'y penses pas, ma petite ! » Non, elle n'y pense pas, c'était si simple en Suisse, entre jeunes partageant les mêmes idéaux, la même générosité, la même bonne franquette. […] Il débarque deux jours avant Noël.

Hans est là. Il restera à la porte : « J'en ai parlé à ton grand-père qui a fait la Grande guerre. Il ne mangera jamais à la même table qu'un Boche ».

Alors, Jacqueline a payé une chambre d'hôtel à son Hans. Le jour de Noël, elle a mangé avec lui dans un restaurant de l'avenue Janvier. Elle a un peu honte. Il est gentil, il lui offre chaque jour une rose rouge. Il reviendra à Pâques : « Tu sais, Jacqueline, mon père est mort pendant la guerre ».

C'est l'histoire de deux mômes qui portent le poids de la guerre dans leur sac à dos. C'est une histoire rageante, étriquée et injuste. *(352 mots)*

« Pas de Boche chez nous, ma fille », Les années 50, Ouest-France, Hors-série, juillet 1996, p. 8

Annotations :

Titre	le boche	mot négatif pour parler d'un Allemand
Titre	Ouest-France	*ici* : un journal régional
l. 2/3	châtain clair	d'une couleur brun clair
l. 3	avoir des fourmis dans les jambes	*all.* : kein Sitzfleisch haben
l. 6	la colo	une colonie (de vacances)
l. 6	la veillée	*ici* : la soirée passée en bonne compagnie
l. 6	la guitare sèche	la guitare acoustique
l. 11	sans malice	sans penser à mal
l. 16	les idéaux	*singulier* : un idéal
l. 17	la bonne franquette	la simplicité
l. 19	la Grande guerre	la guerre de 1914–1918
l. 24	le/la môme	*fam.* : un enfant
l. 25	rageant, e	*all.* : ärgerlich
l. 25	étriqué, e	borné, e

Aufgabenstellung:

1. Présentez les conditions dans lesquelles Hans et Jacqueline ont fait connaissance. *(compréhension)* *(9 Punkte)*
2. Etudiez le personnage de Hans et son arrivée en Bretagne. *(analyse)* *(15 Punkte)*
3. Analysez le comportement de Jacqueline vis-à-vis de la réaction de sa famille. *(analyse)* *(18 Punkte)*
4. Écrivez une lettre que Hans adresse au grand-père de Jacqueline et dans laquelle il essaie de le convaincre de ne plus s'opposer à l'amour des deux jeunes gens. *(commentaire/produktiv-gestaltende Aufgabe)* *(18 Punkte)*

Lösungsvorschläge

1. ***Hinweis:*** *Pax Christi ist eine Internationale Katholische Friedensbewegung, die in Frankreich vor dem Hintergrund des 2. Weltkriegs entstanden ist und die sich für die Versöhnung zwischen Franzosen und Deutschen einsetzte. Mit den* routes *sind Friedensmärsche gemeint.*

Jacqueline, la Française, et Hans, l'Allemand, sont nés pendant la deuxième Guerre Mondiale. Les grandes guerres du XXème siècle ont affecté les familles des deux jeunes : le grand-père de Jacqueline a dû participer aux combats de la première Guerre Mondiale et le père de Hans est tombé aux combats de la deuxième. Jacqueline et Hans font connaissance en Suisse (l. 11 et l. 16) pendant l'été 59 sur une route « Pax Christi » (l. 5). A cette époque-là, quatorze ans après la fin de la deuxième Guerre Mondiale, des jeunes de toute l'Europe veulent se connaître, se réconcilier et oublier la haine des années de la guerre. Au fond, ils ont les mêmes idéaux (l. 16/17) bien que leurs pays se soient combattus mutuellement il n'y a pas longtemps. La Suisse, un pays neutre pendant la guerre, facilite sûrement ces rencontres.
C'est dans cette ambiance ouverte et tolérante, parmi des jeunes qui discutent et chantent ensemble (l. 5–8), que Jacqueline et Hans se rencontrent.

2. ***Hinweis:*** *Hier sollen Sie auf die Figur des Hans und seine Ankunft in der Bretagne eingehen. Lesen Sie dabei auch ein wenig „zwischen den Zeilen", um Hans besser charakterisieren zu können. Aus seinen Handlungen geht hervor, dass er, im Gegensatz zu vielen anderen, die frühere Feindschaft zwischen Deutschen und Franzosen vergessen kann, auch wenn er und seine Familie selbst einen schweren Verlust erlitten haben.*

Dans le texte, Hans est décrit comme un garçon « grand, doux, gentil » (l. 2) et décent, qui aime bien Jacqueline (l. 11/12). Il veut lui rendre visite, il s'intéresse à la Bretagne ; pour lui, tout est simple (l. 12/13). Il semble que Hans ne nourrit pas de ressentiments contre les Français bien qu'il souffre beaucoup plus des conséquences de la guerre que la famille de Jacqueline : le lecteur apprend que son père est tombé à la guerre (l. 22/23) et que Hans vit à Cologne (l. 2), une ville dont on sait qu'elle a été presque détruite par les attaques aériennes, ce qu'on voit encore pendant les années 50.
En plus, quand Jacqueline ne le présente pas à sa famille, il ne lui en veut pas. Au contraire : il est poli et attentif, il lui offre des roses et il annonce qu'il va revenir en France (l. 21–23).
En conclusion, Hans est prévenant et généreux, il montre de la compréhension pour la situation de Jacqueline. Bien qu'il soit affecté beaucoup plus par les conséquences de la guerre que la famille de Jacqueline, lui, il est capable de pardonner et d'oublier alors que les autres ne le peuvent pas.

3. ***Hinweis**: Diese Aufgabe ist komplementär zu Aufgabe 2. Hier sollen Sie nun Jacquelines Verhalten gegenüber der Weigerung ihrer Familie, einen Deutschen in ihrem Haus zu beherbergen, analysieren. Gehen Sie auf den Zwiespalt ein, in dem die junge Französin sich befinden muss: Einerseits will sie ihre Familie nicht vor den Kopf stoßen, andererseits mag sie Hans sehr gerne.*

En analysant le comportement de Jacqueline vis-à-vis de la réaction de sa famille, on peut constater que sa manière d'aborder la situation est un peu naïve. Elle ne se rend pas compte que la visite d'un Allemand peut constituer un problème (l. 13/14).
Alors, au moment où la famille refuse d'accueillir Hans, Jacqueline ne réussit pas à s'imposer face à sa mère et son grand-père et il semble qu'elle ne l'essaye pas non plus avec beaucoup de détermination. Elle ne proteste pas quand sa mère lui dit que Hans n'est pas bienvenu dans leur maison (l. 14/15) et elle accepte aussi le refus de son grand-père de « manger à la même table qu'un Boche » (l. 18/19). Apparemment, elle ne défend même pas Hans d'être appelé un « Boche ».
Par conséquent, elle doit payer une chambre d'hôtel à Hans et elle mange avec lui dans un restaurant le jour de Noël. Elle a « un peu honte » (l. 20/21). On ne sait pas si elle a honte du comportement de sa famille ou du fait qu'elle n'a pas eu le courage de s'imposer.
En somme, on peut dire que, pendant l'été, tout était facile, mais maintenant, la situation est compliquée pour Jacqueline (l. 13/14). D'un côté, elle ne veut pas blesser sa famille et elle respecte l'avis de son grand-père qui, autrefois, a dû combattre les Allemands pendant la première Guerre Mondiale. D'un autre côté, elle appartient à une génération plus ouverte et pour cette raison, ce n'est pas un problème pour elle que son Hans soit un Allemand, contrairement à sa famille.

4. ***Hinweis**: Hier handelt es sich um eine kreative Aufgabenstellung, bei der Sie einen Brief an Jacquelines Großvater schreiben sollen. Diese Aufgabe lässt Ihnen viel Freiraum. Es ist in jedem Fall empfehlenswert, sich an den Informationen zur Person und zum Charakter von Hans zu orientieren, die Sie dem Text entnehmen können.*

Monsieur,

Je vous écris cette lettre parce que je sais que vous aimez bien votre petite-fille. La situation dans laquelle elle se trouve est très compliquée. D'un côté, elle vous respecte et ne veut pas vous fâcher ; d'un autre côté, nous nous aimons et nous voulons nous revoir.
Peut-être que vous savez comment Jacqueline et moi avons fait connaissance : nous nous sommes rencontrés sur une route « Pax Christi », où beaucoup de jeunes de toute l'Europe se sont rassemblés pour mieux se connaître. Je crois que c'est très important de se réconcilier avec les voisins.

Je sais que ce n'est pas facile d'oublier ce qui s'est passé. Moi aussi, j'ai souffert des conséquences de la guerre ; mon père est tombé au combat et ma mère a dû élever ses enfants toute seule dans une ville en ruine.
Malgré tout, il est temps de mettre fin à l'hostilité. Les jeunes ont déjà commencé à le faire. Probablement c'est plus difficile pour votre génération, qui a vécu deux guerres mondiales, mais vous pourriez aussi essayer.
S'il vous plaît, pensez à Jacqueline qui est désespérée parce que sa famille s'oppose à notre amour et pensez aussi à l'avenir, parce que la haine ne sert à rien. Je suis sûr que vous ne voulez pas que votre petite-fille soit malheureuse.

Je vous remercie de lire ma lettre et vous prie d'agréer, Monsieur, l'expression de ma considération distinguée.

Hans Ehrmann

« Au début, l'enthousiasme occulte les difficultés »

Fernanda, 26 ans, étudiante en mastère de droit international public, raconte :

Le logement : « Je suis brésilienne, je vis en France depuis trois ans. J'ai une chambre à 400 € (avec 90 € d'aide au logement) à la Cité universitaire. En arrivant, j'ai vécu en colocation pendant un an. On était quatre dans 35 m^2 pour 1 200 € de loyer. »

Le budget : « Mes parents ne peuvent pas m'aider financièrement. Les premiers temps, je travaillais pour trois familles comme baby-sitter, et aussi deux soirs par semaine dans un resto. Au total, j'avais à peu près 700 €, ce qui est le minimum. Aujourd'hui, j'ai trouvé un job de rêve, je travaille dans un hôtel comme serveuse. [...] J'y gagne 600 €, plus environ 300 € de pourboires. »

Les études : « Pour pouvoir travailler à côté, j'ai demandé à faire mon DEA en deux ans. Mes études me demandent beaucoup de travail. En plus, dans une langue étrangère, on perd du temps. »

Les repas : « Pour les courses, je vais uniquement chez Leader Price. Au Brésil, je mangeais beaucoup de fruits et légumes, mais, là, je n'ai plus le temps de cuisiner. Du coup, je mange surtout des pâtes. »

Le moral : « Les premiers temps, l'enthousiasme occulte un peu les difficultés. Mais, au bout d'un an en colocation dans un tout petit appartement, je voulais rentrer au Brésil. Aujourd'hui, ça va mieux : j'ai un petit ami et je fréquente pas mal de Brésiliens. C'est agréable de retrouver des gens de sa culture quand on a le mal du pays. Même si je suis un peu fatiguée, c'est le prix à payer pour avoir un bon diplôme en France. »

La santé : « J'ai la chance d'avoir une mutuelle par mon travail. Mais, de toute façon, je ne suis jamais malade ! »

Les petits plus : « Je travaille tous les jours de 15 h à minuit. Le reste du temps, j'étudie. Ça fait trois ans que je n'ai pas eu de week-end. Pour les sorties, je profite des happy hours, je prends les menus à 15 € au restaurant. Et je me fais couper les cheveux pour 4 € par des apprentis. » *(378 mots)*

« Au début, l'enthousiasme occulte les difficultés »,
Artikel der Zeitschrift « Elle » vom 2. Oktober 2006, S. 111

Annotations :

Titre	occulter	cacher, rendre invisible
l. 1	en mastère	*all.* : im Masterstudiengang
l. 3	l'aide au logement *f*	*all.* : Wohngeld
l. 4	en colocation	quand on partage un appartement et le loyer
l. 6	le budget	l'argent qu'on a pour vivre pendant un mois
l. 11	le DEA	*all.* : Masterstudien-Diplom
l. 14	Leader Price	nom d'un supermarché très bon marché
l. 16	du coup	*fam.* : c'est pourquoi
l. 16	les pâtes *f*	p.ex. les spaghettis sont des pâtes
l. 18	au bout de	à la fin de
l. 19/20	fréquenter pas mal de Brésiliens	rencontrer beaucoup de Brésiliens
l. 20	avoir le mal du pays	regretter d'être loin de son pays
l. 23	la mutuelle	une assurance-maladie
l. 26	la sortie	quand on sort au restaurant, au théâtre etc.

Aufgabenstellung:

1. Présentez la situation et les problèmes de Fernanda au début de ses études en France. *(compréhension)* *(9 Punkte)*
2. Décrivez les solutions qu'elle a trouvées pour résoudre ses problèmes. *(compréhension)* *(9 Punkte)*
3. Faites le portrait de Fernanda. *(analyse)* *(24 Punkte)*
4. Comparez la situation de Fernanda à celle d'autres jeunes immigrés en France. *(commentaire)* *(18 Punkte)*

Lösungsvorschläge

1. ***Hinweis:*** *Bei dieser Aufgabe müssen Sie die Aufgabenstellung genau beachten, um nicht Inhalte der nächsten Aufgabe vorwegzunehmen. Sie sollen hier nur auf die Probleme eingehen, die Fernanda zu Beginn ihres Studiums in Frankreich hatte.*

   Au début de ses études en France il y a trois ans, la Brésilienne Fernanda a dû partager un petit appartement très cher avec quatre personnes (l. 3/4). Comme ses parents ne pouvaient lui donner de l'argent, elle a accepté plusieurs jobs : d'un côté, elle a fait du baby-sitting dans trois familles, d'un autre côté, elle a travaillé dans un resto. Pourtant, elle gagnait seulement 700 € (l. 6–8).
   A cause de ses jobs, Fernanda n'avait pas le temps de se consacrer beaucoup à ses études. Autre difficulté qu'on ne doit pas oublier, c'est d'étudier dans une langue étrangère. Alors, elle a demandé de faire son DEA en droit international public en deux ans (l. 11–13).
   En plus, au bout de quelque temps, ayant le mal du pays, elle voulait rentrer au Brésil (l. 17–19).

2. ***Hinweis:*** *Hier sollen Sie auf die Lösungen eingehen, die Fernanda für ihre anfänglichen Probleme gefunden hat. Es ist zu empfehlen, die Lösungen entsprechend der Reihenfolge der Probleme in der vorhergehenden Aufgabe anzuführen, um keinen Aspekt zu vergessen.*

   Fernanda a résolu son problème de logement en trouvant une chambre à la Cité universitaire, qu'elle elle ne doit pas partager. Sa situation financière s'est aussi améliorée : elle reçoit une aide au logement (l. 2/3) et elle a trouvé un job qu'elle appelle un « job de rêve » comme serveuse dans un hôtel. Elle y gagne environ 900 € (l. 9/10). En même temps, elle essaye d'économiser sur tout ; par exemple, elle fait les courses dans un supermarché très bon marché (l. 14) et elle se fait couper les cheveux par les apprentis, ce qui ne coûte pas cher (l. 27/28).
   Bien qu'elle n'ait toujours pas beaucoup de temps pour étudier, son nouveau job lui permet d'étudier tous les jours jusqu'à 15 heures et aussi les week-ends (l. 25/26).
   Finalement, elle a aussi trouvé une solution pour combattre le mal du pays en trouvant beaucoup d'amis brésiliens et un petit ami (l. 19/20).

3. ***Hinweis:*** *Bei dieser Aufgabe ist es hilfreich, vor Beginn der Ausarbeitung einen kurzen Überblick über Fernandas Charaktereigenschaften zu erstellen, wie sie aus dem Text erschlossen werden können. Bei der Ausformulierung des Textes sollten Sie die genannten Eigenschaften dann mit Beispielen belegen.*
   Zu Beginn des Textes sollten Sie Fernanda in einem einleitenden Satz kurz vorstellen.

Fernanda est une jeune Brésilienne qui est venue en France il a y trois ans pour y étudier le droit international public.
Quant à son caractère, on peut d'abord dire que Fernanda est très optimiste. La situation difficile au début de ses études en France ne l'a pas découragée. Bien qu'elle admette qu'elle voulait rentrer au Brésil au bout d'un an, quand l'enthousiasme ne pouvait plus occulter les difficultés (l. 17–19), elle n'a pas reculé. Au contraire, elle a cherché des solutions à ses problèmes, ce qui montre qu'elle est aussi une personne active, une personne qui agit.
De plus, elle est ambitieuse et déterminée. Bien qu'elle ait une vie très dure parce qu'elle doit travailler tous les jours, parce que ses études lui demandent beaucoup de travail et parce qu'elle n'a pas beaucoup d'argent, elle poursuit son projet : elle veut obtenir « un bon diplôme en France » (l. 21/22). On peut dire qu'elle sait exactement ce qu'elle veut et il paraît qu'elle supporte assez bien le stress et la fatigue, car elle n'est jamais malade (l. 24).
Il faut ajouter que, malgré tout, elle n'oublie pas de vivre. Elle a un petit ami, elle sort avec des copains et elle mange au restaurant. Comme elle ne peut pas dépenser trop d'argent, elle profite des happy hours et prend des menus bon marché, par exemple (l. 26–28).
En somme, on peut constater que Fernanda a une attitude très positive ; elle ne se plaint pas, elle sait se débrouiller dans un pays étranger et elle poursuit ses buts.

4. *Hinweis: Diese Aufgabenstellung ist sehr allgemein gehalten und lässt deshalb verschiedene Lösungsvorschläge zu. Sie können hier Ihr Hintergrundwissen aus dem Unterricht einbringen.*

D'un côté, la situation de Fernanda ressemble à celle d'autres jeunes immigrés en France. Comme il est difficile de trouver un travail décent, ils ont presque tous des problèmes financiers. C'est également difficile de trouver un logement et, très souvent, ils doivent payer un prix exorbitant pour un appartement minuscule, comme Fernanda au début de son séjour en France. En plus, il est probable qu'ils aient tous le mal du pays et qu'ils passent beaucoup de temps avec des copains originaires du même pays.
D'un autre côté, il faut dire que contrairement à nombreux immigrants, Fernanda a eu de la chance, car elle a un job et une mutuelle, un appartement dans la Cité universitaire et des copains qui peuvent la soutenir. Elle peut s'occuper d'elle-même. Au bout de quelques années, elle aura un bon diplôme et elle pourra obtenir un travail bien payé en France ou au Brésil. Il y a beaucoup de jeunes immigrants qui ne réussissent pas à s'adapter si bien aux nouvelles conditions de vie.
En conclusion, peut-être que la différence entre eux et Fernanda consiste en ce que Fernanda a un rêve, un but. C'est important pour le moral : il faut être persévérant pour organiser sa vie si loin de sa patrie.

Marc Cantin, « Moi, Félix, 10 ans, sans papiers »

Félix, jeune noir venant de la Côte d'Ivoire, arrive en Bretagne sans papiers.

Le train s'arrête.

« Saint-Brieuc, une minute d'arrêt ».

Trois hommes montent. Ils posent leurs sacs à leurs pieds et s'installent comme moi près des toilettes. Eux non plus ne veulent pas succomber au bercement du train. Il y en a un à côté de moi. Les trois hommes me regardent en silence. Ils sont plus grands que moi. Bien plus vieux aussi, même s'ils paraissent jeunes à cause de leurs cheveux courts.

Ils fument en silence.

– Billets, s'il vous plaît.

Le même contrôleur. Il poinçonne les billets des trois hommes. Il me regarde avec le même sourire que tout à l'heure. Je l'entends penser :

« Alors, on a trouvé des copains avec qui discuter. »

Le contrôleur est reparti. Je n'ai même pas esquissé un mouvement pour sortir mon billet.

L'homme à côté de moi dit :

– Les Nègres ont un traitement en faveur, apparemment. [...]

Le second type recrache sa fumée dans ma direction :

– Alors, négro, tu pourrais répondre quand mon copain te parle.

Les deux autres se sont rapprochés. Celui qui se trouve à côté de moi affiche une grimace de dégoût :

– Déjà, tu viens chez nous, et en plus tu payes pas le train.

Je sors le billet de ma poche :

– J'ai payé, je dis.

– T'as payé quoi, négro, puisqu'on te dit que t'as pas de billet.

Il m'arrache mon billet. Je tends les bras pour le récupérer : les deux autres me plaquent contre la cloison des toilettes. Le troisième déchire lentement mon billet et égraine les morceaux en me regardant droit dans les yeux.

– Vous n'avez pas le droit. Laissez-moi tranquille !

L'homme en face de moi pose sa main sur ma bouche. Il enfonce son pouce et ses doigts dans mes joues :

– On a tous les droits, négro. On est chez nous, ici.

Ceux qui me tiennent les bras et me plaquent les épaules contre la cloison rient grassement.

L'un d'eux dit :

– Vas-y, Bruno, regarde ce qu'il trimballe dans son sac.

Bruno me cogne deux fois l'arrière de la tête contre la cloison. Il retourne mon sac et le vide à mes pieds :

– Visez-moi cette poubelle. Allez, ramasse ça, négro.

L'homme est soudain devenu transparent. Devant moi, il y a l'image de mon père : son visage émacié et fatigué mais ses yeux toujours souriants. Il me répète : « Je ne souhaite qu'une chose pour toi, mon fils, c'est qu'un jour tu ne sois plus l'esclave de personne, que tu ne sois plus obligé d'agir en animal soumis. Monte dans ce bateau, mon fils, et quel qu'en soit le prix, deviens un homme libre. » *(468 mots)*

Marc Cantin : « Moi, Félix, 10 ans, sans papiers », Milan poche junior © 2000 Editions Milan

Annotations :

l. 2	Saint-Brieuc	ville située en Bretagne
l. 4	succomber à qc	ne pas résister à qc
l. 10	le même contrôleur	celui qui a déjà contrôlé le billet avant l'arrivée des trois jeunes hommes
l. 10	poinçonner	*all.* : lochen
l. 13	esquisser	*ici* : commencer à faire
l. 26	plaquer qn contre qc	appuyer qn avec force contre qc
l. 33	grassement	*ici* : d'une manière vulgaire
l. 35	trimballer	*fam.* : ce qu'il transporte dans son sac
l. 38	visez-moi	regardez
l. 40	émacié, e	maigre, sans force

Aufgabenstellung:

1. Résumez ce qui se passe dans ce texte. *(compréhension)* *(9 Punkte)*
2. Caractérisez l'aspect physique des trois hommes et leur attitude vis-à-vis de Félix. *(analyse)* *(15 Punkte)*
3. Analysez la situation de Félix et ses réactions vis-à-vis du comportement des trois hommes. *(analyse)* *(18 Punkte)*
4. Imaginez la situation suivante :
   Les trois hommes quittent le train et Félix reste seul.
   Mettez-vous à la place de Félix qui réfléchit sur ce qui s'est passé.
   Ecrivez un monologue intérieur.
   (commentaire/produktiv-gestaltende Aufgabe) *(18 Punkte)*

Lösungsvorschläge

1. ***Hinweis:*** *Hier wird im Rahmen eines Resümees erwartet, dass Sie das Geschehen mit eigenen Worten zusammenfassen. Dazu entnehmen Sie dem Text die Informationen zu Ort und Zeit, zu den handelnden Personen und deren Beziehungen zueinander. Stellen Sie das Wesentliche knapp dar. Das Resümee dient der ersten Orientierung Ihres Lesers. Berücksichtigen Sie daher auch die Erzählperspektive.*

Dans le texte « Moi, Félix, 10 ans sans papiers » écrit par Marc Cantin et publié chez Milan Poche Junior en 2000 à Paris, il s'agit d'un garçon de la Côte d'Ivoire qui arrive en Bretagne sans papiers.
Félix, le narrateur, est debout dans un train qui s'arrête à Saint-Brieuc où trois jeunes hommes montent et se mettent près de lui. Puis le contrôleur arrive en demandant tous les billets à l'exception de celui de Félix parce qu'il l'a déjà vu.
Après le départ du contrôleur, les trois Français commencent à insulter et provoquer Félix en disant d'abord que les noirs profitent apparemment d'un traitement spécial et ne doivent pas payer le train. Quand Félix veut leur montrer son billet pour prouver le contraire, les jeunes hommes deviennent de plus en plus agressifs. Ils détruisent d'abord le billet, puis ils attaquent Félix qui, enfin, se rappelle son père et les raisons pour lesquelles celui-ci l'a envoyé en France.

2. ***Hinweis:*** *Bei der Bearbeitung dieser Aufgabe sollte der Text gezielt auf die Beschreibung des Äußeren der drei Franzosen und ihr Verhalten Félix gegenüber gelesen werden. Die Männer werden einerseits durch ihre Wortwahl und andererseits durch ihre Handlungen charakterisiert (auf Verben und Adverbien achten!).*

Les trois hommes aux « cheveux courts » (l. 7) ont l'air jeune mais ils sont plus âgés (l. 6) et physiquement supérieurs (l. 5/6) à Félix.
D'abord, ils le regardent « en silence » (l. 5), mais après le départ du contrôleur ils lui adressent la parole en disant « Les Nègres ont un traitement en faveur, apparemment. » (l. 16). En l'appelant « Nègre » et un peu plus tard « négro » (l. 18), ils montrent déjà leur attitude négative envers Félix, attitude que l'un d'entre eux souligne en recrachant sa fumée dans la direction de Félix (l. 17) et un autre en faisant « une grimace de dégoût » (l. 20). On peut remarquer qu'ils ne l'acceptent pas parce qu'il est noir et que, à leur avis, il n'a pas le droit d'être en Bretagne (« Déjà, tu viens chez nous », l. 21, et « On est chez nous, ici. », l. 31). Après avoir insulté Félix, les trois Français lui prennent et déchirent son billet ce qui prouve que leur remarque à propos de son trajet libre n'était qu'un prétexte. D'une part ils veulent provoquer le garçon et de l'autre ils veulent le blesser. Aux protestations de Félix ils réagissent en le plaquant « contre la cloison des toilettes » (l. 26), en posant la main sur sa bouche (l. 29) et en enfonçant pouce et doigts dans ses joues (l. 29/30). Cela veut dire que leur xénophobie ne les mène pas seulement aux diffamations mais aussi à la violence physique qui s'aggrave encore quand un des Français « cogne deux fois l'arrière de la tête [de Félix] contre la cloison » (l. 36).

Pour ces racistes, Félix est un être inférieur qui n'a droit à aucune forme de respect et qu'ils peuvent humilier comme ils veulent, ce qu'ils font aussi en retournant et vidant son sac (l. 36/37), en appelant le contenu « cette poubelle » (l. 38) et en lui donnant l'ordre « ramasse ça, négro » (l. 38).

3. ***Hinweis:*** *Bei der Darstellung ist es wichtig, unnötige Wiederholungen zu Aufgabe 2 zu vermeiden und das Verhalten der drei Männer bei Bedarf nur knapp zu erwähnen, um Félix und sein kontrastierendes Verhalten deutlich ins Zentrum der Analyse zu stellen. Dabei darf keinesfalls der letzte Abschnitt außer Acht gelassen werden.*

Félix, un jeune Ivoirien sans papiers, vient d'arriver en Bretagne et se trouve tout seul – cela veut dire sans personne qu'il ne connaisse – dans un train. On peut s'imaginer qu'il est fier de son aventure mais aussi qu'il se sent seul et triste ou que la situation lui fait peur.
Le contrôleur a déjà poinçonné son billet quand trois jeunes Français montent dans le train et prennent place autour de lui. Félix remarque qu'ils sont « plus vieux » (l. 6), « plus grands » (l. 5/6) et ainsi certainement plus forts que lui et qu'ils le regardent dès leur arrivée (l. 5). Le contrôleur le regarde aussi, mais lui le fait avec un sourire. Ce sourire ne semble pas vraiment sympathique parce qu'il inspire à Félix l'idée que le contrôleur pense « Alors on a trouvé des copains… » (l. 12). Vue la situation, cela doit être une remarque ironique. Félix pressent que ces trois hommes ne sont pas des copains mais il voit aussi que le contrôleur ne va pas l'aider.
Quand les hommes l'accusent de voyager sans payer, l'insultent par leur manière de s'adresser à lui et en plus s'approchent davantage de lui, il reste d'abord calme. Puis il leur montre son billet (l. 22) pour prouver qu'il a bien payé son voyage. Cette réaction n'est pas dictée par la peur. Félix semble plutôt sûr de lui parce qu'il sait qu'il n'a fait rien de faux. Mais cette attitude ne calme pas les Français qui – comme pour prouver qu'ils ont raison – déchirent le billet de Félix. Il essaie d'abord de le reprendre, puis il proteste (« Vous n'avez pas le droit. », l. 28) et leur demande de le laisser en paix (l. 28). Il n'a pas de chances physiquement, mais le fait que même dans cette situation dangereuse il mentionne « le droit » (l. 28) et revendique d'être laissé tranquille (l. 28) indique qu'il est psychiquement supérieur aux trois hommes qui profitent du fait que Félix est seul et livré à eux. Ils n'ont aucune raison de maltraiter Félix et ne le font qu'à cause de la couleur de sa peau. Quand ces racistes cognent la tête de Félix contre la cloison, vident son sac et lui demandent enfin de ramasser ses affaires (l. 36–38), le garçon ne pleure ni ne crie mais il a une vision : « devant moi, l'image de mon père : […]‹ Je ne souhaite qu'une chose pour toi, mon fils, c'est qu'un jour… tu ne sois plus obligé d'agir en animal soumis. Monte dans ce bateau,…, deviens un homme libre. › » (l. 39–43). L'espoir de son père d'offrir une vie de liberté à Félix en l'envoyant en France contraste fortement avec la situation humiliante dans laquelle il se trouve à présent. Les trois Français le traitent comme un esclave ou comme un animal. Le

désenchantement de Félix et la réalité en France, comme il en fait l'expérience, ne correspondant pas aux idées de son père impliquent aussi une critique de la France et de la société française.

4. ***Hinweis:*** *Versetzen Sie sich in Félix Lage, der sich mit seinen Erfahrungen auseinandersetzt, nachdem die drei Männer den Zug verlassen haben. Hier können Sie seine (mögliche) Angst, seinen (möglichen) Zorn, seine (mögliche) Verzweiflung, seinen (möglichen) Wunsch nach Afrika zurückzukehren, seine (mögliche) Hoffnung, nur eine Ausnahme-Erfahrung gemacht zu haben auch umgangssprachlich, mit Ausrufen, Wiederholungen, unvollständigen Sätzen und eventuell Gedankensprüngen zum Ausdruck bringen. Es kann sich um ein reines Selbstgespräch aber auch um einen an den Vater gerichteten Monolog handeln.*

Oh mon père ! Tu as dit qu'en France je serai libre, l'esclave de personne ! Mais la réalité est différente. Tu as rêvé, papa ! Liberté, égalité, fraternité – peut-être pour les Français, les blancs, mais pas pour moi. Je suis presque mort de peur ! Et pourquoi, pourquoi ? Qu'est-ce que j'ai fait, moi ? Rien ! J'ai seulement dit que j'ai payé et je n'ai donné aucune raison à personne pour me frapper. Mais ces idiots n'ont vu que la couleur de ma peau. Ça leur a suffi pour m'agresser et m'humilier. Ce n'est pas juste ! Ce n'est pas juste ! Et s'ils n'avaient pas dû descendre, s'ils n'étaient pas déjà arrivés à destination, qu'est-ce qu'ils m'auraient fait encore ? Ne pas y penser ! Je ne dois pas y penser. Et personne n'a aidé ! Ni le contrôleur ni les autres passagers. On était debout près des toilettes parce que toutes les places assises étaient prises. Mais personne n'est venu à mon aide, personne ! Ils m'ont fait mal, vraiment mal et ils m'ont fermé la bouche – impossible de crier « au secours » mais malgré ça, est-ce que personne n'a vu ce qui se passait ? Est-ce qu'ils sont tous aveugles, ces Français ? Ou est-ce qu'ils sont tous racistes et seulement moins violents que ces trois-là ?
Oh papa, que faire ? Tu as dépensé tout notre argent, tu t'es même endetté pour m'offrir ce voyage, une meilleure vie, mais en ce moment je voudrais rentrer chez toi, chez la famille, ne pas être seul, au moins. Profiter de la chaleur de la famille, des voisins au village. Mais non ! Quelles idées ! On vit dans la misère chez nous en Afrique. Courage, Félix ! Tu es fatigué après le long voyage. C'est certainement un cas exceptionnel. Des idiots, il y en a partout. Tous les Français ne sont pas comme ça ! Même les autres passagers, ils n'ont pas pu voir ce qui se passait et certainement ils n'ont pas pu s'imaginer cela !! Je ne vais pas te décevoir, papa ! Et quand je reviens un jour chez toi, chez les nôtres, ce sera en homme fier et libre !

Jean Moulin, « Premier combat »

Jean Moulin, préfet du département de l'Eure-et-Loir en 1940, raconte dans son journal « Premier Combat » ce qui lui est arrivé le 15 juin 1940. Le texte suivant représente une confrontation entre Jean Moulin et des officiers nazis qui l'ont arrêté à Chartres.

« Pensez-vous vraiment, leur dis-je [...] qu'un Français, et, qui plus est, un haut fonctionnaire français, qui a la mission de représenter son pays devant l'ennemi, puisse accepter de signer une pareille infamie ? »

La réaction est immédiate. Le meneur de jeu nazi se précipite sur moi et, rouge de colère, me menace du poing : « Vous allez signer, m'entendez-vous, vous allez signer ! » Il [...] me secoue furieusement. Je ne me défends pas.

« Ce n'est pas, croyez-moi, répliquai-je, en me brutalisant que vous obtiendrez davantage que je commette une indignité. »

Alors, avec une force peu commune chez un petit bonhomme de cette espèce, il me projette violemment contre la table. Je titube un peu pour rétablir mon équilibre, ce qui déchaîne les rires des trois nazis. [...]

Le nazi. – « Nous avons toutes les preuves que ce sont vos soldats qui ont commis ces atrocités. »

Moi. – « Je veux bien que vous m'indiquiez ces preuves. [...] »

Aux termes du protocole, des effectifs français et notamment des soldats noirs ont emprunté, dans leur retraite, une voie de chemin de fer près de laquelle ont été trouvés, à 12 kilomètres environ de Chartres, les corps mutilés et violés de plusieurs femmes et enfants.

Moi. – « Quelles preuves avez-vous que les soldats sénégalais sont passés exactement à l'endroit où vous avez découvert les cadavres ? »

Le nazi. – « On a retrouvé du matériel abandonné par eux. »

Moi. – « Je veux bien le croire. Mais en admettant que des troupes noires soient passées par là, comment arrivez-vous à prouver leur culpabilité ? »

Le nazi. – « Aucun doute à ce sujet. Les victimes ont été examinées par des spécialistes allemands. Les violences qu'elles ont subies offrent toutes les caractéristiques des crimes commis par des nègres. »

Malgré l'objet tragique de cette discussion, je ne peux m'empêcher de sourire : « Les caractéristiques des crimes commis par des nègres. » C'est tout ce qu'ils ont trouvé comme preuves !...

Le petit officier blond, que j'appelle désormais mon bourreau n°1, fait un geste au soldat qui pointe sa baïonnette sur ma poitrine en criant en allemand : « Debout ! »

Dans un sursaut douloureux, je me redresse. J'ai terriblement mal. Je sens que mes jambes me portent difficilement. Instinctivement, je m'approche d'une chaise pour m'asseoir. Le soldat la retire brutalement et me lance sa crosse sur les pieds. Je ne peux m'empêcher de hurler :

« Quand ces procédés infâmes vont-ils cesser ? » dis-je après avoir repris quelque peu mes esprits.

– « Pas avant, déclare mon bourreau n°1, que vous n'ayez signé le ‹ protocole ›. […] »

Moi. – « Non, je ne signerai pas. Vous savez bien que je ne peux pas apposer ma signature au bas d'un texte qui déshonore l'armée française. » *(430 mots)*

« Premier combat » de Jean Moulin © 1947–1983, Les Editions de Minuit

Annotations :

l. 3	l'infamie *f*	une action déshonorable, une honte
l. 10	tituber	marcher de façon incertaine, au risque de tomber
l. 11	déchaîner	provoquer, déclencher
l. 13	l'atrocité *f*	une horreur
l. 15	aux termes du protocole	selon le protocole
l. 15	l'effectif *m*	*ici* : les troupes
l. 17	mutiler	*all.* : verstümmeln
l. 19	sénégalais, e	*adj.* : de Sénégal, un pays d'Afrique de l'ouest, ancienne colonie de la France
l. 30	le bourreau	une personne qui exécute un condamné à mort
l. 34	la crosse	*all.* : Gewehrkolben
l. 40/41	apposer sa signature	mettre sa signature

Aufgabenstellung:

1. Présentez la situation dans laquelle se trouve Jean Moulin. *(compréhension)* *(9 Punkte)*
2. Dégagez l'intention des officiers nazis et les moyens qu'ils emploient pour atteindre leur objectif. *(analyse)* *(15 Punkte)*
3. Analysez l'attitude de Jean Moulin face aux Allemands. *(analyse)* *(18 Punkte)*
4. Comparez la façon d'agir de Jean Moulin avec celle du Père Jean dans le film *« Au revoir, les enfants »*. *(commentaire)* *(18 Punkte)*

Lösungsvorschläge

1. ***Hinweis:*** *Bei der Bearbeitung dieser Aufgabe geht es darum, sowohl die im Vorspann enthaltenen Informationen als auch die aus dem Text hervorgehenden Angaben in knapper Form und eigenen Worten darzustellen.*

   Dans son journal « Premier Combat » publié d'abord dans la Collection « Documents » à Paris en 1947, Jean Moulin, préfet du département l'Eure-et-Loir en 1940, raconte ce qui lui est arrivé sous l'Occupation après son arrestation par les Allemands à Chartres le 15 juin 1940.
   Les officiers qui l'ont arrêté essaient par tous les moyens – aussi bien par des « preuves » que par des menaces verbales et physiques – de lui faire signer un document constatant que, dans leur retraite, des troupes françaises, et en particulier des soldats sénégalais, auraient commis des crimes contre la population.
   Comme Jean Moulin, en tant que haut fonctionnaire et représentant de la France, ne veut pas signer ce document et que les preuves fournies par les officiers allemands lui semblent peu convaincantes et le font même sourire, il est traité brutalement. Malgré cela, Jean Moulin ne fléchit pas.

2. ***Hinweis:*** *Markieren Sie im Text die Aussagen des Nazi-Offiziers – das zentrale Anliegen wird bereits durch die nachdrückliche Wiederholung von „vous allez signer" deutlich – sowie die Angaben, die sich auf sein Verhalten und das seiner Begleiter beziehen. Achten Sie dabei besonders auf Verben und Adverbien. Arbeiten Sie entsprechende Zitate in Ihre Darstellung ein.*

   L'intention des officiers nazis est de faire signer un protocole à Jean Moulin par lequel ce haut fonctionnaire français admettrait que des troupes françaises auraient commis des crimes atroces. Les Allemands prétendent qu'ils peuvent prouver leur accusation (« Nous avons toutes les preuves que ce sont vos soldats… », l. 12/13) mais en fait ils affirment simplement que du matériel retrouvé près des morts a été abandonné par des troupes françaises et plus précisément par des soldats sénégalais. Pour persuader Moulin que les troupes africaines sont bien responsables des viols et assassinats avec mutilation de femmes et d'enfants (l. 17/18), les officiers allemands affirment que « Les victimes ont été examinées par des spécialistes allemands » (l. 24/25) et que « Les violences qu'elles ont subies offrent toutes les caractéristiques des crimes commis par des nègres. » (l. 25/26). Cette explication est formulée de façon si générale, qu'on peut dire que les Allemands n'ont aucune preuve de leurs accusations et qu'ils ont absolument besoin de la signature du préfet pour donner de la validité à leur protocole.
   Pour obtenir cette signature que Moulin refuse de donner, un officier allemand essaie de lui faire peur en se jetant d'abord sur lui, puis en le menaçant du poing et en le secouant furieusement (l. 4–6) tout en lui donnant l'ordre de signer le papier.
   Comme cette action n'est pas couronnée de succès, l'officier « projette [Moulin] violemment contre la table » (l. 10) avant d'essayer de convaincre le préfet par des

preuves plutôt que par la violence. Quand l'officier s'aperçoit qu'il n'atteindra pas non plus son objectif par ces moyens, il a encore recours à l'intimidation (l. 31), puis à la torture physique (l. 31 et l. 34).
On peut remarquer qu'au cours de la confrontation entre Jean Moulin et les officiers nazis, ces derniers deviennent de plus en plus brutaux pour obtenir la signature du préfet.

3. ***Hinweis:*** *Sie können ähnlich vorgehen wie bei Aufgabe 2. Sie werden schon anhand der Satzzeichen feststellen, dass es hier der Gefangene ist, der durch seine Fragen in weiten Teilen den Verlauf des Gesprächs bestimmt. Vermeiden Sie bei der Darstellung Wiederholungen aus Aufgabe 2. Nehmen Sie nur knapp Bezug auf das Verhalten der Deutschen und konzentrieren Sie sich auf die Analyse der Haltung Jean Moulins.*

Dès le début Jean Moulin refuse sa signature au bas du protocole qu'il appelle « une pareille infamie » (l. 3) en soulignant sa position comme Français et représentant de la France qui se déshonorerait en signant ce papier. Il montre très clairement la différence entre lui-même et ses interlocuteurs, « l'ennemi » (l. 2), et donne encore plus de poids à son refus en l'exprimant par une question rhétorique. La réaction furieuse de l'officier allemand n'impressionne pas Jean Moulin qui ne se défend pas (l. 6) mais semble être maître de la situation quand il explique calmement que ce ne sera pas par ce traitement brutal qu'on le convaincra de signer ou plutôt de « commettre une indignité » (l. 8) comme il le dit lui-même. Ni l'agression suivante de l'officier qui lui fait perdre l'équilibre pour un instant, ni les rires des Allemands ne lui font perdre son sang-froid. Moulin ne mise pas sur la violence mais sur les arguments. Il demande aux officiers de lui apporter des preuves (l. 14) et plus exactement des preuves qui puissent affirmer la culpabilité des soldats sénégalais (l. 19/20). Sa réponse aux explications des Allemands (« Je veux bien le croire. », l. 22) semble ironique mais le préfet atténue tout de suite cette impression en disant « Mais en admettant que… » (l. 22) pour ramener la discussion sur un plan neutre et sérieux. Par contre les soi-disant preuves sont si ridicules que Moulin ne peut s'empêcher de sourire (l. 27) et de répéter la dernière phrase du nazi tout en indiquant que cette remarque lui semble absurde. Son échec fâche l'officier au point qu'il donne l'ordre à un soldat de torturer Jean Moulin. Celui-ci décide d'appeler l'officier « mon bourreau n° 1 » (l. 30) à partir de ce moment ce qui montre qu'il souffre vraiment dans cette situation. Les expressions « un sursaut douloureux » et « J'ai terriblement mal. » (l. 32) confirment cette impression. Quand le soldat lui lance sa crosse sur les pieds (l. 34), Jean Moulin élève enfin sa voix et hurle « Quand ces procédés infâmes vont-ils cesser ? » (l. 36) mais malgré la déclaration de l'officier que le seul moyen de finir cet interrogatoire c'est de signer le protocole, Jean Moulin ne perd pas courage. Il ne cède pas à cette exigence, n'oublie pas de s'exprimer en termes choisis et soutient froidement qu'on ne pourra pas le forcer à faire quelque chose « qui déshonore l'armée française » (l. 41).

4. ***Hinweis:*** *Machen Sie sich Notizen zu den Aktionen des Père Jean, an die Sie sich erinnern können. (Oft ist es hilfreich, sich den Gesamtverlauf des Films kurz ins Gedächtnis zu rufen.) Wählen Sie Handlungsweisen aus, in denen Père Jean und Jean Moulin übereinstimmen und/oder voneinander abweichen (besonders differenziert wirkt ein Vergleich meist, wenn sowohl Übereinstimmungen als auch Unterschiede erfasst werden können!) und kommentieren Sie diese.*

Tout comme Jean Moulin, le Père Jean résiste aux exigences des nazis. Jean Moulin le fait pour des raisons politiques et patriotes en refusant sa signature au bas d'un document qui culpabilise l'armée française et le Père Jean réalise son acte de résistance en cachant des juifs dans son internat catholique pour sauver leur vie suite à ses convictions religieuses et humanitaires. Tous les deux se mettent, par leurs actions, du côté des êtres humains qui ne sont pas respectés par les nazis mais persécutés par eux parce qu'ils sont considérés comme inférieurs. Il s'agit d'une part des soldats africains, noirs, et d'autre part des juifs. Jean Moulin et le Père Jean n'acceptent ni les préjugés racistes qui concernent la couleur de la peau des Sénégalais ni les préjugés qui concernent la religion des juifs.
Tous les deux savent bien qu'ils se mettent eux-mêmes en danger par leurs actions et sont prêts à en accepter les conséquences, cela veut dire à souffrir et même à mourir pour leurs convictions. Jean Moulin affiche clairement sa position au cours de sa confrontation avec les officiers allemands pendant laquelle il ne se laisse pas intimider et ne change pas d'avis malgré les attaques verbales et physiques qu'on lui inflige bien qu'il ait vraiment très mal. Le Père Jean préfère courir le risque d'être déporté – ce qui lui arrive finalement – plutôt que de renoncer à son aide pour des gens innocents qui sont poursuivis à cause de leur confession. Même quand il est arrêté et doit quitter l'internat, il reste calme et s'en va en disant « Au revoir, les enfants » pour leur donner du courage bien qu'il sache qu'on ne le reverra pas.
Le Père Jean et Jean Moulin sont des hommes courageux qui ne pensent pas à eux-mêmes et à leurs propres avantages mais qui mettent leurs vies en danger pour lutter pour leurs convictions et leurs valeurs contre l'occupant allemand.

Nordrhein-Westfalen: Französisch Leistungskurs 2008
Aufgabe 1

Diderot, « Supplément au voyage de Bougainville »

Localisation du passage :
Le discours fictif suivant est tenu par un vieillard tahitien à la suite de la première rencontre entre des indigènes tahitiens et des représentants de la civilisation européenne, notamment l'explorateur Bougainville et son équipage qui s'étaient installés sur l'île en jouissant de l'hospitalité des Tahitiens.

Les adieux du vieillard :
[…] « Pleurez, malheureux Tahitiens ! Pleurez, mais que ce soit de l'arrivée, et non du départ de ces hommes ambitieux et méchants : un jour, vous les connaîtrez mieux. Un jour, ils reviendront, le morceau de bois que vous voyez attaché à la ceinture de celui-ci, dans une main, et le fer qui pend au côté de celui-là, dans l'autre, vous enchaîner, vous égorger, ou vous assujettir à leurs extravagances et à leurs vices ; un jour vous servirez sous eux, aussi corrompus, aussi vils, aussi malheureux qu'eux. Mais je me console ; je touche à la fin de ma carrière ; et la calamité que je vous annonce, je ne la verrai point. O Tahitiens ! ô mes amis ! vous auriez un moyen d'échapper à un funeste avenir ; mais j'aimerais mieux mourir que de vous en donner le conseil. Qu'ils s'éloignent, et qu'ils vivent. »

Puis s'adressant à Bougainville, il ajouta : « Et toi, chef des brigands qui t'obéissent, écarte promptement ton vaisseau de notre rive : nous sommes innocents, nous sommes heureux ; et tu ne peux que nuire à notre bonheur. Nous suivons le pur instinct de la nature ; et tu as tenté d'effacer de nos âmes son caractère : Ici tout est à tous ; et tu nous as prêché je ne sais quelle distinction du *tien* et du *mien*. Nos filles et nos femmes nous sont communes ; tu as partagé ce privilège avec nous ; et tu es venu allumer en elles des fureurs inconnues : Elles sont devenus folles dans tes bras ; tu es devenu féroce entre les leurs : Elles ont commencé à se haïr ; vous vous êtes égorgés pour elles ; et elles nous sont revenues teintes de votre sang : Nous sommes libres ; et voilà que tu as enfoui dans notre terre le titre de notre futur esclavage. Tu n'es ni un dieu, ni un démon : qui es-tu donc, pour faire des esclaves ?

Orou ! toi qui entends la langue de ces hommes-là, dis-nous à tous, comme tu me l'as dit à moi-même, ce qu'ils ont écrit sur cette lame de métal : *Ce pays est à nous.* Ce pays est à toi ! et pourquoi ? parce que tu y as mis le pied ? Si un Tahitien débarquait un jour sur vos côtes, et qu'il gravât sur une de vos pierres ou sur l'écorce d'un de vos arbres : *Ce pays est aux habitants de Tahiti,* qu'en penserais-tu ?

[…] Nous avons respecté notre image en toi. Laisse-nous nos mœurs ; elles sont plus sages et plus honnêtes que les tiennes ; nous ne voulons point troquer ce que tu appelles notre ignorance, contre tes inutiles lumières. Tout ce qui nous est nécessaire et bon, nous le possédons. Sommes-nous dignes de mépris, parce que nous n'avons pas su nous faire des besoins superflus ? Lorsque nous avons faim, nous avons de quoi manger ; lorsque nous avons froid, nous avons de quoi nous vêtir. Tu es entré dans nos cabanes, qu'y manque-t-il à ton avis ? Poursuis jusqu'où tu voudras ce que tu appelles commodités de la vie ; mais permets à des êtres sensés de s'arrêter, lorsqu'ils n'auraient à obtenir, de la continuité de leurs pénibles efforts, que des biens imaginaires.

[...] L'idée de crime et le péril de la maladie sont entrés avec toi parmi nous. Nos jouissances, autrefois si douces, sont accompagnées de remords et d'effroi. Cet homme noir, qui est près de toi, qui m'écoute, a parlé à nos garçons ; je ne sais ce qu'il a dit à nos filles, mais nos garçons hésitent, mais nos filles rougissent. Enfonce-toi, si tu veux, dans la forêt obscure avec la compagne perverse de tes plaisirs ; mais accorde aux bons et simples Tahitiens de se reproduire sans honte ; à la face du ciel et au grand jour. *(654 mots)*

Denis Diderot, « Supplément au voyage de Bougainville », in: ders., Pensées philosophiques. Lettres sur les aveugles. Supplément au voyage de Bougainville. Chronologie et introduction par Antoine Adam. Paris : Garnier-Flammarion 1972, S. 147 ff.

Annotations :

l. 6	égorger	tuer (un animal) en lui coupant la gorge
l. 6	assujettir	soumettre, opprimer
l. 6	le vice	≠ la vertu
l. 7	vil, e	méchant, e
l. 8	la calamité	la catastrophe, le malheur
l. 10	funeste	qui porte avec soi la mort/le malheur ; catastrophique
l. 21	enfouir	mettre en terre
l. 21	le titre	*ici* : der Rechtstitel, d.h. der Rechtsanspruch
l. 23	Orou	un jeune Tahitien qui sert d'interprète à Bougainville et aux Tahitiens
l. 29	troquer	échanger
l. 30	les lumières *f*	ce qui éclaire l'esprit, la capacité intellectuelle
l. 39	les remords *m*	le regret, l'angoisse accompagnée de honte
l. 39/40	cet homme noir	l'aumônier, le prêtre

Aufgabenstellung:

1. Résumez les reproches que le vieillard fait à Bougainville. *(compréhension)* *(12 Punkte)*
2. Caractérisez la vie et la culture des Tahitiens. *(analyse)* *(12 Punkte)*
3. Analysez les moyens rhétoriques dont le vieillard se sert pour critiquer la civilisation européenne. *(analyse)* *(18 Punkte)*
4. Comparez l'influence exercée sur les Tahitiens dans le texte présent avec celle que subissent Robinson et Vendredi dans le roman « *Vendredi ou la vie sauvage* » de Tournier. *(commentaire)* *(18 Punkte)*

Lösungsvorschläge

1. ***Hinweis:*** *Wenn Sie wie hier bestimmte Aspekte eines Textes zusammenfassen sollen, ist es wichtig, dass Sie diese nicht wahllos aufzählen, sondern sinnvoll gruppieren. Im vorliegenden Fall bietet es sich an, zunächst grob zwischen den Vorwürfen zu unterscheiden, die sich auf das bisherige Verhalten der Europäer beziehen, und denjenigen, die das künftige Verhalten vorweggreifen. Jede Kategorie kann und muss aber noch weiter unterteilt werden.*

   Le salut vient de la civilisation européenne ? Un vieillard tahitien que Denis Diderot fait tenir un discours fictif dans « Supplément au voyage de Bougainville » en est de tout autre avis.
   Lors du départ de Bougainville, venu explorer leur île, et de son équipage, le vieux Tahitien s'adresse à eux et à son peuple pour exprimer ses craintes. Les Tahitiens comprennent qu'ils devraient avoir peur d'un retour des Européens. Il y a plusieurs raisons à cela.
   Tout d'abord, le vieux Tahitien annonce à son peuple un avenir funeste infligé par les Européens. Ambitieux et méchants, ces derniers corrompront complètement les indigènes et les réduiront à l'esclavage. Déjà, ils se sont appropriés leur pays de façon totalement illégitime. Puis il blâme les explorateurs d'avoir trahi leur hospitalité en introduisant la notion de propriété personnelle chez les Tahitiens. Les femmes et les jeunes filles, n'appartenant pas à un seul homme, selon la tradition tahitienne, ont participé au bien-être des Européens. Or, ayant fait l'expérience d'émotions telles que la passion, la cupidité et la jalousie jusqu'alors inconnues d'elles, ces filles et ces femmes ont changé. Leurs relations avec l'autre sexe sont maintenant placées sous le signe de la honte, aussi à cause de l'influence de la religion.
   Mais l'influence négative des Européens ne s'arrête pas là. Ils ne respectent pas les autres mœurs des Tahitiens non plus qui se voient tout à coup blâmés de n'avoir que le nécessaire, alors qu'ils avaient jusque là vécu heureux et qu'ils avaient su jouir de leur vie.
   Avec l'arrivée des Européens, la vie des Tahitiens est devenue plus difficile. Les étrangers ont importé non seulement la violence et le crime, mais aussi des maladies.
   Ainsi, quand il songe au retour des Européens, le vieux Tahitien voit le pire, ses craintes étant fondées sur l'influence déjà exercée par eux sur les Tahitiens.

2. Quand on analyse la vie et la culture des Tahitiens telles que le vieillard les présente, on constate que les autochtones vivent de façon simple et harmonieuse tout en suivant l'« instinct de la nature » (l. 15).
   Les Tahitiens mènent une vie heureuse parce qu'ils ont tout ce dont ils ont besoin pour survivre : Ils ont assez à manger et ils peuvent se protéger du froid (l. 32/33). Ils vivent en accord avec la nature qu'ils n'exploitent pas « à l'européenne » et savent limiter leurs désirs. C'est pourquoi le vieillard caractérise les mœurs tahi-

tiens comme étant « plus sages et plus honnêtes » (l. 29). Les Européens, par contre, cherchent sans cesse de nouvelles « commodités de la vie » (l. 35) qui résultent de « pénibles efforts » (l. 36) et qui se révèlent n'être en réalité rien que des « biens imaginaires » (l. 36/37). C'est pourquoi les Tahitiens se sentent plus heureux, même s'ils n'ont pas les « lumières » (l. 30) dont les Européens sont si fiers mais que le vieillard qualifie d'« inutiles » (l. 30).

De plus, les Tahitiens partagent tout, même les femmes (l. 15 –17). L'amour corporel fait partie des jouissances de la vie dont le vieux parle avec fierté. Les Tahitiens, à la différence des Européens, considèrent la sexualité comme naturelle et nécessairement liée à l'amour. Pour eux, elle peut donc être vécue « à la face du ciel et au grand jour » (l. 43/44). La honte et la culpabilité n'y ont pas leur place et il n'y a pas de raison de se cacher pour la vivre.

Ne connaissant pas les notions de possession et de monogamie, les Tahitiens mènent une vie sans violence et sans crimes, ceux-ci n'apparaissant qu'avec les Européens (l. 38). La peur des maladies ne joue pas non plus de rôle dans leur vie (l. 38).

Le portrait de la vie des Tahitiens tel que le texte le dépeint se caractérise donc par l'insouciance, la modestie, la simplicité combinées avec le bonheur, la jouissance, la vie en société et la bonté. En plus, ils sont libres (l. 20) ! Il s'agit là d'une différence fondamentale avec le mode de vie des Européens qui professent une tout autre vision des choses.

3. Dans son discours, qui s'adresse d'un côté à ses compatriotes et de l'autre à l'explorateur Bougainville, le vieillard se sert de beaucoup de moyens rhétoriques qui démontrent l'opposition qui existe entre la vie tahitienne et la vie européenne et critiquent en même temps l'influence exercée par la dernière sur les mœurs des indigènes. Regrettant cette emprise du plus profond de son cœur, le vieux Tahitien essaie d'émouvoir ses semblables. Il se doute que c'est seulement la mort des explorateurs qui pourrait les sauver, mais en tant qu'homme paisible, l'orateur n'oserait jamais exprimer cela clairement mais se sert d'une périphrase (voir l. 9–11) Alors comment éviter cette « calamité » (l. 8) et ce « funeste avenir » (l. 10) que le vieillard prévoit ? C'est par des mots qu'il tente de convaincre ses compatriotes, par un discours qui influence et monte ses compatriotes contre les envahisseurs européens.

   Il y a d'abord les sonorités qui martèlent le contenu. Des allitérations comme « fureurs », « folles », « féroces » (l. 18/19), « … dieu… démon… » (l. 22) provoquent l'attention et excitent de même que les anaphores par lesquelles le vieillard commence tout de suite son discours : « Pleurez… Pleurez… » (l. 2) et qui continuent tout au long du texte (« O… ô… », l. 9, « … un jour… Un jour… un jour », l. 3, 4, 6, « … mais… mais… », l. 41).

   L'auteur prend beaucoup d'images pour exprimer la brutalité des Européens et le terrible destin des autochtones. Le « bois » (l. 4) et « le fer » (l. 5), ce sont les armes qui permettront aux Européens de revenir, ce sont aussi celles qui leur permettront d'enchaîner les indigènes.

Les envahisseurs détournent de leur chemin et dénaturent les Tahitiens aussi de façon indirecte : la religion que représente « l'homme noir » (l. 40) est une menace pour eux et elle les rend dépendants d'une morale destructrice. A côté de ces métonymies dont l'effet produit vient du fait qu'elles renforcent la violence en ne la montrant pas ouvertement, l'orateur se sert de métaphores pour faire prendre conscience de la brutalité et de l'influence désastreuse des Européens. Les envahisseurs profitent de la générosité des indigènes pour ensuite les maltraiter : « vous vous êtes égorgés pour elles [= les Tahitiennes], et elles nous sont revenues teintes de votre sang » (l. 19/20).

Pour faire comprendre leur bonheur à ses compatriotes, le vieillard se sert de beaucoup d'oppositions. Ce sont des antithèses qui confrontent la vie des Tahitiens à celle des Européens mais aussi leur vie actuelle à celle qui les guette sous le gouvernement européen dont le vieillard ressent déjà les conséquences fatales. Il y a d'une part les indigènes « innocents » (l. 13), « heureux » (l. 14), « bons et simples » (l. 44) et de l'autre les explorateurs « ambitieux et méchants » (l. 3), « corrompus » (l. 7), « vils » (l. 7) et « malheureux » (l. 7) qui vont transformer en « esclaves » (l. 22) les Tahitiens « libres » (l. 20). Comme s'il voulait ancrer dans la tête de ses compatriotes l'idée de la perfidie et de la méchanceté des étrangers, le vieillard se sert aussi de parallélismes (« et tu », l. 14–17). Des répétitions servent à souligner et à rendre claire l'emprise des Européens : « *Ce pays est à nous.* Ce pays est à toi ! » (l. 24/25).

Le vieillard semble vouloir émouvoir et inciter à la révolte. Comment procéder mieux que par des questions souvent rhétoriques et des exclamations ? Le discours en déborde. Dès le début, le vieux tahitiens se sert de phrases exclamatives pour s'adresser à ses semblables « Pleurez, malheureux Tahitiens ! » (l. 2) et continue par « O Tahitiens ! ô mes amis ! » (l. 9). Les questions rhétoriques (par exemple : « Sommes-nous dignes de mépris, parce que nous n'avons pas su nous faire des besoins superflus ? » l. 31/32) montrent la moralité défectueuse des Européens tout en exprimant la supériorité éthique des indigènes. Le vieillard combine même des exclamations et des questions (« Ce pays est à toi ! et pourquoi ? parce que tu y as mis le pied ? », l. 25) pour montrer les manœuvres et les arrière-pensées fatales de Bougainville et des siens.

En dépeignant l'impact néfaste déjà produit et en prédisant un avenir encore plus désastreux, le vieillard, quelque-fois un peu pathétique, veut ouvrir les yeux à ses compatriotes. Rien ne se prêterait mieux à cela qu'un discours élaboré, même si on n'attend pas ce genre de discours dans la bouche d'un homme simple et « primitif ».

4. ***Hinweis:*** *Beachten Sie, dass der Operator „comparer" sowohl beim Anforderungsbereich „analyse" als auch beim „commentaire" verwendet werden kann. Den vorliegenden Text überschreitend verlangt er hier ein differenziertes Begründen und Abwägen.*

Est-ce qu'il y a des ressemblances entre le discours quelque-fois pathétique du vieillard tahitien imaginé par Denis Diderot et le roman « Vendredi ou la vie sauvage » de Michel Tournier ?
Tout d'abord il faut dire que les deux textes ne se veulent pas être des études éthnologiques mais qu'ils servent surtout à critiquer profondément la civilisation européenne ainsi que la vision qu'elle a d'elle-même et d'autres cultures dites primitives. Pas étonnant alors que ce soit Vendredi qui ait donné son nom au titre du roman et non Robinson.
Comme Diderot, Tournier critique la façon dont les Européens exercent de l'influence sur leur entourage. Robinson, dernier rescapé du naufrage d'une galiote ne voit qu'une seule issue à la folie menaçante : le travail, la soumission de la nature, une vie qui s'oriente sur les valeurs européennes, d'autant plus ridicules qu'il est sur une île déserte du Pacifique. Vendredi, un indigène auquel il sauve la vie plutôt par hasard, doit d'abord s'adapter, se soumettre aux ordres rigides de son maître, donc aux normes européennes qu'il ne comprend pas. Ne pouvant pas résister à son désir de fuite, Robinson constate l'artificialité et l'inutilité de cette vie sur le mode européen dont la destruction accidentelle par Vendredi le soulage et le libère. Aidé par cet autochtone, Robinson commence à vivre non seulement en accord avec la nature, mais aussi en accord avec lui-même. Grâce à Vendredi, devenu son camarade, son semblable, il (ré)apprend le plaisir de son propre corps, la joie, le bonheur, le rire. Ainsi, on peut dire que les deux textes, le discours de Diderot et le roman de Tournier, ont une sorte de message commun.
Mais il faut dire aussi que Tournier, de 200 ans son cadet, ne partage pas la vision simplifiée du « bon sauvage » de Diderot, paisible et sans extravagances. D'abord, les indigènes font preuve de la même cruauté envers les leurs que les Européens face à la nature et à d'autres considérés comme plus faibles ou sans valeur. Et puis Vendredi peut se révéler aussi doux et prévenant qu'égoïste, voire cruel envers des animaux. C'est surtout son insouciance, sa joie « primitive », son sens du jeu et du fait de donner d'autres significations aux mots et aux gestes qui séduisent Robinson et qui le convainquent de rester définitivement sur l'île même s'il aurait pu s'en échapper grâce à un voilier anglais arrivé sur les rives de Speranza.
Voilà une autre différence entre le discours et le roman. Ce superbe voilier, toute dernière nouveauté technique européenne, séduit Vendredi. Lui, amateur de tout ce qui est léger, de tout ce qui vole, ne peut pas résister à l'attrait de l'invention anglaise et part clandestinement tout en prenant avec lui tout ce qui lui est cher. Heureusement pour Robinson que le mousse, ayant découvert sa différence avec les autres Européens, décide de rester avec Robinson pour partager sa vie sur l'île avec lui.
Si on compare les deux œuvres littéraires, on constate donc qu'il y a des ressemblances et aussi des différences. C'est surtout leur vision critique de la civilisation européenne, détournée de la nature, artificielle qui leur est commune. C'est ainsi qu'ils font réfléchir les lecteurs et les lectrices sur leurs propres valeurs, celles qui reposent sur leur vie à l'européenne.

LK 2008-6

Nordrhein-Westfalen: Französisch Leistungskurs 2008
Aufgabe 2

Bienvenue à Boboland !

Depuis l'arrivée de Bertrand Delanoë à la mairie de Paris, la capitale est plongée dans une suite ininterrompue d'événements festifs et prétendument culturels. Ainsi, à la Saint-Valentin, tout le monde doit savoir que « Paris vous aime ». En juin, il faut que les Parisiens se rendent à la fête de la musique puis à la Gay-pride, à la Techno-parade, à Paris-cinéma, Paris plaisirs – Paris-capotes, Paris Plage, à la Nuit-Blanche, aux festivals de la BD, du cirque, de musiques actuelles, de spectacles vivants…

Cependant, derrière les paillettes et la représentation hystérique de la capitale en immense boite de nuit se cache une toute autre réalité : celle d'une majorité ultra-gauchisante, brouillonne et désorganisée ; des élus PS-PC et Verts, dépassés et incapables de prendre à bras le corps les vrais problèmes que sont le logement, le chômage et l'insécurité ; un maire qui offre le visage peu avenant du sectarisme au service d'une idéologie qui cherche à mener une transformation radicale de la première ville de France.

Bertrand Delanoë semble mû par un grand principe : Paris doit poursuivre sa mutation sociologique pour devenir une ville réservée aux aidés et en tout premier lieu aux immigrés extra-européens ; une ville réservée aux aisés, à la bourgeoisie de gauche, au peuple des bobos dont il est le leader et porte-parole. En dehors de la population des aidés et des aisés, point de salut.

Le Paris des aisés et des aidés

Pour les aidés, la ville de Paris multiplie les subventions aux associations immigrationnistes. Alors que les prix des appartements parisiens connaissent une terrible flambée et que la capitale se vide de ses familles françaises obligées de s'expatrier, le maire ne songe qu'à importer des populations d'origine étrangère dans les arrondissements les plus favorisés au nom de la mixité sociale.

Pour les aisés, le maire a procédé à toute une série de décisions aux conséquences souvent catastrophiques. Pour les bobos, le maire a décrété la piétonnisation du Centre de Paris sans tenir compte du fait que le petit commerce allait, du coup, observer une baisse de plus d'un tiers de son chiffre d'affaires.

La haine de l'automobiliste

Les automobilistes, et tout particulièrement les banlieusards voulant venir dans la Capitale, sont priés de ne plus se rendre dans Boboland où aucun projet de construction de parkings sécurisés aux portes de la ville n'est prévu et où les places et les zones de stationnement sont volontairement et drastiquement réduites. Si les automobilistes et plus particulièrement ceux qui utilisent leur voiture pour le travail ne sont pas les bienvenus, il n'en est pas de même des spécialistes de la pédale, en vogue à l'Hôtel de Ville. Et tant pis pour le contribuable qui se voit obligé de débourser des sommes colossales pour des équipements coûteux et inutilisés… En effet, les pistes cyclables installées sur la voirie parisienne n'accueillent qu'à peine 1 % du total des parcours réalisés à vélo, moto, en voiture, etc. Qu'importe, au royaume de Boboland ce sont les ayatollahs verts qui mènent la danse !

A coups de millions d'euros, sans réelle concertation avec les Parisiens ou les associations les plus représentatives, Delanoë façonne un nouveau Paris en débaptisant les noms des rues, en faisant la promotion du pire des communautarismes et en oubliant de lutter contre le chômage, l'insécurité, la saleté des rues et de veiller à la rigueur budgétaire et à la nécessaire politique d'investissements. […] *(566 mots)*

Site Front National : www.fnparis.com/boboland.htm (accès : 09. 11. 2006)

Annotations :

Titre	« Boboland »	voir annotation ligne 17
l. 1	Bertrand Delanoë	maire socialiste de Paris
l. 3	la Saint-Valentin	la fête des amoureux le 14 février
l. 4	la Gay-pride	le festival des homosexuels
l. 5	Paris plaisirs – Paris-capotes	campagne contre le SIDA
l. 5	la Nuit-Blanche	une nuit blanche : une nuit sans sommeil
l. 7	les paillettes	des petites plaques en or/en argent qui brillent
l. 8/9	ultragauchisant	d'extrême gauche (dans la politique)
l. 9	brouillon, brouillonne	désordonné,e
l. 9	PS-PC	**P**arti **S**ocialiste/**P**arti **C**ommuniste
l. 11	avenant	ce qui plaît par sa gentillesse
l. 11	le sectarisme	*ici* : l'intolérance politique
l. 14	mû	*participe passé du verbe mouvoir, ici* : motivé, poussé par
l. 17	un bobo	un **bo**urgeois **bo**hème, terme désignant un socialiste riche
l. 18	point de salut	*ici* : rien n'est important
l. 36	le contribuable	celui qui paie les impôts
l. 38	la voirie	les rues publiques
l. 41	la concertation	le fait de se mettre d'accord avec d'autres au sujet de ce qu'on veut faire
l. 43	le communautarisme	un mouvement de pensée qui considère la communauté (ethnique, religieuse etc.) comme plus importante que la défense de la liberté individuelle

Aufgabenstellung:

1. Présentez les reproches faits au maire de Paris. *(compréhension)* *(12 Punkte)*
2. Expliquez la tendance politique du texte présenté. *(analyse)* *(12 Punkte)*
3. Dégagez les moyens stylistiques employés par l'auteur tout en expliquant leur fonction. *(analyse)* *(21 Punkte)*
4. Ecrivez un commentaire à l'adresse du Front National dans lequel vous protestez contre l'image déformée que ce parti politique peint de Paris. *(commentaire/produktiv-gestaltende Aufgabe)* *(15 Punkte)*

Lösungsvorschläge

1. Comme le révèle déjà le titre « Bienvenue à Boboland », l'auteur, partisan du Front national, fait beaucoup de reproches au maire de Paris auquel il s'adresse dans le présent texte.
   L'auteur critique la série de fêtes et de festivals par lesquels la municipalité veut cacher son incapacité à résoudre les vrais problèmes de la ville, le prix des logements, le chômage et la criminalité.
   Selon le texte, le maire transforme Paris en ville de personnes aidées et aisées. Car d'un côté, l'administration soutient les défavorisés (qui sont souvent d'origine étrangère) en augmentant les subventions qui leur sont destinées et en leur donnant des appartements dans les meilleurs quartiers tandis que les familles françaises avec un revenu moyen sont forcées de quitter le centre de Paris à cause des loyers élevés. De l'autre côté, on s'occupe de la bourgeoisie pour laquelle on rend piéton le Centre de Paris tout en négligeant les conséquences négatives qui en résultent pour le petit commerce.
   Le Front National blâme aussi que le maire ne s'occupe pas des banlieusards. Au lieu de construire de nouveaux parkings pour des voitures autour de l'enceinte de la ville, on installe des pistes cyclables peu utilisées, d'après le texte, et on réduit la possibilité de stationnement des voitures au centre-ville. On se désintéresse donc au fait que les gens venant des alentours de Paris à cause de leur travail ont besoin de garer leur voiture.
   Enfin l'auteur reproche au maire de procéder sans véribable consultation de la population, de poursuivre une politique financière arbitraire et d'écarter les problèmes fondamentaux de la ville que sont le chômage et la délinquance.
   Dans ce texte l'auteur se plaint donc de l'incapacité de la municipalité à gouverner la ville de Paris : En se désintéressant aux vrais besoins des citoyens, les partis élus à la mairie de Paris mènent une politique égoïste et irresponsable.

2. ***Hinweis:*** *Die Quellenangabe gibt natürlich bereits einen eindeutigen Hinweis auf das politische Lager, aus dem der Text stammt. Arbeiten Sie aber mithilfe von Belegen heraus, wie die Einstellung der Front National auch im vorliegenden Text deutlich wird. Gegen welche politische Richtung wendet sie sich, welche Projekte lehnt sie ab und welche Gruppen möchte sie unterstützen?*

   Le texte présenté se trouve sur le site du Front National, un parti politique français d'extrême droite. On peut donc s'attendre à ce que l'auteur critique de façon véhémente la politique des partis de gauche. De fait, il attaque avant tout le maire Bertrand Delanoë, membre du Parti Socialiste, mais aussi le Parti Communiste et les Verts qu'il qualifie d'incapables à résoudre les vrais problèmes de la ville (l. 9/10).
   Selon l'auteur, le maire s'occupe trop de deux groupes sociaux de Paris qu'il appelle les « aidés » et les « aisés ». Parmi les « aidés » figurent surtout les immigrés extra-européens. L'auteur se plaint qu'ils profitent d'une façon exagérée par

rapport aux familles françaises de l'aide de l'Etat (l. 21–24) et que les associations immigrationnistes touchent des subventions de plus en plus élevées (l. 20/21). Par son discours, l'auteur montre cependant aussi ses penchants racistes et anti-intégrationnistes.

Lorsque l'auteur parle des « aisés », il s'en prend au « peuple des bobos » (l. 17), c'est-à-dire à la « bourgeoisie de gauche » (l. 16/17) dont le maire est issu. Selon l'auteur, l'administration gaspille les impôts pour soutenir les intérêts de cette couche sociale (donc pour ses propres membres) en entreprenant des transformations importantes dans le centre-ville : elle y installe partout des zones piétonnes et des pistes cyclables. Comme cela, Paris est transformé en « Boboland » (l. 31/40).

En même temps, l'auteur se fait le porte-parole des couches sociales soi-disant négligées, chassées de la capitale. Il y a d'abord les familles françaises, incapables de payer le loyer élevé de leur appartement parisien qui se voient « obligées de s'expatrier » (l. 22). Et puis il y a les petits commerçants qui doivent, d'après lui, supporter une baisse significative de leur revenu dûe à la construction de zones piétonnes. Enfin il y a les ouvriers qui, par manque de parkings nécessaires, n'arrivent plus à rejoindre leur poste de travail. L'auteur se met donc du côté du « petit peuple », de la petite bourgeoisie, groupe cible typique de l'extrême droite, dont il prétend voir (et vouloir garder) les intérêts et besoins tout en attaquant la bourgeoisie aisée de gauche et les immigrés extra-européens.

3. Pour exprimer sa supériorité face à la municipalité et sa solidarité avec les gens de la petite bourgeoisie, l'auteur de cet article se sert de moyens rhétoriques multiples. En même temps, il fait voir ses propres convictions politiques et idéologiques.

Dès le début, l'auteur fait l'énumération de plusieurs festivités parisiennes, d'origine assez récente, dont la plupart ont une connotation sexuelle (la Techno-parade, Paris Plage, Paris plaisirs – Paris-capotes, la Gay-pride). Notons que l'auteur ne parle pas de l'arrivée du tour de France ou de l'équipe nationale de football, qu'il se met ainsi du côté des masses et des conservateurs des « bonnes mœurs ».

Pour souligner son opinion, surtout pour décrire des mesures prétendument nuisibles à la population ou pour diffamer la municipalité, l'auteur aime l'utilisation de deux mots de même sens (« les zones de stationnement sont volontairement et drastiquement réduites », l. 33 ; « une majorité […] brouillonne et désorganisée », l. 9 , « des élus […] dépassés et incapables », l. 9/10).

Comme les jeux de mots, les allitérations (« des aidés et des aisés », l. 19), les parallélismes dans la construction syntaxique « une ville réservée aux… une ville réservée aux… » (l. 15/16) martèlent le contenu que l'auteur semble vouloir ancrer dans la tête de ses lecteurs.

Un autre moyen rhétorique est l'ironie ou le sarcasme par lesquels l'auteur se moque du maire et ridiculise sa politique. Le meilleur exemple est le titre où il souligne le caractère fantaisiste des mesures entreprises par lesquelles la municipalité transforme Paris en « Boboland » (la ressemblance au « Disneyland » s'impose) ou – plus bas – en « boite de nuit » (l. 8). Comme cette métaphore, le mot

« Boboland » montre que la politique menée n'est pas à prendre au sérieux – enfin, ne serait pas à prendre au sérieux s'il n'y avait pas ces grosses sommes d'argent gaspillées aux dépens de la plupart de la population dupée et escroquée.
On trouve aussi les hyperboles dont l'auteur se sert un peu partout (« en tout premier lieu », l. 15/16 ; « point de salut », l. 18 ; « toute une série », l. 25 ; « aucun projet », l. 31 ; « drastiquement réduites », l. 33 ; « des sommes colossales », l. 37 ; « du pire des communautarismes », l. 38) sont, comme le choix des mots (« hystérique », l. 17 ; « terrible flambée », l. 21/22 ; « catastrophiques », l. 26), destinées à monter les lecteurs contre la municipalité et ses décisions.
Commençant « doucement » par l'« immoralité » de l'administration, l'auteur poursuit une gradation le menant du prétendu « sectarisme » (l. 11) jusqu'à l'expression « les ayatollahs verts » (l. 40) par laquelle il ne veut pas seulement souligner l'intolérance et l'étroitesse d'esprit des représentants politiques mais aussi le danger qui émane de leur administration.
A cause de ses moyens rhétoriques le présent texte est donc aussi diffamant que suggestif tout en voulant exciter les lecteurs contre la municipalité parisienne actuelle dont les élus socialistes, communistes et verts sont fort douteux pour l'extrême droite.

4. ***Hinweis:*** *Es handelt sich hier um einen Kreativauftrag, dessen Lösung an dieser Stelle nur Beispielcharakter haben kann. Verbinden Sie bei einer solchen Aufgabenstellung Ihre Kenntnisse aus Unterricht oder persönlichem Erleben, um kritisch zu einzelnen Aussagen des Textes Stellung zu beziehen. Gleichzeitig sollten Sie Formalia der schriftlichen Ansprache einhalten; nutzen Sie Ihre Produktionsfähigkeit, indem Sie tatsächlich einen fiktiven Adressaten anschreiben.*

Madame, Monsieur,

Ayant lu votre article « Bienvenue à Boboland » j'aimerais m'adresser à vous. Si je vous comprends bien, c'est surtout par souci de préservation de la belle capitale de la France que vous avez rédigé le texte. Madame, Monsieur, je peux concevoir vos préoccupations mais tout au contraire de vos convictions je suis d'avis que la municipalité de Paris entreprend des mesures efficaces pour affronter des problèmes dont vous mentionnez quelques-uns.
Paris est la ville des Parisiens et des Parisiennes, mais aussi des touristes et du trafic de transit. De plus, la ville exerce un grand attrait chez les Français de province comme chez les étrangers, chez les gens cherchant le prestige ou tout simplement du travail. Cela façonne le visage fascinant de Paris mais crée bien sûr aussi des problèmes.
Parlons d'abord de la pollution. Des bouchons sur le périphérique le matin et le soir, des bouchons dans le centre en même temps, vous connaissez le problème. Et vous savez aussi qu'on risque une crise de nerfs quand on habite près du périphérique ou d'étouffer quand on ose traverser à un feu rouge à l'heure de pointe. Comment réagir ? Les métros et les RER sont bondés, rien à faire dans ce domaine-là. Alors pourquoi pas motiver les automobilistes et les motards à monter

sur un vélo ? C'est bon pour la santé et, avouez-le, on va beaucoup plus vite en vélo qu'en voiture en ce moment. Vous dites qu'il faut un équipement cher ? Vous blaguez, on ne participe quand même pas au tour de France ! La bicyclette et un bon casque suffisent largement. Et si vous avez peur des vols, prenez l'un des vélos citadins qu'on trouve depuis peu à plusieurs endroits de la ville.
Madame, Monsieur, vous regrettez les pertes du commerce depuis qu'on a réduit le nombre de parkings dans le centre. Les gens veulent se garer devant le magasin de leur choix ? Qu'ils prennent le vélo et de plus ils n'auront plus la difficulté du transport, la bicyclette portant le poids. Un petit vin dans un des beaux café du coin pour lesquels Paris est si connu ? Pas de problème, car on n'est pas conducteur mais cycliste !
Et quand on est assis sur une des belles terrasses de café et qu'on prend un petit noir, un panaché ou peut-être une chope de bière, on les voit passer, tous ces gens internationaux, multicolores, multiculturels qui rendent la rue variée et intéressante. Vous dites que les immigrés posent des problèmes ? Madame, Monsieur, il faut d'abord dire que c'étaient nous qui les avons appelés au début pour profiter d'eux en tant qu'ouvriers zélés et peu chers. A Paris, comme vous le savez bien, on les a « logés » d'abord dans des bidonvilles, puis dans la banlieue. Oui, vous avez raison, depuis quelques années, Paris – comme d'autres métropoles françaises – connaît des tumultes, des agressions – remarquons que ces agressions vont dans les deux sens –, des voitures incendiées. C'est une jeunesse frustrée, entassée dans des cages à lapins, ne voyant que ses semblables, sans perspective qui réagit de façon paniquée, agressive, oui, il faut le dire, fautive. La violence ne résout jamais les problèmes. Et la politique, secouée en plus par une presse à scandales, fait des promesses, essaie de calmer les vandales ainsi que la population excitée. Mais réagit-elle ? Oui, en favorisant une mixité sociale. C'est en excluant les gens, en les regroupant dans la banlieue et c'est en faisant des séparations au nom du succès scolaire et social qu'on évite de faire connaissance, que des préjugés demeurent ou, encore pire, se forment. Alors laissez aux gens la possibilité de se connaître car le contact empêche toute xénophobie et tout excès violent. Alors soutenons, Madame, Monsieur, les responsables courageux qui essaient de trouver d'autres méthodes, de réaliser une politique intégrationniste.
On ne résout pas tous les problèmes à la fois, et les êtres humains sont aussi différents que leur manière de voir et de réagir face à leur entourage. Ne les critiquons pas, c'est seulement celui qui n'agit pas qui ne fait pas de fautes, mais aidons-les !

Avec mes meilleures salutations.

Vos enfants ont-ils une vie meilleure que la vôtre au même âge ?

Brigitte Martin, 60 ans, retraitée. « Incontestablement, leur vie est plus difficile. Moi, j'ai eu de la chance de connaître les Trente Glorieuses. Quand on n'était pas content de son employeur, on claquait la porte et on retrouvait tout de suite du boulot. Mes enfants, Alexandre et Aurore, doivent, eux, réfléchir davantage. Tout est devenu plus compliqué. La compétition est partout. Ils sont toujours sous pression. »

Joseph Bannier, 60 ans, commerçant. « C'est bien plus facile aujourd'hui. Et tant mieux. Mais les gens se plaignent tout le temps. Pourtant, les jeunes ont tellement d'aides aussi bien pour les études que pour le logement. Je donne 150 € par mois à ma fille Marie-Caroline et je paie aussi pour son collège privé. Moi, dans ma jeunesse, je n'ai rien eu. J'ai travaillé à l'usine tout en payant mes études de comptabilité. »

Christine Charton, 45 ans, infirmière. « La vie n'est ni plus ni moins facile désormais. Elle est différente. Ma fille Emilie est infirmière comme moi, mais elle subit plus de pression au rendement. Ce qui a changé aussi, c'est l'accès à la consommation et les tentations qu'elle suscite. Les salaires n'ont pas été revalorisés. Mais elle s'en sort. Elle vient d'avoir un bébé, elle reçoit aussi des aides au logement. Je n'avais pas tout ça. »

René-Paul Desse, 51 ans, professeur d'université. « Actuellement, la vie quotidienne des jeunes est plus simple tant qu'ils ne cherchent pas un emploi. C'est plus agréable aussi avec l'accès aux voyages et aux loisirs comme pour mes enfants Florent et Maël. Le revers de la médaille vient ensuite à la sortie. Il faut compter deux à trois années de galère pour des bac + 5. Aujourd'hui, un tiers des étudiants vit de petits boulots. »

Laurence Spira, 55 ans, sans profession. « A 20 ans, j'étais hôtesse-interprète, je montais à Paris et tout me paraissait simple. Mes parents n'avaient, eux, qu'une obsession : me marier. Aujourd'hui, pour mes trois enfants, Raphaël, Carole et Jessica, le travail est devenu la priorité. Pour les jeunes d'origine étrangère, c'est encore pire. » *(372 mots)*

Vos enfants ont-ils une vie meilleure que la vôtre au même âge ?
Aujourd'hui en France/Le Parisien daté 10.03.2006

Annotations :

l. 1	incontestablement	certainement, indiscutablement
l. 2	les Trente Glorieuses	*all. :* die wachstumsstarken Jahre von 1945 bis 1975
l. 3	claquer la porte	*ici :* démissionner, chercher un nouveau travail
l. 10/11	études de comptabilité	*all. :* Ausbildung im Rechnungswesen/in der Buchführung
l. 13	subir	supporter, éprouver
l. 14	la pression au rendement	*all. :* der Leistungsdruck
l. 15	susciter	faire naître, éveiller, produire
l. 15	revaloriser les salaires	payer plus d'argent aux employés parce que tout devient plus cher
l. 16	s'en sortir	trouver une solution pour une situation difficile
l. 21	à la sortie	*ici :* à la sortie de l'université, c'est-à-dire quand les étudiants quittent l'université à la fin des études
l. 22	une année de galère	une année très difficile et dure
l. 22	les bac + 5	les étudiants qui ont passé le bac et ensuite 5 années d'études à l'université
l. 24	une hôtesse-interprète	*all. :* eine Empfangsdolmetscherin
l. 24/25	monter à Paris	*ici :* aller à Paris pour y vivre

Aufgabenstellung:

1. Présentez les personnes interviewées et leurs points de vue concernant la question posée. *(compréhension)* *(12 Punkte)*

2. « Tout est devenu plus compliqué. » (l. 4/5). Précisez en quoi consistent les problèmes auxquels les jeunes sont confrontés aujourd'hui. *(analyse)* *(16 Punkte)*

3. « C'est bien plus facile aujourd'hui. » (l. 7). Expliquez cette constatation en vous référant aux expériences faites par les parents interviewés. *(analyse)* *(12 Punkte)*

4. Mohamed, 55 ans, immigré d'Algérie en 1971, a un fils de 18 ans qui va bientôt entrer dans la vie professionnelle. On lui demande si son fils Ahmed qui veut faire une formation de mécanicien automobile a de meilleures chances en 2008 que lui en 1971. Ecrivez sa réponse. *(commentaire/produktiv-gestaltende Aufgabe)* *(20 Punkte)*

Lösungsvorschläge

1. ***Hinweis:*** *Bei dieser Arbeitsanweisung sollten Sie darauf achten, dass Sie alle befragten Personen in Ihre Antwort aufnehmen und deren unterschiedliche Positionen herausarbeiten. Verwenden Sie hierbei auch Wendungen, die Gegensätze ausdrücken, wie „d'un côté, de l'autre côté", „par contre" oder „à part cela".*

Dans cet article tiré du journal « Aujourd'hui en France », des hommes et des femmes répondent à la question de savoir si les jeunes d'aujourd'hui mènent une vie plus agréable que la leur au même âge. Toutes les personnes interviewées sont issues de la génération d'après-guerre et viennent de différentes couches sociales. Brigitte Martin, 60 ans et retraitée, est d'avis que la vie des jeunes gens d'aujourd'hui est plus difficile qu'autrefois. Il n'est plus assez facile de trouver un travail et en même temps, d'après elle, il faut « réfléchir davantage » (l. 4) avant de quitter son emploi pour chercher un autre si on n'en est pas content. De l'autre côté, Joseph Bannier, 60 ans et commerçant ne partage pas cette opinion. Il est d'avis que la vie est « bien plus facile aujourd'hui » (l. 6) et que le problème consiste plutôt dans le fait que les jeunes se plaignent tout le temps même s'ils ont beaucoup plus de soutien financier de la part de leurs parents aujourd'hui, par exemple pour aller dans une école privée.
D'autre part, Christine Charton, 45 ans, infirmière est d'avis que la vie des jeunes gens « n'est ni plus ni moins facile désormais » (l. 12) Selon elle, la vie se distingue seulement de la vie d'autrefois dans le fait qu'aujourd'hui, c'est surtout la compétition dans le domaine professionnel qui est plus grande et qui exige de plus en plus de « pression au rendement » (l. 14). D'après René-Paul Desse, 51 ans et professeur d'université, la vie des jeunes est devenue plus simple avec les voyages et surtout avec la mondialisation, mais par contre, ceux qui ont par exemple un bac +5 ont souvent des difficultés à trouver un emploi à plein temps. Par contre, Laurence Spira, 55 ans et sans profession, est d'avis que la vie était plus facile lorsqu'elle avait elle-même 20 ans. A l'époque, on attendait des jeunes femmes qu'elles se marient et qu'elles aient des enfants. Par contre, aujourd'hui, ce n'est plus le mariage qui occupe les jeunes gens car « le travail est devenu la priorité. » (l. 27)

2. ***Hinweis:*** *Achten Sie bei dieser Aufgabenstellung insbesondere darauf, eigene Gedanken zu entwickeln. Hierbei sollten Sie zunächst stichwortartig einige Problemfelder notieren, mit denen die Jugendlichen von heute konfrontiert werden. Anschließend ordnen Sie ihre Gedankengänge, sodass dieser Inhaltspunkt in sich geschlossen ist.*

La citation « Tout est devenu plus compliqué » du journal « Aujourd'hui en France », montre bien que les jeunes d'aujourd'hui sont confrontés à plusieurs problèmes. D'abord, c'est surtout la compétition dans le monde du travail qui joue un rôle de plus en plus grand car il n'y a pas assez de postes de travail pour tous les jeunes gens. C'est pourquoi la pression commence déjà dans les écoles

lorsqu'il s'agit de réussir au bac pour faire des études supérieures à l'université. Dans certains cas, il faut même avoir le bac pour faire une formation professionnelle.
Dans les universités allemandes, il y a par exemple le « numerus clausus » qui règle déjà l'accès à certaines études, surtout à la médecine, à la psychologie et à la biochimie. En France, il y a une problématique similaire dans les Grandes Ecoles.
En outre, il y a de plus en plus de chômage aujourd'hui qu'il y a quarante ans lors des Trente Glorieuses. Comme il n'y a pas assez de postes de travail, il y a beaucoup d'emplois à temps partiel et des mini-jobs et enfin, les contrats sont presque toujours limités ce qui ne donne aucune garantie de garder son emploi. Il faut encore ajouter que les médias qui prennent de plus en plus d'importance aujourd'hui, posent aussi un problème. Il y a une vague d'informations à la télévision, la radio et aussi dans les journaux ce qui mène souvent à un surmenage des jeunes. La vie est devenue plus stressée, on n'a à peine la possibilité de se reposer et c'est pourquoi il y a souvent le phénomène de fatigue nerveuse, même déjà au sein de la jeune génération.

3. ***Hinweis:*** *Hier sollten Sie sich sowohl auf die Aussagen der befragten Personen beziehen als auch Ihre eigenen Gedanken entwickeln. Stützen Sie sich auf die Aussagen der befragten Personen und entwickeln Sie deren Antworten anhand von Beispielen weiter.*

De nos jours, les jeunes gens ont beaucoup plus d'aide financière que ceux à l'époque. Ce sont souvent les parents qui donnent de l'argent à leurs enfants pour qu'ils puissent faire des études à l'étranger ou dans une autre ville que leur ville natale. En outre, il y a plus d'aides financières garanties par l'Etat comme l'aide au logement ce qui permet même à ceux qui n'ont pas beaucoup d'argent de faire des études ou d'avoir une assez bonne formation professionnelle.
A part cela, la mondialisation joue un rôle plus important ce qui permet à beaucoup de jeunes étudiants de faire une partie ou même complètement leurs études à l'étranger. Les échanges scolaires ou universitaires sont devenus à la mode et c'est pourquoi beaucoup de jeunes décident de passer par exemple un an dans un autre pays d'Europe ou aux Etats-Unis. Il y a beaucoup d'offres, tels que les places de jeunes filles au pair, les stages dans des entreprises ou écoles, les programmes Erasmus ou Socrates. En outre, on peut enseigner sa langue maternelle comme assistant dans une école à l'étranger. Il est devenu plus facile et d'autant plus agréable de faire des voyages ailleurs et d'avoir aussi assez de temps pour les loisirs à côté des études. L'offre des loisirs et des distractions a augmenté de sorte que les jeunes peuvent tous faire un sport ou jouer d'un instrument dans leur temps libre.
En fin de compte, c'est surtout le phénomène de la mondialisation qui offre beaucoup d'avantages aux jeunes gens pour s'adapter à de nouvelles situations et pour avoir des attitudes plus tolérantes envers les autres.

4. ***Hinweis:** Diese Aufgabenstellung ist relativ offen. Sie sollten jedoch darauf achten, dass Sie Ihre Antwort unter verschiedenen Gesichtspunkten betrachten. Hierbei sollten Sie die Problematik des Arbeitsplatzes, die Schulbildung und auch den Migrationshintergrund in Ihre selbst gestaltete Antwort einbeziehen.*

Lorsque j'avais moi-même 18 ans comme mon fils Ahmed aujourd'hui, j'étais encore au collège en train de passer mon brevet. Comme ma famille et moi, nous avons immigré d'Algérie en 1971, ce n'était pas facile pour moi de m'intégrer dans la France métropolitaine. Même si la guerre en Algérie était finie et l'Algérie avait gagné son indépendance en 1962, un jeune homme immigré d'Afrique n'était pas encore tout à fait accepté en France. A l'époque, je voulais aussi faire un apprentissage dans le secteur automobile tout comme mon fils Ahmed qui, en ce moment, est en train de rédiger ses lettres de candidatures et son CV car il veut commencer à faire son apprentissage en tant que mécanicien automobile. Selon moi, d'un côté, il est plus facile aujourd'hui pour les jeunes de survivre car ils ont de plus en plus d'aides financières de l'Etat et de leur famille et ils décident souvent de rester plus longtemps à la maison que lorsque j'étais jeune. Ainsi, ils n'ont pas autant de soucis financiers que nous à l'époque qui avions souvent déjà femme et enfants à nourrir avec notre salaire.
De l'autre côté, les jeunes de nos jours vivent dans la compétition. Cela commence déjà à l'école : mon fils Ahmed a décidé d'aller au lycée technique et de passer le bac pour avoir de meilleures chances d'entrer dans sa formation professionnelle souhaitée. Il doit avoir de bonnes notes, surtout en sciences naturelles, mais aussi en anglais, car, aujourd'hui, il est devenu plus important de s'adapter à la mondialisation de l'économie et d'être flexible. Ce qui a changé aussi parmi les jeunes gens, c'est surtout que les jeunes sont plus expressifs qu'à l'époque. Leur dialogue a changé, c'est-à-dire qu'ils s'expriment librement et ils savent déjà à l'âge de 20 ans ce qu'ils veulent atteindre. Je trouve cela très positif.
En plus, mon fils Ahmed a moins de problèmes pour se faire intégrer dans la société française car il fait déjà partie de la deuxième génération vivant en France. Alors, il parle couramment le français depuis son enfance. Certes, il y a encore des préjugés à cause de la couleur de la peau, mais à mon avis, cela s'est quand même amélioré et je pense que sa génération a plus de chances que la nôtre.

Vivre ensemble. Talieh, alias Mathilde

Talieh est née à Toulouse de parents iraniens. Elle est interviewée par Luc André.

Etre née en France a-t-il facilité votre intégration ?

Oui et non. Naître en France, ce n'est pas tout. Cela m'a certes donné la nationalité immédiatement, mais l'intégration ne se résume pas à des papiers.

Mes parents ont tout fait pour que je me sente française. Ma première langue n'a donc pas été l'iranien, mais le français. Je n'ai appris la langue de mes parents que plus tard. [...] Cette volonté d'intégration s'est exprimée aussi dans le choix de mon école.

J'ai été vite retirée de l'école primaire du Mirail, un quartier populaire à forte population étrangère. Mes parents m'ont inscrite dans un établissement privé catholique.

J'étais la seule fille d'immigrés dans ma classe, je me suis toujours sentie un peu en marge. Tout le monde était très gentil, mais je m'appelais Talieh et pas Delphine.

Un épisode est encore gravé dans ma mémoire : lors d'un pèlerinage à Lourdes avec ma classe, j'ai dû attendre sur les marches d'une église pendant que mes camarades assistaient à la messe à l'intérieur. Cela a été comme un électrochoc. Je voulais être comme tout le monde. Je me suis fait baptiser et j'ai changé de prénom. Je suis devenue Mathilde.

Qu'est-ce que cela a changé ?

J'étais plus sereine. Je ne me posais plus de questions sur mon identité. Plus tard, nous avons déménagé et je suis allée dans un nouveau collège. En tant que Mathilde cette fois. C'était comme un nouveau départ. [...]

C'est curieusement en allant étudier aux Etats-Unis que j'ai senti des lacunes dans mon identité française, quand on m'a demandé de cuisiner un plat typique ou de parler de certaines traditions. Je ne savais pas grand-chose. Je me suis alors aperçue que je n'étais pas aussi franchouillarde que je l'imaginais. Pourtant, à la fin de mes études, j'ai eu le choix de rester en Amérique, mais j'ai préféré rentrer en France. Chez moi.

Avec le recul, regrettez-vous ces sacrifices ?

Pas une seule seconde. Cela n'a rien enlevé à mon héritage culturel. A la maison, on a continué à alterner les repas iraniens et le cassoulet, à mélanger les langues au gré des conversations. Ce nouveau prénom m'a juste permis de passer plus inaperçue.

Mais je ne veux pas dire que le changement de prénom soit la seule ou la meilleure solution pour s'intégrer. Il m'a donné confiance en moi à l'époque. Aujourd'hui, je suis parfaitement intégrée, et je considère ma double identité comme une richesse. Une richesse que je transmettrai à mes enfants, si un jour j'en ai. *(460 mots)*

Luc André : « Vivre ensemble. Talieh, alias Mathilde », texte abrégé d'après : Ecoute, 07/07, p. 42, www.ecoute.de

Annotations :

l. 2	certes	certainement
l. 13	un pèlerinage	*all. :* Pilgerfahrt
l. 16	baptister	*all. :* taufen
l. 19	serein, e	*all. :* heiter, unbeschwert
l. 20	en tant que	*all. :* als
l. 22	des lacunes, f	ce qui manque
l. 25	franchouillard, e	*fam. adj. :* typiquement français
l. 28	avec le recul	*all. :* rückblickend
l. 28	un sacrifice	*all. :* Opfer
l. 29	un héritage	ce qu'on tient de ses parents
l. 30	le cassoulet	une spécialité française
l. 30	au gré de	*all. :* je nach Belieben
l. 31	passer inaperçu, e	ne pas se faire remarquer

Aufgabenstellung:

1. Décrivez les étapes de la vie de Talieh, alias Mathilde. *(compréhension)* *(12 Punkte)*
2. Expliquez comment s'exprime la volonté d'intégration des parents de Talieh-Mathilde. *(analyse)* *(15 Punkte)*
3. Analysez les raisons du changement de nom et du baptême ainsi que les conséquences qui se présentent tout de suite et plus tard lors de son séjour aux Etats-Unis. *(analyse)* *(15 Punkte)*
4. Comparez les motifs du changement de nom de Talieh-Mathilde et d'Anne-Sélima. *(commentaire/produktiv-gestaltende Aufgabe)* *(18 Punkte)*

Lösungsvorschläge

1. ***Hinweis:*** *Achten Sie bei dieser Aufgabenstellung darauf, die Etappen in Taliehs Leben in eigene Worte zu fassen oder diese mit den passenden Zitaten zu belegen. Da es sich hierbei um mehrere Etappen handelt, versuchen Sie, sich kurz und prägnant zu fassen.*

   Dans l'article « Vivre ensemble, Talieh, alias Mathilde » il est question de la vie d'une jeune femme, Talieh, née en France de parents iraniens qui se fait baptiser et devient Mathilde. Son enfance en France est marquée par différentes étapes. Dans un premier temps, Talieh apprend la langue française comme première langue avant de connaître la langue maternelle de ses parents, l'iranien. Ensuite, elle entre dans une école privée (l. 9/10) afin d'être parmi les Français et non parmi les étrangers. Mais en tant que seule fille d'immigrés dans sa classe, elle se sent pourtant « un peu en marge » (l. 11/12). C'est une expérience vécue lors d'un pèlerinage à Lourdes (l. 13) qui marque la troisième étape de sa vie, celle de se faire baptiser et de changer de prénom. Elle adopte un nom français et devient Mathilde. Désormais elle se sent plus française et ne se pose « plus de questions » (l. 19) sur son identité. Plus tard, elle déménage avec ses parents et entre dans un nouveau collège. Dès lors, elle repart à zéro avec sa nouvelle identité. Bien qu'elle se sente plus française à partir de ce moment-là, elle fait une expérience assez délicate lors d'un séjour aux Etats-Unis. Au cours de ce séjour, elle constate qu'il lui manque certains détails dans la tradition des Français. Il en résulte que pour la première fois depuis son baptême, elle est partagée entre deux identités. Pourtant, elle décide de rentrer en France qu'elle désigne comme « Chez moi » (l.27). Cette dernière étape montre bien qu'elle s'est parfaitement intégrée dans la société française.

2. ***Hinweis:*** *Bei dieser Aufgabenstellung sollten Sie nur die Punkte erwähnen, die die Eltern angestrebt haben, ihre Tochter in die Gesellschaft einzugliedern und nicht die eigenen Motivationsgründe von Talieh.*

   La volonté d'intégration des parents de Talieh-Mathilde se montre de façon complète. Comme Talieh est née en France, elle a la nationalité française dès sa naissance. C'est déjà très tôt que les parents reconnaissent que la nationalité ne fait pas encore l'intégration toute entière. A cause de cela, ils font d'abord apprendre le français à leur fille et ce n'est que plus tard qu'elle apprend la langue de ses parents, l'iranien. Cela explique aussi pourquoi ils choisissent une école catholique française dans laquelle il y a seulement des Français. D'un côté Talieh peut alors mieux s'intégrer dans la société, mais de l'autre côté cela entraîne aussi certains inconvénients. Tout d'abord à cause de son nom iranien qui se diffère des noms français, et puis à cause de la religion. A la maison, les parents apprennent aussi la culture française à sa fille en cuisinant « le cassoulet » (l. 30) par exemple. Mais dans ce cas, ils ne sont pas assez conséquents, car ils font aussi des repas iraniens, car ils cherchent en même temps à garder leur propre culture. En fin de compte, les parents de Talieh essaient de faire de leur mieux pour intégrer leur fille, mais ils attachent aussi de l'importance à transmettre leur langue et leur culture d'origine à Talieh-Mathilde.

3. ***Hinweis:*** *An dieser Stelle sollten Sie insbesondere auf das Schlüsselerlebnis der « pèlerinage » in Taliehs Leben eingehen und dieses ausführlicher erklären.*

Talieh, qui s'est bien intégrée dans la société française, mais n'a pas de nom français a toujours souffert de cette situation. Elle se distingue donc des autres à cause de l'origine de ses parents et en outre, elle ne passe jamais inaperçue. Ce qui a déclenché le changement de nom, c'était surtout l'expérience qu'elle a fait lors du pèlerinage à Lourdes. C'est à ce moment-là qu'elle se sent à l'écart de la société française, car elle est obligée de rester seule en dehors de l'église au lieu d'assister à la messe avec ses camarades de classe. Pour la première fois, elle comprend que l'intégration n'est pas aussi facile qu'elle le croyait. Comme elle ne peut pas accepter de ne pas faire partie de la communauté française, car elle se sent autant Française que les autres, elle décide de se faire baptiser et de devenir « Mathilde » (l. 17). Ce faisant, elle se sent mieux acceptée par les autres. Mais pourtant, Talieh-Mathilde n'est pas tout à fait française, car elle ne peut pas nier ses racines iraniennes. En effet, lors d'un séjour aux Etats-Unis, elle constate qu'elle a des lacunes quant à son identité française. Tout le monde pense qu'elle est Française à cause de son prénom qui est maintenant typiquement français. Mathilde doit constater qu'elle porte aussi un héritage culturel en elle qui est celui de ses parents. Pourtant, lorsqu'elle a le choix de rester aux Etats-Unis, elle décide de « rentrer en France » (l. 26) qu'elle appelle « Chez moi » (l. 27). Cela montre bien qu'elle est devenue plus sûre d'elle et qu'elle accepte d'être Française d'un côté, mais de l'autre côté aussi de maintenir le patrimoine culturel de ses parents, c'est-à-dire de continuer « à alterner les repas iraniens et le cassoulet, à mélanger les langues au gré des conversations » (l. 30/31). Elle ne regrette pas du tout de s'être fait baptiser, mais elle décide aussi d'être plus sereine et plus fière de sa deuxième origine ce qu'elle considère désormais comme une « richesse » (l. 35).

4. ***Hinweis:*** *In der vierten Arbeitsanweisung handelt es sich um einen klassischen Vergleich. Sie sollen an dieser Stelle ihre Lektürekenntnisse aus dem Buch „Anne ici, Sélima là-bas" nachweisen und diese mit der gegebenen Textstelle vergleichen. Achten Sie darauf, sowohl Gemeinsamkeiten als auch Unterschiede herauszuarbeiten.*

Lorsqu'on compare les motifs du changement de nom de Talieh-Mathilde et d'Anne-Sélima, on peut constater qu'il y a de grands parallèles entre les deux filles. Tout d'abord, toutes les deux changent leur prénom afin d'être mieux intégrée dans la société française car un nom français contribue à ne pas se faire remarquer. On peut passer plus inaperçu parmi les gens. Toutes les deux souffrent du fait de ne pas faire partie des Français et avoir une double identité les met tou-

jours un peu à l'écart. En plus, les deux filles ne cherchent rien de plus que d'être comme tout le monde.
Contrairement à Talieh, Sélima ne se fait pas baptiser. Elle n'implique pas la religion dans son chemin d'intégration. En changeant de prénom, elle espère en même temps avoir l'air plus sérieux et se faire mieux accepter par les gens intelligents dans son environnement. Pour elle, cela facilite à réussir un jour et à devenir une véritable Française. Sélima pense aussi qu'un nom particulier qui ressemble à un nom anglais ou breton fait paraître être une brillante élève. Ensuite, toutes les deux montrent qu'elles ont des difficultés à s'identifier avec leurs deux identités. Toutes les deux pensent qu'il est mieux de ne pas se faire remarquer afin de ne pas devenir victime du racisme. C'est surtout Sélima qui a de grandes difficultés à accepter que l'origine de ses parents est l'Algérie et sa deuxième langue l'arabe qu'elle refuse même de parler. Elle pense que l'arabe n'a rien de sérieux et elle a peur de devoir rester dans les HLM. Ce sont surtout les sorts de leurs anciens copains et copines tels que par exemple sa meilleure copine, Djamila, est victime d'un mariage forcé avec un Algérien, qui lui font peur. C'est pourquoi elle essaie de tout faire pour s'intégrer. En fin de compte, cette comparaison montre bien que les destins des deux filles se ressemblent. Ce sont des sorts de filles issues de l'immigration qui ne souhaitent qu'une seule chose, d'être autant acceptées par les autres que leurs copains qui sont de «vrais» Français.

Régine Deforges, La bicylette bleue [extrait]

Pendant l'occupation allemande, la famille Delmas, propriétaire d'un domaine de vignobles à Montillac, dans la région de Bordeaux, doit héberger des soldats allemands, dont un officier qui s'appelle Otto. La scène suivante se passe en été 1942. Après un repas en famille, Léa Delmas sort de la maison avec sa sœur cadette Laure et lui demande une explication. Dans la discussion, il est question de Françoise, la sœur aînée de Léa et Laure.

« Que s'est il passé pour que papa soit aussi nerveux ? »

Laure baissa la tête. Deux larmes coulèrent sur ses mains posées sur ses genoux.

« Petite sœur, ne pleure pas. Dis-moi ce qui s'est passé. »

Laura se jeta en sanglotant au cou de son aînée.

« Jamais je n'oserai te le dire, surtout à toi. »

« Pourquoi, surtout à moi ? »

« Parce que toi, tu ne peux pas comprendre. »

« Comprendre quoi ? »

Les sanglots redoublèrent.

« Parle, je t'en prie, pense à papa. »

« Oh ! papa, ce n'est pas le plus grave. »

Que voulait-elle dire ? Agacée, Léa la secoua.

« Qu'est-ce que ça veut dire ? Qu'y a-t-il de plus grave ? »

« Françoise », balbutia-t-elle.

« Françoise ?... »

« Françoise et Otto. »

« Françoise et Otto ? Explique-toi, je ne comprends pas. »

« Ils veulent se marier. »

« Se marier... »

« Oui. Hier, le capitaine a fait sa demande à papa. »

« Je comprends. Et papa a refusé, évidemment. »

« J'en étais sûre, je le savais bien que tu ne comprendrais pas et que Françoise n'avait aucune chance que tu l'aides. Je le lui avais dit. Mais elle répétait : Tu te trompes, Léa a de l'expérience, elle sait ce que c'est que l'amour. Et moi, je lui disais que ce n'était pas vrai, que tu n'en savais rien. [...] En dehors de Montillac, tu n'aimes rien ni personne. Le pauvre Mathias l'a bien compris. C'est pour ça qu'il est parti. »

« Laisse Mathias en dehors de ça, veux-tu ? C'est de Françoise dont il s'agit et de ses sales amours avec un Allemand. »

« De ça aussi, j'en étais sûre. Tu ne jures que par ton général de Gaulle et les terroristes qu'il envoie de Londres pour saboter les lignes téléphoniques, faire sauter les trains et assasiner des innocents. »

« Assassiner des innocents ! Comment oses-tu qualifier d'innocent l'ennemi qui occupe notre pays, qui l'affame, qui le déporte, qui le tue ? […] »

« C'est eux qui ont tort, ce sont des rebelles. »

« Des rebelles ! Ceux qui se battent pour l'honneur de la France ? »

« Ce ne sont que des mots, de grands mots vides. L'honneur de la France, c'est le Maréchal qui l'incarne. »

« Tais-toi, tu n'es qu'une sotte ignorante. Ton Maréchal est le complice d'Hitler. […] Il s'est servi de son prestige de héros de la guerre de 14 pour faire accepter la honte de l'armistice. »

« Sans cet armistice, des centaines de milliers de gens seraient morts, comme maman, sous les bombes. »

En prononçant le mot « maman », Laure se remit à pleurer. Léa prit sa tête et l'attira contre son épaule. *(498 mots)*

Régine Deforges, « La bicyclette bleue », © Editions Fayard, Paris 1983, p 375–377

Annotations :

l. 4	sangloter	pleurer
l. 9	redoubler	augmenter, devenir plus fort.
l. 14	Françoise	la sœur aînée de Léa et de Laure
l. 26	Mathias	ami d'enfance, amoureux de Léa
l. 38	le Maréchal	le Maréchal Pétain, héros de la guerre de 1914–1918, en 1942 chef du gouvernement de Vichy, après 1945 condamné à mort pour collaboration
l. 40	la guerre de 14	la Première Guerre mondiale (1914–1918)
l. 43	sous les bombes	la mère de Léa est morte sous un bombardement allemand

Aufgabenstellung:

1. Résumez la discussion entre Léa et Laure. *(compréhension)* *(12 Punkte)*
2. Etudiez l'atmosphère et les réactions que provoque l'intention de Françoise auprès des membres de la famille. *(analyse)* *(11 Punkte)*
3. Analysez les opinions divergentes des deux sœurs qui se manifestent dans la discussion. *(analyse)* *(18 Punkte)*
4. Jugez les attitudes différentes des Français vis-à-vis de l'occupant allemand en vous basant sur le texte présent et sur le film de L. Malle *« Au revoir, les enfants »*. *(commentaire)* *(19 Punkte)*

Lösungsvorschläge

1. ***Hinweis:*** *Sie sollten bei dieser Aufgabenstellung darauf achten, dass Sie die wichtigsten Punkte der Diskussion zwischen Lea und Laure herausarbeiten und diese mit eigenen Worten zusammenfassen. Hierbei sollte die Problematik des Gesprächs deutlich werden.*

   Cet extrait du roman « La bicyclette bleue » de Régine Deforges traite d'une discussion entre Léa et Laure, filles d'une famille française qui vit à Montillac, dans la région de Bordeaux. Dans cette discussion, il est question de Françoise, la sœur aînée de Léa et de Laure. Léa constate que son père est inquiet et demande à Laure de lui donner les raisons pour ce trouble. Laure se montre affectée, elle se met à pleurer. Elle hésite alors de donner des explications car elle craint que sa sœur Léa ne le comprenne pas. Léa commence alors à pousser Laure à lui raconter ce qui s'est produit. C'est à ce moment-là que Laure commence à parler de l'événement central concernant leur sœur aînée, Françoise, qui veut se marier avec un soldat allemand, Otto. Le père a refusé la liaison et Françoise demande maintenant l'aide à ses deux sœurs cadettes. Léa insulte sa sœur aînée à cause de son amour pour un Allemand, car elle n'est pas du côté de l'occupant. Lors de cet entretien, on apprend que Léa est du côté de la Résistance dirigée par Charles de Gaulle et elle désigne le maréchal Pétain de « complice d'Hitler ». Laure par contre, se met du côté du Maréchal Pétain, la tête du régime de Vichy. Laure et Léa se disputent jusqu'à ce que Laure mentionne sa mère morte et commence à pleurer. On apprend ensuite que leur mère est morte sous un bombardement allemand dans les années quarante.

2. ***Hinweis:*** *In diesem Aufgabenteil sollten Sie sich nochmal die unterschiedlichen Positionen von Léa, Laure und deren Vater in Bezug auf die älteste Tochter Françoise vor Augen halten. Sie können hierbei auch eventuelle Hintergrundinformationen über die Beziehung Frankreich – Deutschland im zweiten Weltkrieg, die Sie aus dem Unterricht kennen, in die Analyse mit einbetten.*

   Tout d'abord l'atmosphère telle qu'elle est décrite dans ce passage est très tendue, car l'intention de Françoise provoque des réactions très différentes au sein de la famille Delmas. D'un côté, il y a Laure qui se met du côté de Françoise, de l'autre côté, il y a le père et Léa qui se prononcent contre le mariage de Françoise et d'Otto. Le sujet du mariage de Françoise avec un soldat allemand crée une atmosphère assez sombre. Laure décrit la situation d'une manière inquiétante. « Oh ! papa, ce n'est pas le plus grave. » (l. 11) Elle se fait des soucis pour Françoise et elle espère que Léa lui donnera un coup de main pour qu'elles puissent enfin soutenir leur sœur aînée dans son projet de mariage. Effectivement, Léa n'accepte pas que sa sœur se marie avec un Allemand ce qu'elle désigne comme un « sale amour » (l. 29). En se référant à la réaction du père de la famille Delmas, il faudrait ajouter qu'à cette époque, le mariage d'une Française avec un Allemand constitue un scandale. Le contexte historique montre des images telles que les femmes tondues qui ont été humiliées en public. Avec son opinion, Léa s'oppose à sa sœur cadette ce qui va provoquer une discussion très forte même sur les relations entre la France et l'Allemagne. Par conséquence, les deux sœurs n'arrivent pas à aboutir à un compromis. Au-delà des rapports familiaux, cette scène montre les deux camps en France : le côté des Résistants et le côté des Collaborateurs.

3. ***Hinweis:*** *Machen Sie die unterschiedlichen Positionen der beiden Schwestern deutlich machen. Hierbei sollten Sie auf jeden Fall auch ihr Hintergrundwissen zu dem Thema mit einbringen, um die unterschiedlichen Haltungen der beiden Schwestern in Verbindung mit der französischen Gesellschaft zur Zeit der Besatzung zu bringen.*

Dans cet entretien entre Léa et Laure, on peut voir de façon très concrète les différentes opinions des Français vis-à-vis de l'Allemagne. En effet, la scène se déroule en 1942 sous l'Occupation. Au cours de la discussion, on apprend que Léa, la sœur de Laure, est du côté de la Résistance dirigée par Charles de Gaulle depuis 1940. Elle insulte les Français qui travaillent avec l'Occupant allemand : « Comment oses-tu qualifier d'innocent l'ennemi qui occupe notre pays, qui l'affame, qui le déporte, qui le tue ? [...] » (l. 33/34). Pendant cet entretien, son attitude négative envers les Allemands et le régime de Vichy devient de plus en plus forte et émotionnelle. Le point culminant de son argumentation est marqué par une provocation. Elle insulte sa sœur en utilisant des mots méchants : « Tais-toi, tu n'es qu'une sotte ignorante. Ton Maréchal est le complice d'Hitler. [...] » (l. 39). Par contre, Laure défend son opinion sur le régime de Vichy. Elle reproche à de Gaulle d'envoyer « des terroristes » (l. 31) depuis Londres et de « saboter les lignes téléphoniques », de « faire sauter les trains » et d'« assassiner des innocents » (l. 31/32). Son argumentation contre le général de Gaulle évolue aussi au cours de la conversation, mais elle reste plus tranquille que sa sœur et ne l'insulte pas. Elle critique la Résistance en montrant sa déception d'une façon assez rationnelle : « Ce ne sont que des mots, de grands mots vides. L'honneur de la France, c'est le Maréchal qui l'incarne » (l. 37/38). Après que Léa a prononcé le mot « armistice » (l. 41), Laure devient plus affective et intègre ses expériences personnelles concernant la mort de leur mère dans son argumentation (l. 42/43). Ensuite, Laure commence à pleurer. Sa réaction montre bien qu'elle est jeune et très sensible et qu'elle montre ses sentiments intimes.

4. ***Hinweis:*** *Wenden Sie über die Textstelle hinausgehend Ihr Hintergrundwissen aus dem Unterricht an. Stellen Sie zunächst noch einmal die unterschiedlichen Haltungen in der Familie Delmas heraus. Notieren Sie sich stichwortartig, welche Haltungen in dem Film „Au revoir les enfants" deutlich werden und stellen sie diese einander gegenüber.*

En ce qui concerne les Allemands en France pendant l'Occupation, les opinions des Français étaient très divisées. Tout d'abord, le roman « La bicyclette bleue »

montre une sorte de microcosme de la société française au sein de la famille Delmas. D'une part, Léa et son père semblent être du côté de la Résistance en sympathisant avec de Gaulle, d'autre part Laure et sa sœur Françoise sont plutôt du côté de la Collaboration. Mais de toute façon, les positions des Delmas ne sont pas assez claires, car la famille héberge quand même des soldats allemands. On peut supposer qu'ils ont peur d'être saisis et c'est pourquoi ils respectent les conventions de l'occupant pour ne pas se faire remarquer. Cela montre que la plupart des Français restent plutôt neutres envers les Allemands parce qu'ils ont tous peur de devenir aussi les victimes des intrigues de la Collaboration.
Dans le film « Au revoir les enfants » on peut constater qu'il y a aussi toute la gamme des opinions parmi les Français. Mlle Quentin représente la société bourgeoise qui reste plutôt neutre face au régime allemand. Elle fait partie de ceux qui acceptent le comportement des Allemands et qui n'ose pas résister. François, son fils aîné par contre se révolte contre sa mère. Il propose d'entrer dans le maquis, ce qui est selon sa mère une idée d'enfant car elle pense qu'il faut plutôt penser à sa carrière scolaire. Ensuite, il y a aussi ceux qui sont des membres actifs dans la Résistance comme par exemple Moreau qui se cache dans le couvent. En général, on peut constater que l'ambiance dans le couvent en 1944 est plutôt anti-collaborationniste d'après les entretiens des enfants qui adoptent les opinions politiques de leurs parents. Ils sont au courant de la manipulation des médias, surtout de la radio et c'est pourquoi il faut se tenir à la vérité qui est entre les deux chaînes, Radio-Paris et radio Londres. En 1944 les Alliés ont déjà débarqué en Normandie et la plupart des Français espéraient que la guerre serait bientôt finie.

Tous les jours le même cauchemar !

Le texte suivant parle de l'Algérien Larbi qui travaille à Paris.

Larbi ne supporte plus de travailler dans cette ville. Il ne peut plus voir en peinture sa camionnette et aimerait bien faire demi-tour pour rentrer chez lui. Mais il doit pourtant se dépêcher s'il veut arriver suffisamment tôt à l'entrepôt, Porte de Versailles, pour faire un nouveau chargement et revenir livrer à temps son client, un bar branché à proximité du canal Saint-Martin qui, à coup sûr, exigera un rabais sur le prix en cas de retard. On lui a déjà fait le coup… Avant, il aimait bien aller livrer chez Raymond, un vieil Auvergnat affable qui avait su faire de son bistrot un endroit chaleureux et vivant où tous les habitants s'arrêtaient à un moment ou un autre de la journée pour s'en jeter un petit et discuter le coup. Depuis que le bar a été repris, ce n'est plus pareil. Larbi ne peut pas sentir les nouveaux propriétaires, un couple de provinciaux arrogants habillés comme des ados américains qui le tutoient ostensiblement. […]

Si au moins il habitait à Paris, il ne perdrait pas des heures entières sur le périph. Mais aujourd'hui, avec quatre enfants et son salaire, ce n'est plus possible. Pas même à Ménilmontant, où il a pourtant grandi avec ses six frères et sœurs, car les prix ont flambé et les HLM sont rares. Ceux qui en bénéficient font tout pour ne pas les lâcher, sinon ils sont bon pour passer le périph, eux aussi.

La vie est devenue dure à Paris. Vraiment dure. Alors qu'à la télé, on parle sans cesse de respect et de tolérance, Larbi ne s'est jamais autant senti en milieu hostile. Etranger.

Coincé la plupart du temps dans sa camionnette, il ne voit plus personne. Les klaxons qu'il essuie à chaque fois qu'il gagne un mètre et les jurons des cyclistes et des rollers semblent lui crier qu'il n'est plus d'ici. Que cette ville ne veut pas de lui et de son boulot pourri. Il n'y en a plus que pour les chiens et ces jeunes branleurs déjà ridés et mal rasés avec leurs copines aux cheveux gras qui se baladent en treillis […] à n'importe quelle heure de la journée. Comme s'ils n'avaient pas de boulot… « Mais y vivent de quoi, ces gens ? » se demande toujours Larbi. C'est plus fort que lui mais ça l'agace, ces gosses de riches qui s'installent près des pauvres pour mieux les chasser. Vivre comme des pauvres sans les pauvres, c'est le nouveau truc des riches !

En fait, Larbi n'aime plus Paris. Ça pue la mort. Ça faisande doucement malgré les fêtes sinistres organisées par la mairie. Il est déjà impatient de rentrer à Evry pour retrouver sa femme et ses gosses. […] *(477 mots)*

Le Perroquet libéré, La vie à Paris, du rêve à la réalité, article du 05 décembre 2005 dans : http://www.newropeans-magazine.org/content/view/3046/121/;Zugriff am 28. 05. 2008 ; Text geringfügig gekürzt

Annotations :

l. 1	voir en peinture	supporter
l. 4	un bar branché	un bar à la mode
l. 6	faire le coup à qn	*all. :* jdn. hereinlegen
l. 7	affable	*all. :* jovial, leutselig, freundlich
l. 9	s'en jeter un petit	boire un verre
l. 12	ostensiblement	*all. :* offensichtlich
l. 13	le périph	le périphérique
l. 15	Ménilmontant	quartier populaire dans le XXe arrondissement à Paris
l. 17	Ils sont bon pour passer le périph	Ils sont obligés de quitter le centre de Paris pour vivre de l'autre côté du périphérique
l. 21	coincé, e	*all. :* eingezwängt
l. 24	il n'y en a plus que pour les chiens	on ne s'occupe que des gens en difficulté
l. 24	branleur, *m*	derbes Schimpfwort, *all. :* Wichser
l. 25	en treillis	*all. :* im Drillich-, Kampfanzug
l. 30	faisander	*all. :* abgestanden schmecken
l. 31	Evry	commune située à 26 kilomètres au sud-est de Paris

Aufgabenstellung:

1. Résumez les informations que le texte donne sur le personnage principal. *(compréhension)* *(12 Punkte)*
2. Expliquez les problèmes auxquels Larbi est confronté tous les jours. *(analyse)* *(18 Punkte)*
3. Dégagez l'image de Paris que le texte évoque. *(analyse)* *(15 Punkte)*
4. Un délégué municipal chargé du développement culturel de la ville de Paris lit cet article du *Perroquet libéré*.
   Imaginez sa réaction : dans une lettre adressée au magazine, il se réfère à la situation de Larbi, admet des désavantages d'un méga-centre comme Paris, et met surtout en valeur les aspects positifs de sa ville.
   Ecrivez cette lettre. *(commentaire/produktiv-gestaltende Aufgabe)* *(15 Punkte)*

Lösungsvorschläge

1. ***Hinweis:*** *Achten Sie bei diesem Résumé darauf, die wichtigsten Informationen über die Hauptperson in ihren eigenen Worten und nicht in Form von Zitaten wiederzugeben. Die Sätze sollten hierbei kurz und prägnant sein und keine zusätzlichen Informationen wie zum Beispiel Kommentare oder Wertungen enthalten.*

   Larbi est livreur de boissons. Il approvisionne des bars avec une camionnette et il se fournit dans un entrepôt Porte de Versailles. Ce travail est mal rémunéré.
   Père de quatre enfants, il ne peut pas se permettre d'habiter Paris et vit donc en banlieue, à Evry.
   Il ne peut pas envisager de vivre par exemple à Ménilmontant, le quartier où il a grandi avec ses nombreux frères et sœurs, car même là, les loyers sont devenus inabordables.
   Larbi se sent mal à l'aise à Paris. Il supporte difficilement les encombrements, l'arrogance des Parisiens et la tristesse ambiante.

2. ***Hinweis:*** *Belegen Sie wenn möglich die unterschiedlichen Probleme, mit denen Larbi konfrontiert wird, mit mehreren Textstellen. Auch bei dieser Aufgabe ist es wichtig, den Inhalt mit eigenen Worten wiederzugeben und längere Zitate zu vermeiden.*

   Dans sa vie quotidienne, Larbi rencontre un certain nombre de problèmes.
   En tant que livreur, il doit respecter des délais de livraison, mais cela s'avère difficile en raison des longs trajets qu'il doit effectuer et des embouteillages (l. 13, 22), par exemple entre son entrepôt Porte de Versailles et un bar près du canal Saint-Martin (l. 3–5). S'il ne respecte pas les horaires, il se peut que les clients refusent de payer l'intégralité de la facture.
   Un autre problème est celui des rapports humains. Larbi ne supporte ni l'arrogance des nouveaux Parisiens ni leur look (l. 11, l. 25) ni leur familiarité (l. 11).
   Le problème le plus important est probablement celui du montant des loyers. Depuis qu'une couche aisée s'installe dans les quartiers populaires, les plus pauvres doivent aller vivre en banlieue. Ce n'était pas le cas il y a quelques décennies puisque les parents de Larbi, qui n'étaient certainement pas fortunés, ont pu élever leurs sept enfants à Ménilmontant (l. 15).
   Enfin, le dernier problème que Larbi rencontre est celui de l'agressivité ambiante. S'il ne semble pas vraiment victime du racisme, il a néanmoins l'impression d'être discriminé (l. 19, 22/23).

3. ***Hinweis:*** *Bei dieser Aufgabenstellung sollte zu Beginn in einem Satz zusammengefasst werden, welches Bild Larbi grundsätzlich von Paris hat. Dieses Bild sollte anhand mehrerer Textstellen belegt werden, entweder in eigenen Worten oder mit kurzen Zitaten.*

L'image de Paris qui se dégage de ce texte est exclusivement négative. Les aspects négatifs sont la cherté des loyers et le manque de HLM (l. 15/16) qui obligent les couches populaires à émigrer vers les banlieues. Alors qu'autrefois les gens aisés habitaient les « beaux quartiers », la nouvelle génération de riches envahit maintenant les quartiers populaires (l. 28). Contrairement à l'ancienne génération, celle-ci n'affiche plus sa richesse mais préfère un look décontracté (l. 11, 25) ce qui la rend plus difficilement identifiable. Néanmoins, l'arrogance de classe demeure (« branleurs », l. 24, l. 11). A cause de cette nouvelle génération, les quartiers populaires ont perdu leur « âme ». Il n'y a quasiment plus de bistrots (comme celui de Raymond) tenus par de vrais Auvergnats où règne la convivialité (l. 7–9). Alors qu'il y avait autrefois un brassage social à Paris, il y a aujourd'hui le monde des riches à l'intérieur du périphérique et celui des pauvres au-delà. Dans ce nouveau Paris de riches, il semble qu'il n'y ait plus beaucoup d'ambiance et les élus paraissent incapables de créer une animation : les fêtes de la mairie sont « sinistres » (l. 30/31).
Enfin, le texte évoque aussi l'image d'un Paris grouillant et bruyant. Les difficultés sont les embouteillages (l. 21) mais aussi la multiplication des vélos et des rollers (l. 22/23) qui compliquent la circulation. De cet état de fait résulte l'agressivité ambiante : klaxons, cris, jurons (l. 21–23).

4. ***Hinweis:*** *Bei dieser Aufgabenstellung ist es wichtig, zunächst verschiedene Argumente, die zum einen gegen das Leben in einer Metropole wie Paris sprechen, zu sammeln und anschließend die Argumente, die für das Leben in der Großstadt, sprechen, besonders hervorzuheben. Es soll in diesem Brief deutlich werden, dass der Verfasser ein positives Bild von Paris und der Entwicklung der Stadt hat. Außerdem ist es wichtig, die Form eines „offiziellen Briefes" zu beachten (äußere Merkmale und Stil).*

Paris, le 20.12.2005

M. Jacques Lélu
Délégué municipal
Hôtel de Ville
75004 Paris

à

Le Perroquet libéré
12, rue des martyrs
75009 Paris

Objet : Votre article « La vie à Paris, du rêve à la réalité » du 05 décembre 2005

Madame, Monsieur,

En tant que délégué municipal chargé du développement culturel de la Ville de Paris, je porte un grand intérêt aux jugements exprimés sur notre cité et sur l'action de la municipalité, de sorte que les critiques de votre article ne m'ont pas laissé indifférent.

Les difficultés de vie que rencontre le père algérien dont vous faites le portrait me touchent beaucoup. Néanmoins, il serait honnête de préciser qu'elles ne sont aucunement liées à sa situation d'immigré, mais concernent nombre de nos compatriotes habitant les grandes villes.
Concernant ses problèmes de logement, vous n'êtes pas sans savoir que l'équipe municipale travaille activement à la création de HLM et à une plus juste attribution des logements sociaux, mais qu'elle doit également se conformer à la législation en cours.
Quant aux difficultés de circulation auxquelles se voient confrontées toutes les grosses agglomérations, je tiens à vous rappeler les nombreux projets lancés depuis notre arrivée à la direction des affaires de la ville pour réduire les nuisances de l'automobile et favoriser le développement des moyens de transport en commun et alternatifs.
Enfin, en ce qui concerne une critique qui me touche personnellement, celle du domaine culturel, il me faut vous signaler que toutes les manifestations mises en place par mon équipe connaissent un réel succès populaire attesté par le nombre de visiteurs. A titre d'exemple, je ne nommerai que la réalisation de Paris-Plage imitée par de nombreuses capitales.
Non, Paris ne pue pas la mort. Paris nous comble d'énergie. A nous de la mobiliser pour rendre la ville plus belle encore !

En espérant avoir le plaisir de vous saluer lors de l'inauguration de notre prochaine exposition à l'Hôtel de Ville pour laquelle vous trouverez ci-joint deux invitations, je vous prie d'agréer, Madame, Monsieur, mes salutations les meilleures.

Jacques Lélu
Service des Affaires culturelles

Nordrhein-Westfalen: Französisch Leistungskurs 2009
Aufgabe 1

Paris occupé

Une queue interminable s'allonge, partant d'un terrain vague. Machinalement, cabas à la main, un homme prend la file qui n'avance pas. Au bout d'un long moment, il demande : « C'est une queue pour quoi ? » à son voisin qui répond : « Vous avez vu le terrain vague ? Il paraît qu'on va y construire un immeuble et qu'au rez-de-chaussée il y aura une charcuterie… ». […]

Pendant quatre ans, des millions de Parisiens, le ventre creux vont découvrir un vocabulaire aussi nouveau que l'ordre qui s'est abattu sur leur ville. Les mots-clefs : guerre, ravitaillement, tickets, rations et marché noir. D'autres mots se parent d'un prestige inouï et tintent aux oreilles des affamés […] : jambon, haricots, pain, lait, sucre, œufs et, au-dessus de tous, beurre. Plus beau que l'or dont il a la couleur, le beurre sacré ! Dès 1940, la guerre du ravitaillement est déclarée qui, comme toute guerre, aura ses profiteurs, ses planqués, ses débrouillards et ses victimes. Et son objectif : triompher, tant bien que mal, de la pénurie et de la faim. Très vite, deux mondes se mettent en place : celui du rationnement officiel et, à ses côtés, celui du marché noir. Le premier qui se veut organisé, codifié et moral ; le second qui marque le triomphe d'un système dont les Français […] vont exploiter les innombrables ressources et qui s'appelle D. Plus qu'aucune autre ville de France, Paris, gros de ses millions d'habitants, se trouve lancé dans la bataille de la misère et de ses combats souvent douteux. Héroïne de ces temps-là, la ménagère. Roi de ses royaumes, le crémier. Pirate, corsaire, démon maudit et courtisé de ces enfers, le trafiquant de marché noir. […]

On a faim. On a froid. Plus de bois. Peu de charbon. On ne chauffe qu'une seule pièce où la famille se rassemble. Ou bien on passe les soirées tantôt chez un cousin – dont c'est le « tour de chauffage » – tantôt chez un autre, selon des rythmes grâce auxquels se nouent des amitiés et se tissent des relations. Au bureau, à l'usine on travaille emmitouflé dans des lainages ou des vestes épaisses. Les plus démunis vont dans le métro chercher un peu de chaleur. D'autres se réfugient dans des cafés. Dès qu'un lieu, fût-il le plus singulier, est signalé comme « bien chauffé » c'est l'affluence. Entre nous, le Collège de France a cette réputation et jamais on n'y avait vu tant de vieillards grelottants en franchir les portes pour y suivre les cours. Distraitement, il faut dire. Au bout de cinq minutes, béats, ils somnolent sans souci de ce que pérorent, derrière leurs chaires, les princes volubiles du savoir.

On a faim. On a froid. Et on marche. Ou on pédale. Paris, en 44, comptera 2 000 000 de bicyclettes. Tout le monde pédale, du prolo au président du tribunal, de la midinette au curé… et à l'évêque. Quant au métro, véritable réserve de veines et d'artères du géant parisien, il transportera, durant l'Occupation, plus d'un milliard de voyageurs par an. Sans lui Paris tout entier aurait été paralysé.

On a faim. On a froid. Et on meurt. *(556 mots)*

Jean Cau, « Paris occupé », © Paris–Match N° 1525, 18 août 1978, p. 64–65
Le journal Paris Match est un hebdomadaire comparable au magazine allemand Stern.

Annotations :

l. 1	le cabas	le sac à provisions
l. 9	tinter	*syn :* résonner
l. 9	un affamé	qn qui a très faim
l. 12	un planqué	une personne qui évite le service militaire
l. 16/17	le système D	abréviation de : « système débrouille », système pour survivre dans une situation difficile
l. 26	emmitouflé, e	enveloppé dans des vêtements chauds
l. 26	un lainage	un vêtement de laine (Wolle) tricoté
l. 28	et fût-il le plus singulier	et même s'il est très étrange, bizarre
l. 29	le Collège de France	Institut d'enseignement et de recherche fondé en 1530
l. 31	béat, e	très heureux
l. 32	pérorer	tenir un discours
l. 32	la chaire	*all. :* Rednerpult
l. 32	volubile	*all. :* redselig
l. 35	le prolo	*péj. :* le simple ouvrier
l. 36	le midinette	une jeune fille un peu naïve et frivole

Aufgabenstellung:

1. Présentez la situation des Parisiens. *(compréhension)* *(12 Punkte)*
2. Etudiez les réactions des Parisiens face à cette situation. *(analyse)* *(12 Punkte)*
3. Dégagez les moyens stylistiques que l'auteur emploie pour souligner les difficultés auxquelles les Parisiens sont confrontés. *(analyse)* *(20 Punkte)*
4. « Comment survivre sous l'Occupation ? »
   Comparez le comportement et les efforts des Parisiens décrits dans ce passage avec le comportement du Père Jean et des autres personnages dans le film de Louis Malle *« Au revoir, les enfants »*. *(commentaire)* *(16 Punkte)*

Lösungsvorschläge

1. ***Hinweis:*** *Nennen Sie in einem einleitenden Satz Autor, Titel, Textsorte und Erscheinungsjahr des Textes. Fassen Sie dann die Aussagen des Textes unter kurzer Nennung des historischen Hintergrundes wertneutral zusammen.*

L'article « Paris occupé » de Jean Cau, paru dans l'hebdomadaire *Paris Match* le 18 août 1978, parle de la situation difficile des Parisiens sous l'occupation allemande pendant la Seconde Guerre mondiale entre 1940 et 1944.
Pendant cette guerre, la France est divisée en deux zones, la zone libre au sud du pays et la zone occupée qui inclut Paris. Plus encore que les autres régions, Paris souffre particulièrement de cette occupation. Les habitants n'ont rien à manger à cause de la pénurie des denrées alimentaires. Le ravitaillement est organisé de manière très stricte ce qui favorise la mise en place d'un marché noir où le système D règne. De plus, les Parisiens ont très froid, à cause du manque de charbon et de bois de chauffage. Pour ne pas souffrir trop, ils prennent alors des tours de chauffage et se retrouvent les uns chez les autres ou se réfugient dans le métro et dans les cafés et mettent beaucoup de vêtements au travail. Certains vont au Collège de France pour ne pas avoir froid et s'endorment pendant les cours. Il est évident que les pauvres sont les plus touchés, car ils n'ont pas les moyens de se chauffer ou de faire des échanges au marché noir. Comme moyens de transport, le métro et le vélo prennent une très grande importance à travers toutes les couches sociales.

2. ***Hinweis:*** *Stellen Sie das Verhalten der Pariser Bevölkerung in der historischen Situation dar, so wie der Text es präsentiert. Achten Sie dabei auch auf die Wertungen, die der Autor vornimmt (z. B. Darstellung des „système D").*

Les réactions des Parisiens face à cette situation sont ambivalentes. Tout le monde tente de survivre, de toutes les manières possibles. Certains affrontent leur situation en cherchant à manger légalement : ils font la queue pour attendre le rationnement officiel. Mais comme le ravitaillement fonctionne plutôt mal, le marché noir se développe rapidement. D'autres y ont alors recours pour améliorer leurs conditions de vie ou deviennent trafiquants eux-mêmes. Ce « système D » est moralement douteux, puisqu'il avantage ceux qui ont quelque chose à échanger, de l'argent ou de la marchandise, et les plus pauvres n'en ont rien. Le manque de charbon et de bois de chauffage produit toutefois aussi des effets positifs. Les gens prennent des tours de chauffage et se retrouvent chez les différents membres d'une famille ou de groupes d'amis pour économiser le peu de bois qui reste. Cela crée des liens proches et de la solidarité dans un temps très difficile. Pour ne pas avoir froid au travail, les gens se couvrent en mettant des vêtements très chauds. Ils se tiennent aussi au chaud dans les cafés et il n'est pas surprenant qu'on en voit même au Collège de France où ils dorment pendant les cours, bien au chaud. Le métro joue un rôle important aussi dans cette période, non seulement, parce que les gens y sont au chaud mais aussi parce qu'avec le vélo, ce sont les seuls moyens de transport qui fonctionnent encore. Les différences entre les couches sociales y sont effacées complètement, car tout le monde prend le métro qui fait en sorte que Paris reste vivant.

3. ***Hinweis:*** *Diese textanalytische Aufgabe erfordert eine genaue Detailanalyse des Textes, den Sie auf Stilmittel und deren Funktion für die inhaltliche Aussage untersuchen müssen, um die Ergebnisse aspektgeleitet im Gesamtzusammenhang darzustellen. Berücksichtigen Sie dabei auch den Effekt, den der Autor beim Leser erreichen möchte.*

Dans son article de *Paris Match*, Jean Cau utilise de nombreux moyens stylistiques pour souligner les difficultés auxquelles les Parisiens sont confrontés. Son objectif est de rendre la situation très claire aux lecteurs des années 70 en employant des effets littéraires. Cau adresse la parole au lecteur quand il dit par exemple « Entre nous » (l. 29) afin de l'inclure de plus près dans la situation décrite. Même si Cau essaie d'aborder son sujet au début du texte en racontant une plaisanterie, le côté dramatique de la situation domine. Son langage est très imagé et il utilise beaucoup de métaphores. Ainsi, il nomme les efforts de survie des gens « la bataille de la misère » (l. 18) et rapproche alors la recherche de quelque chose à manger à une guerre quotidienne qui fait de la vie un champ de bataille. En utilisant une hyperbole, il parle du « beurre sacré » (l. 11) pour désigner une denrée très recherchée qu'il compare à celle de l'or. Pour lui, la ménagère devient dans ce temps « l'héroïne » et le crémier « le roi de ses royaumes » (l. 19), et quand il décrit les différentes personnes qui agissent sur le marché noir, il les appelle « pirate, corsaire, démon maudit » (l. 20) et évoque de cette manière tout un monde fabuleux que le lecteur peut imaginer. La situation à laquelle les gens sont confrontés, le choix qu'ils doivent faire entre une survie honnête et le marché noir profiteur et moralement douteux est souligné par le contraste entre les « deux mondes » (l. 13/14) qui sont en guerre tous les jours. Les phrases souvent incomplètes ainsi que la personnification du « géant » Paris avec son métro en tant que système vasculaire « d'artères et des veines » (l. 36/37) sont utilisées aussi dans cette optique qui met en scène une lutte quotidienne. Ce qui frappe le lecteur est surtout la structure parallèle que l'auteur crée en utilisant des répétitions en début de paragraphe : « On a faim. On a froid. » (l. 22, 34, 39) qui culminent dans la gradation : « Et on meurt » (l. 39) comme point final de son texte qui montre à quel point la situation est dramatique. Pour conclure, on peut souligner que Jean Cau essaie de dessiner une image très forte de la situation à Paris pendant l'occupation allemande et il tente de rapprocher le lecteur des événements.

4. ***Hinweis:*** *Um den Vergleich der beiden Texte vorzunehmen, stellen Sie zuerst kurz den inhaltlichen Zusammenhang des Films dar. Erläutern Sie dann Gemeinsamkeiten und unterschiede der beiden Texte. Berücksichtigen Sie dabei auch die Intention des jeweiligen Autors, um abschließend den entscheidenden Unterschied zu benennen.*

« Comment survivre sous l'occupation ? » Il y a des ressemblances et des différences dans le comportement des personnages du film « Au revoir les enfants » de Louis Malle et des Parisiens décrits par Jean Cau dans son article de Paris Match face à la situation de guerre. Les enfants dans le film ont tout aussi faim et froid que l'article le raconte pour les Parisiens de l'époque. Les élèves n'ont pas beaucoup à manger et ils manquent de bois de chauffage. On les voit habillés très chaudement en cours, certains professeurs portent même des gants. Dans les salles de bain, il y a des stalactites de glace, tellement il fait froid. Un élève s'évanouit à cause des mauvaises conditions de vie. Mais tout comme l'article le montre, les personnages du film s'arrangent de leur mieux avec la nouvelle situation. Dans le film, il existe aussi un marché noir où les produits sont échangés, et les deux frères, Julien et François Quentin, y participent. Joseph, un garçon qui aide en cuisine, est accusé de vol et quand il se fait expulser de l'internat, il fait du trafic à l'extérieur et collabore avec les Allemands nazis, peu importe l'idéologie qu'ils représentent. Malle montre très bien le profiteur que Joseph est devenu puisqu'il est très bien vêtu et fume des cigarettes chères depuis qu'il fait affaire avec les nazis. Mais la grande différence entre le film et le monde présenté dans l'article est le comportement du Père Jean de Louis Malle. Ce personnage est catégoriquement contre toute participation au trafic et au marché noir qui, pour lui, doit être condamné moralement puisqu'il désavantage les démunis. Il veut que les élèves apprennent à partager leurs biens et il essaie de donner un exemple positif en cachant dans un internat catholique des garçons juifs poursuivis et des « réfractaires » qui veulent éviter le Service du Travail Obligatoire en Allemagne et s'engagent dans la Résistance. Uniquement quand il renvoie Joseph de l'école après l'avoir surpris avec des denrées volées, le Père Jean n'arrive pas à suivre tout à fait ses principes car il ne traite pas les enfants des parents plus aisés de la même manière que Joseph. Tout de même, le Père Jean s'oppose à l'idée que la survie individuelle est tout ce qui compte et il prêche la solidarité, l'humanité et l'amour du prochain. Au risque de sa propre vie, il défend les jeunes juifs cachés et prend une position politique plutôt que de rester inactif face à la situation. Ces aspects politiques ne sont aucunement mentionnés dans l'article de *Paris Match*.

Nordrhein-Westfalen: Französisch Leistungskurs 2009
Aufgabe 2

Robert Sabatier, Les Enfants de l'été

Localisation du passage :
Siffrein, un vieil artisan, et sa cousine Magali vivent dans un domaine en Provence. Ils s'occupent d'Alain, 10 ans, fils d'un ami. Ils aiment bien un écrivain parisien nommé l'Escrivain, qui passe chaque année ses vacances dans la région. Un jour, celui-ci passe devant leur maison et Siffrein l'invite, comme souvent, à boire un coup.

L'Escrivain, après avoir fait couler le vin clair dans sa bouche gourmande et dit « C'est qu'il est bon ! », prit un air de grand sérieux et annonça comme un exploit :

– J'ai planté sept cyprès et j'ai donné à chacun le nom d'un jour de la semaine.

– Ce n'est pas bien la saison, observa Siffrein.

– Et où serai-je quand ce sera la saison ? Les temps sont incertains, maître Siffrein, et j'ai réfléchi : je me sentais si heureux. Puis, le facteur est venu, j'ai lu les journaux sans bonnes nouvelles, avec plus de sang et de larmes que d'encre, et je me suis dit : le monde est-il bien fait ? Réponse : non. Il ne tourne pas tout à fait rond : c'est qu'il est aplati aux deux pôles. Comme lui, les gens ont la tête plate. Notre terre est belle et bonne, et savez-vous qu'à quelques lieues d'ici, sur le plateau où paissaient les moutons, sous la terre, on a enterré des fusées, de quoi faire sauter la citrouille toute entière…

– Je sais, dit gravement Siffrein.

– Alors, ne sachant que faire, j'ai regardé mes mains inutiles et j'ai eu l'idée de planter sept cyprès. J'espère les voir grandir d'année en année. Ils me raconteront la coulée du temps. Ici, il passe si vite, trop vite. Voici le mois d'août. Bientôt on verra les chasseurs qui nous feront passer les pintades pour des faisans, les moineaux pour des grives, et qui, s'ils sont bredouilles, rapineront vos melons et vos tomates.

« Jour de pessimisme. Il est bien triste, le pôvre ! » se dit Siffrein en reversant du vin blanc comme un remède […].

– Après les plantations, dit l'Escrivain en se tenant les reins, j'ai emprunté la camionnette du pépiniériste de plants de vigne et je suis allé faire mes courses : un bon canard à Sablet, du jambon et du fricandeau à Malaucène, de l'huile d'olive à Beaume-de-Venise…

– Vous vous soignez bien, dit Siffrein.

– …et, enfin, j'ai fait le pèlerinage des vins un peu partout dans la région : à Cairanne et à Rasteau, à Gigondas et à Châteauneuf-du-Pape.

– Et c'est tout ? Vous avez dû bien vous oindre la poulie, alors. Les vignerons sont accueillants et ne plaignent pas la rouge boisson.

– Modérément. Après, j'ai fait la sieste sous un figuier, car la camionnette qui est bien vieille faisait le « ziguezague ». Au fait, je vous ai apporté six bouteilles de Châteauneuf, du 1967.

– Grand merci, ah ! grand merci, il ne fallait pas…

L'Escrivain sortit de la poche giletière sa tabatière ornée pour plonger le pouce et l'index dans le tabac râpé.

– Au fait, dit Siffrein, sans indiscrétion, je me suis toujours demandé pourquoi vous prisez. Ça ne se fait plus depuis si longtemps. J'en connais bien quelques-uns qui mâchent la carotte, mais des priseurs, point. Vous devez faire l'original à Paris avec ceux de la littérature ?

– Non, affirma posément l'Escrivain, au début ce fut pour le feu, après pour le plaisir. Et je ne vois pas pourquoi je ferais l'original, tout le monde est original.

Alain vit bien que l'Escrivain accusé de coquetterie était un peu agacé. Il aimait bien ces échanges entre les deux hommes. Il demanda :

– Pour le feu ? Pourquoi pour le feu ? Avec la prise, on n'allume pas le tabac ?

– Justement. Avez-vous vu brûler la Lègue l'an passé ? Et les hauteurs de Beaumes ? Cela fend la cœur de voir périr tous ces beaux arbres que le sol a mis si longtemps à façonner. *(641 mots)*

« Les Enfants de l'été », Robert Sabatier, © Editions Albin Michel, 1978, p. 131–133

Annotations :

l. 10	une lieue	unité de longueur = ~ 1,48 km
l. 12	la citrouille	*ici :* la terre, le monde
l. 17	faire passer pour	faire croire que
l. 17	la pintade	*all. :* Perlhuhn
l. 18	la grive	*all. :* Wacholderdrossel
l. 18	être bredouille	un chasseur est bredouille lorsqu'il ne rapporte rien de la chasse
l. 18	rapiner	voler
l. 19	le pôvre	*provençal :* le pauvre
l. 22	le pépiniériste	*all. :* Besitzer einer Baumschule
l. 22	le plant	*all. :* Setzling
l. 23	le fricandeau	*all. :* Spickbraten
l. 26	le pèlerinage	*ici :* passer d'un vigneron à l'autre pour déguster des vins
l. 27	Cairanne, Rasteau, Gigondas, Châteauneuf-du-Pape	bekannte Weinorte
l. 28	s'oindre la poulie	expression populaire pour : boire de l'alcool
l. 29	la rouge boisson	le vin rouge
l. 34	la poche giletière	la poche d'un gilet, d'une veste
l. 37	priser	aspirer du tabac par le nez
l. 38	la carotte	*ici :* un bâton de tabac à mâcher
l. 45	la Lègue, Beaumes	trockene, mit Strauchwerk bedeckte Gegend in der Provence
l. 46	fendre le cœur	faire éprouver un vif sentiment de chagrin

Aufgabenstellung:

1. Présentez le contenu de la conversation. *(compréhension)* *(15 Punkte)*

2. Caractérisez l'Escrivain. *(analyse)* *(15 Punkte)*

3. Analysez l'image de la Provence donnée ici par le protagoniste. *(analyse)* *(15 Punkte)*

4. Le soir, après une belle journée d'été, l'Escrivain s'installe sur la terrasse de sa maison de vacances pas trop loin des Alpes maritimes d'un côté et de la Méditerranée de l'autre côté.
   C'est alors qu'il se met à écrire une lettre à un ami parisien dans laquelle il exprime ses idées par rapport à sa région de vacances.
   Ecrivez cette lettre. *(commentaire/produktiv-gestaltende Aufgabe)* *(15 Punkte)*

Lösungsvorschläge

1. ***Hinweis:** Nennen Sie in einem einleitenden Satz Autor, Titel, Textsorte und Erscheinungsjahr des Textes. Benennen Sie die Gesprächssituation und -teilnehmer kurz und fassen Sie dann die Kernaussagen des Gespräches gemäß seinem Verlauf zusammen.*

Dans l'extrait du roman « Les enfants de l'été » de Robert Sabatier, paru en 1978, il s'agit d'une conversation entre le vieil artisan Siffrein et un écrivain parisien, nommé l'Escrivain qui passe habituellement ses vacances en Provence. Siffrein habite la région avec sa cousine Magali, et ils s'occupent d'un garçon de dix ans qui est le fils d'un ami. Quand l'Escrivain passe chez eux un soir, Siffrein l'invite à prendre un verre et ils discutent. Pendant que les deux hommes boivent du vin, l'Escrivain raconte sa journée : il a planté sept cyprès et leur a donné les noms des jours de la semaine. Quand Siffrein remarque que ce n'est pas la saison pour planter des arbres, l'écrivain parisien explique qu'il ne sera peut-être plus là au moment approprié et qu'il est bien malheureux face à la misère du monde que les journaux racontent tous les jours. Il est pessimiste malgré le fait que la terre soit belle. Même en Provence, où tout est si beau, il y a des armes cachées sous la terre qui font penser au temps de guerre et menacent la vie idyllique. Alors, il a voulu se sentir utile de ses mains et a planté des cyprès pour les voir grandir et ainsi pouvoir témoigner du temps qui passe. Siffrein plaint intérieurement son ami et lui ressert du vin alors que l'Escrivain continue son histoire. Avec une camionnette qu'il a empruntée, il a fait les courses dans les villages autour pour profiter des bons produits de la région avant de faire le tour des vignobles pour goûter le vin. Siffrein remarque que l'Escrivain se fait du bien et soupçonne qu'il a bien bu. En réponse, l'Escrivain ajoute qu'il s'est reposé sous un figuier et qu'il a acheté du vin pour l'offrir à Siffrein qui en est très content. A la fin, l'écrivain prend son tabac pour le priser. Quand Siffrein remarque que plus personne ne prise le tabac et que cette habitude doit être exceptionnelle et typique des gens de la littérature à Paris, l'Escrivain se sent accusé de coquetterie et explique que tout le monde est original et qu'il n'est pas une exception. D'ailleurs il le fait « pour le feu ». Alain, le jeune garçon, écoute la conversation entre les hommes et demande ce qui est le lien entre le fait de priser le tabac et le feu. L'Escrivain explique qu'il veut éviter le risque des incendies parce qu'il trouve cela très triste quand les beaux arbres brûlent. C'est pour cela qu'il ne veut pas voir les belles choses de la terre disparaître.

2. **Hinweis:** *Hierbei handelt es sich um eine textanalytische Aufgabe, bei der Sie die latenten und manifesten Informationen, die der Text über die Figur gibt, in einer sinnvollen Reihenfolge erläutern, wobei sich ein übersichtliches Gesamtbild des Charakters der Figur ergeben soll.*

Le personnage nommé l'Escrivain dans le roman de Robert Sabatier est un écrivain parisien qui passe ses vacances tous les ans en Provence. On n'apprend rien sur son âge ou sa situation familiale. Mais la conversation avec son ami provençal Siffrein révèle de multiples facettes de son caractère. Il est un intellectuel qui parle d'une manière distinguée et il aime faire part de ses impressions et pensées. Il commente les informations que les journaux donnent et se montre philosophe quant aux choses de la vie, souvent sur un ton triste et mélancolique et dans un langage imagé. Bien que la terre soit très belle, il voit le monde d'un œil pessimiste et croit que les gens sont souvent limités et même parfois méchants car ils essaient de tromper les autres. Pour lui, la nature est très belle et il en profite quand il se repose sous un figuier ou quand il goûte aux spécialités provençales. Il voit que les hommes détruisent de plus en plus cette nature qu'il aime beaucoup ce qui le laisse pensif et plein de regrets. Malgré son côté pessimiste, l'Escrivain est une personne très ouverte qui aime parler avec les gens et savourer les produits provençaux, le vin et la nourriture : c'est un bon vivant. Il fait attention de ne pas détruire cette terre aimée en prisant son tabac plutôt que de le fumer, par exemple. Comme il sent qu'il ne pourra malheureusement pas vraiment changer le monde pour le mieux et que tout est éphémère, il essaie de se rendre utile et plante des arbres pour les voir grandir et pour ainsi ajouter quelque chose de positif au monde.

3. **Hinweis:** *Stellen Sie die positiven und negativen Seiten der Provence, die der Text aus der Sicht des Protagonisten beleuchtet, vor dem Hintergrund Ihres Wissens der Region dar.*

L'image que le protagoniste donne de la Provence est très positive, voire idyllique. La Provence est montrée comme une région très riche et belle, on y trouve de nombreuses spécialités culinaires, comme l'huile d'olive, les bonnes viandes et charcuteries et bien sûr, un excellent vin servi par les Provençaux très hospitaliers et généreux. Ainsi, on peut y profiter pleinement de la belle vie. Le soleil et la nature font de la Provence une région de vacances parfaite qui permet de se reposer de la vie souvent stressante en ville et d'oublier ses problèmes et ses soucis. L'image du protagoniste qui fait sa sieste sous un figuier montre la simplicité et un mode de vie détendu. Mais le protagoniste souligne aussi que cette vie idyllique est menacée par les incendies typiques de cette région qui détruisent une grande partie du pays tous les étés. En plus, les fusées qui sont enterrées sous les champs font allusion à la guerre et au passé terrible. Le protagoniste ne se fait pas d'illusion par rapport à cette belle nature qui pourrait être détruite. En réaction, il plante des arbres pour soutenir le côté positif de ce pays.

4. ***Hinweis:*** *Berücksichtigen Sie bei dieser Gestaltungsaufgabe die typischen Merkmale der Textsorte des persönlichen Briefes (Anrede, Schlussformel) und formulieren Sie auf der Grundlage Ihrer Kenntnisse über die schreibende Figur einen für seinen Charakter typischen Brief, der z. B. auch passende Gefühlsäußerungen enthalten kann. Achten Sie bei der Darstellung der inhaltlichen Ereignisse des Tages auf die Perspektive des Schreibenden und auf einen angemessenen Bezug zum Adressaten.*

Mon très cher ami,

c'est de ma terrasse que je t'adresse cette lettre pour te raconter comme promis mes vacances ensoleillées en Provence où j'ai passé aujourd'hui une journée très agréable dont je veux te faire part. De ma table, je vois d'un côté le bleu profond de la Méditerranée, de l'autre côté, les montagnes majestueuses des Alpes maritimes. C'est splendide, je t'en assure. Je rentre de chez mon ami Siffrein qui m'a invité à boire un verre quand je lui ai apporté du vin de mon tour des vignerons. Tout est si plaisant ici ! Et les gens sont généreux et si accueillants puis il y a toujours le temps pour discuter et se faire plaisir. Ce matin, j'ai emprunté une petite camionnette pour faire mes courses dans les villages autour, que de bonnes choses à trouver partout : les spécialités culinaires du coin, la viande, les herbes, l'huile d'olive. Le goût de cette cuisine est si frais, si naturel et plein d'arômes ! Cet après-midi, j'ai fait la sieste sous un figuier, quel changement par rapport à mon appartement à Paris ! Mais, à mon grand regret, il y a aussi un côté dangereux ici. Chaque année, les incendies font des dégâts et pas loin d'ici il y a des fusées souterraines qui témoignent de la menace de guerre. Cela me rend triste et je me sens seul et inutile au monde quand j'y pense. Mais tu me connais, j'essaie de trouver un moyen pour ne pas rester trop longtemps mélancolique, et j'ai donc planté des cyprès dans le jardin, même si ce n'est pas vraiment la saison pour le faire. J'ai donné un nom à chaque arbre et je me réjouis de pouvoir les voir grandir et de sentir le temps passer. Je suis sûr que tu comprends ce que je ressens, n'est-ce pas, cher Jean ? Cela me ferait tellement plaisir de te recevoir ici, cher ami, n'hésite pas, si tu en as l'envie et le temps ! Donne-moi de tes nouvelles et celles de nos amis, s'il te plaît, quand tu auras un moment.

Je t'embrasse bien fort,
l'Escrivain

Anna Gavalda : *35 kilos d'espoir* [extrait]

Je hais l'école.

Je la hais plus que tout au monde.

Et même plus que ça encore…

Elle me pourrit la vie.

Jusqu'à l'âge de trois ans, je peux dire que j'ai été heureux. Je ne m'en souviens plus vraiment, mais, à mon avis, ça allait. Je jouais, je regardais ma cassette de *Petit Ours Brun* dix fois de suite, je dessinais et j'inventais des milliards d'aventures à Grodoudou, mon chien en peluche que j'adorais. Ma mère m'a raconté que je restais des heures entières dans ma chambre à jacasser et à parler tout seul. J'en conclus donc que j'étais heureux.

A cette époque de ma vie, j'aimais tout le monde, et je croyais que tout le monde s'aimait. Et puis, quand j'ai eu trois ans et cinq mois, patatras ! l'école.

[…]

Maintenant j'ai treize ans et je suis en sixième. Oui, je sais, il y a quelque chose qui ne va pas. Je vous explique tout de suite, ce n'est pas la peine de compter sur vos doigts. J'ai redoublé deux fois […].

L'école, c'est toujours le drame à la maison, vous pouvez imaginer… Ma mère pleure et mon père m'engueule, ou alors c'est le contraire, c'est ma mère qui m'engueule et mon père qui ne dit rien. Moi, ça me rend malheureux de les voir comme ça, mais qu'est-ce que je peux faire ? […] Rien. Je ne peux rien dire parce que si j'ouvre la bouche, c'est pire que tout. Eux, ils ne trouvent qu'une chose à répéter comme des perroquets :

« Travaille ! »

« Travaille ! » « Travaille ! » « Travaille ! » « Travaille ! »

D'accord, j'ai compris. Je ne suis pas complètement crétin, quand même. Je voudrais bien travailler ; mais l'ennui, c'est que je n'y arrive pas. Tout ce qui se passe à l'école, c'est comme si c'était du chinois pour moi. Ça rentre par une oreille et ressort par l'autre. On m'a emmené voir des milliards de docteurs, pour les yeux, pour les oreilles, et même pour le cerveau. Et la conclusion de tout ce temps perdu, c'est que j'ai un problème de concentration. Tu parles ! Moi, je sais très bien ce que j'ai, il suffit de me le demander. Je n'ai pas de problème. Je n'en ai aucun. C'est juste que ça ne m'intéresse pas.

Ça ne m'intéresse pas. Point à la ligne. *(441 mots)*

Annotations :

l. 4	pourrir	*all. :* verderben, die Lust am Leben nehmen
l. 7	Petit Ours Brun	titre d'une cassette pour les petits enfants (*all. :* Kleiner brauner Bär)
l. 9	jacasser	bavarder
l. 9	j'en conclus	*all. :* Ich schloss daraus
l. 12	patatras !	*all. :* bums! Pardauz!
l. 12	l'école	*ici :* école maternelle
l. 25	crétin	*adj. :* idiot
l. 30	tu parles !	tu te trompes ! Erreur !
l. 33	point à la ligne	*all. :* Schluss, aus!

Aufgabenstellung

Punkte

1. Décrivez la situation dans laquelle se trouve le narrateur. *(compréhension)* 15
2. Dégagez les problèmes qui résultent de cette situation. *(analyse)* 9
3. Examinez l'attitude des parents vis-à-vis de l'échec scolaire de leur fils ainsi que les sentiments et les réflexions de celui-ci. *(analyse)* 18
4. Mettez-vous à la place du jeune garçon qui se confie à son grand-père parce que celui-ci s'occupe souvent de lui.
   Dans une lettre, il lui parle de ses conflits avec ses parents et explique ses problèmes à l'école.
   Ecrivez cette lettre. *(commentaire/produktiv-gestaltende Aufgabe)* 18

Lösungsvorschläge

1. Le narrateur, un garçon de 13 ans, se trouve en situation de crise scolaire. Il décrit l'école comme son plus grand ennemi qu'il déteste plus que tout au monde. Cette haine résulte d'un échec scolaire continu, il a même déjà redoublé deux fois. Jusqu'à la date de sa scolarisation, il a eu une enfance heureuse car il pouvait faire ce qui lui plaisait. Il jouait, il dessinait, il imaginait des histoires et personne ne le gênait dans son jeu. Ensuite, lorsqu'il a commencé à aller à l'école, ça a changé d'un jour à l'autre. Les échecs scolaires se sont succédés et la relation avec ses parents est devenue de plus en plus problématique. L'école est devenue le sujet numéro un à la maison et ses parents se désespèrent devant son attitude négative envers l'école. Comme les parents ne trouvent pas de solution à ce problème, les relations familiales commencent à se détériorer. Les parents considèrent que cet échec scolaire est dû à la paresse et ils demandent à leur fils de travailler plus. Mais le narrateur connaît les vraies raisons de son échec scolaire. Comme il ne s'intéresse pas du tout à ce que les professeurs lui disent à l'école, il n'arrive pas à suivre le cours. Il s'ennuie. Ce manque d'intérêt marque le début d'un cercle vicieux : le manque de motivation et de volonté d'apprendre entraîne l'incompréhension de la matière scolaire.

2. La situation d'échec scolaire marque le point de départ d'un conflit familial entre le narrateur et ses parents. Tout d'abord, les parents sont furieux et reprochent à leur fils de ne pas travailler assez pour l'école. Cette réaction est une marque d'impuissance, c'est-à-dire que les parents ne sont pas en mesure d'analyser le problème fondamental. En plus, ils n'arrivent pas à mener une discussion en tête-à-tête avec leur fils pour trouver une solution acceptable pour tous, par exemple engager quelqu'un qui lui donnerait des cours de rattrapage ou parler avec un des professeurs de son école. Ce drame montre qu'ils ne sont pas capables de comprendre le fond de ses problèmes scolaires, c'est-à-dire qu'il a un problème de motivation à cause de son manque d'intérêt pour la matière. Comme la communication entre parents et fils n'est plus possible, le problème persiste et les conflits familiaux s'aggravent. Par conséquent, le narrateur et ses parents s'éloignent de plus en plus les uns des autres et leur relation se détériore.

3. Les parents ne sont pas en mesure de comprendre l'origine des problèmes scolaires du narrateur. C'est pourquoi ils insistent et lui demandent toujours de travailler plus. Signe qu'ils pensent que leur fils est tout simplement paresseux. Pour eux, la solution est là et donc, ils n'ont pas à chercher d'autres explications. Par contre, le narrateur se rend compte de la vue simpliste de ses parents car, dans le texte, il révèle qu'il n'est pas trop bête pour comprendre le problème qui résulte de son manque de motivation. Il souffre de l'incompréhension de ses parents. Il se trouve donc dans un cercle vicieux. Comme les parents ne cherchent pas à comprendre leur fils, celui-ci n'a même pas la possibilité de leur expliquer son

propre point de vue. C'est pourquoi il ne peut pas se sortir de cette situation malheureuse. Contrairement à l'opinion de ses parents, le narrateur prouve ici qu'il est intelligent car il est le seul à comprendre le fond de ses problèmes. En plus, il veut en discuter avec eux, mais ils ne sont pas prêts à parler avec lui. Au lieu d'écouter leur fils, les parents décident alors de consulter un médecin. C'est un moyen de facilité car ils n'ont pas besoin de s'occuper eux-mêmes des problèmes de leur fils. En somme, il est évident qu'il s'agit ici d'une sorte de fuite devant la réalité qui bloque la communication entre les membres de la famille et il en résulte un grand conflit familial.

4. ***Hinweis:*** *Der Brief sollte sowohl das Verhältnis des Jungen zu seinen Eltern als auch Gründe für das Schulversagen sowie die Bitte einer Unterstützung durch den Großvater beinhalten.*

Mon cher papi,

C'est la première fois que je t'écris pour te demander ton aide. Je t'écris parce qu'entre mes parents et moi, il y a une barrière infranchissable. Mes parents ne me comprennent pas et moi, je n'arrive pas à leur expliquer ce qui me préoccupe. Tout ça, c'est à cause de l'école. J'ai toujours les mêmes problèmes scolaires. Je ne suis pas assez attentif, j'oublie mes devoirs, mes notes sont mauvaises et par conséquent mes parents n'arrêtent pas de me faire des reproches. Ils me demandent tout le temps de travailler plus mais je ne peux pas. Eux, ils ne comprennent pas d'où résultent mes problèmes. En plus, ils ne sont pas disposés à en discuter. Quand j'ouvre la bouche, ils se mettent à crier encore plus fort. C'est vraiment l'horreur. Maman et papa en viennent à se disputer déjà entre eux et je ne les vois plus s'embrasser. Je souhaiterais qu'ils me comprennent au moins un petit peu. Tu te demandes sûrement pourquoi je ne travaille pas assez à l'école. Voilà mon explication personnelle : je n'aime pas du tout l'école. Elle me rend malheureux et puis, elle ne m'intéresse pas. Les profs racontent des choses que je ne comprends pas car cela ne m'intéresse pas du tout. En plus, j'ai un problème de motivation. Je n'ai pas envie de travailler tous les soirs après l'école. Je veux aussi rencontrer mes amis et jouer avec eux. Les profs à l'école ne nous donnent pas la possibilité d'être créatifs, d'inventer ou de fabriquer quelque chose, il faut toujours faire ce qu'ils exigent. Puis, ils parlent tout le temps et nous, on les écoute un certain temps et puis, on n'est plus attentif et on commence à rêver. Je sais bien que l'école est importante car sinon, on ne pourra pas apprendre un métier plus tard. Mais il faut que quelqu'un m'aide à franchir cet obstacle. Je n'y arrive pas tout seul. Papi, j'espère que tu pourras m'aider à trouver une bonne solution. En plus, tu peux essayer de parler avec maman et papa et leur raconter ce qui me préoccupe ? Je te remercie de toujours me conseiller lorsqu'il y a quelque chose à régler.

Je t'embrasse !
Ton petit-fils qui t'aime beaucoup

Jeanne Benameur : *Samira des Quatre-Routes* [extrait]

Un soir, la famille de Samira se trouve dans son appartement en banlieue parisienne. La télévision marche : on annonce une information importante. Samira, une jeune fille de 13 ans, raconte ce qui se passe.

C'est au moment où Fatima m'a appelée pour mettre le couvert que mon père a lancé un CHUT ! qui nous a laissées immobiles.

C'est dans ce silence que nous avons appris qu'en Algérie, bientôt, tout serait écrit en arabe, que la langue française allait disparaître des journaux, de la communication, de tout.

Ma mère, qui s'était avancée, s'est réjouie, et Fatima aussi.

– Il est grand temps, disent-elles, qu'on en revienne à la langue du pays.

Mon père n'a rien dit.

Moi, j'ai eu tout à coup le cœur serré. Alors, comment je ferai pour comprendre quand j'irai là-bas aux vacances puisque je ne lis pas l'arabe ?

Ma langue maintenant, c'est le français. Je serai vraiment une étrangère qui ne comprend rien. On ne voudra plus des gens comme moi. On les mettra à l'écart. J'ai le cœur gros.

Mon père, lui, ne s'est pas réjoui. Il a dit :

– Attendons que ce soit voté ! […]

Fatima a continué à montrer sa joie en insistant : Kaddour avait bien eu raison de créer ses cours du mercredi. Comme ça, au moins, les petits de la Cité ne seraient pas des étrangers dans leur propre pays. Mon père a coupé net :

– Ce n'est pas en supprimant une richesse qu'on combat la pauvreté.

Quand il se met à parler par petites phrases qui sonnent comme des proverbes, à la façon de ma grand-mère, on sait qu'il vaut mieux se taire.

Fatima s'est tue, mais avant, elle a lancé en me regardant :

– Tu peux toujours venir et rattraper ton retard, Samira !

Je l'aurais giflée. Je n'ai pas répondu. A l'intérieur de moi grondait ma colère. Idiote, idiote et idiote, voilà ce que tu es, Fatima, avec tes airs supérieurs parce que tu te maries avec ton Kaddour ! Qu'est-ce que tu vas en faire de ta vie, toi ? Tu n'as même pas choisi de métier !

Celui de ton mari te suffit. Cause donc, va ! et donne des leçons aux autres ! J'attendrai pas pour être libre, moi, quand je serai grande !

En allant me coucher je laisse ma colère s'apaiser en pensant que libre, je le suis déjà un peu, puisque j'ai un secret et que François, là-bas, dans sa chambre, doit lire mes mots. Pourvu qu'au moins, lui, les lise ! *(400 mots)*

Jeanne Benameur : Samira des Quatre-Routes, Castor Poche Flammarion, Paris 1992, p. 88–90

Annotations :

l. 1	Fatima	la sœur de Samira
l. 2	chut !	*all. :* pst!
l. 6	s'avancer	*ici :* s'approcher
l. 6	se réjouir	être content
l. 7	en revenir à	reprendre
l. 9	avoir le cœur serré	être inquiet, angoissé
l. 12/13	avoir le cœur gros	être triste
l. 17	les cours du mercredi	chaque mercredi, Kaddour, le futur mari de Fatima donne un cours aux enfants du quartier pour leur apprendre la langue et la culture arabes
l. 18	couper net	interrompre brusquement
l. 22	tu, e	participe passé du verbe se taire, *all. :* schweigen
l. 24	gifler qn	*all. :* jemanden ohrfeigen
l. 24	gronder	*all. :* knurren
l. 25	un air supérieur	l'expression du visage d'une personne très sûre d'elle-même
l. 30	s'apaiser	se calmer, retrouver la paix
l. 31	François	l'ami français de Samira

Aufgabenstellung

Punkte

1. Présentez les personnages de la famille et la situation. *(compréhension)* 12
2. Dégagez les réactions que l'information télévisée provoque chez les membres de la famille. *(analyse)* 15
3. Analysez la relation entre les deux sœurs et leurs différentes conceptions de vie. *(analyse)* 18
4. Le soir, dans sa chambre, Samira écrit une lettre à son ami François. Dans cette lettre, elle lui parle de la controverse avec sa sœur, de ses craintes et de ses projets.
   Mettez-vous à la place de Samira et écrivez cette lettre. *(commentaire/ produktiv-gestaltende Aufgabe)* 15

Lösungsvorschläge

1. Dans cet extrait du roman « Samira des Quatre-Routes », la narratrice Samira qui a treize ans, raconte une soirée au sein de sa famille qui habite en banlieue parisienne. Samira, sa sœur aînée Fatima et probablement aussi leur mère sont en train de préparer le dîner. Le père de la famille regarde en même temps le journal télévisé qui annonce qu'en Algérie, la langue française sera bientôt remplacée par l'arabe dans les journaux et dans la communication. Cet évènement déclenche une grande discussion et provoque différentes réactions dans la famille. Samira et son père sont contre cette décision. Par contre, la mère de Samira et Fatima approuvent la décision. On apprend aussi que Fatima va bientôt se marier avec Kaddour, un Arabe qui donne des cours d'arabe aux enfants du quartier. Comme

sa mère, c'est une jeune femme traditionnelle qui respecte les anciennes coutumes. Par contre, Samira est une jeune fille moderne qui rêve d'être indépendante et libre, d'avoir plus tard un métier. Contrairement à sa sœur aînée, elle ne sait ni parler ni écrire l'arabe. Elle parle français et elle va se sentir comme une étrangère dans son pays d'origine, l'Algérie. En plus, Samira n'accepte pas que sa sœur Fatima se marie avec Kaddour et reste à la maison au lieu de continuer l'école et d'apprendre un métier. A la fin, Samira parle d'un certain François avec lequel elle garde un secret. On peut supposer que c'est son ami et qu'elle n'a probablement pas le droit de le rencontrer.

2. Les réactions des membres de la famille de Samira face à l'information télévisée sont très différentes. La mère de Samira ainsi que la sœur aînée, Fatima, se réjouissent de la décision du gouvernement algérien. Toutes les deux ont une conception de vie plutôt traditionnelle : elles savent parler et écrire l'arabe et elles se conforment au rôle classique des femmes qui restent à la maison pour garder les enfants et faire le ménage. La réaction du père est modérée au début : tout d'abord, il se tait, mais au cours de la discussion il montre son désaccord avec la décision en insistant qu'il s'agit seulement d'une proposition de loi du gouvernement et que rien n'est encore voté. Devant la réaction positive de sa fille Fatima, il s'emporte en critiquant ouvertement la démarche du gouvernement algérien. Samira se met du côté de son père mais, contrairement à lui, elle ne dévoile pas son opinion. Au fond, cette décision lui fait tout d'abord peur, car elle ne sait ni parler ni écrire l'arabe et elle craint de ne pas être acceptée et comprise dans son propre pays. Elle sera une étrangère comme tous les autres Français qui y passent leurs vacances. En plus, elle sera exclue de la communauté familiale et amicale qui communique en arabe. En fait, elle a peur d'être mise à l'écart. En outre, la colère intérieure de Samira envers sa sœur aînée montre qu'elle n'accepte pas le comportement de celle-ci, qui se conforme à des valeurs traditionnelles dépassées. Samira ne veut pas apprendre la langue arabe car elle a adopté l'identité française. Elle est fière de faire partie de la communauté des Français mais elle se rend aussi compte qu'elle appartient à deux milieux culturels différents.

3. ***Hinweis:** An dieser Stelle sollen Sie darauf achten, dass Sie die Gegensätzlichkeit der beiden Schwestern herausarbeiten, die zu dem Konflikt führen.*

Les réactions de Fatima et de Samira à la nouvelle du journal télévisé montrent que les deux filles ont deux conceptions de vie très différentes. Tout d'abord, Fatima manifeste son accord avec le gouvernement algérien en se réjouissant avec sa mère. Samira, par contre, ne montre aucune réaction, mais intérieurement, elle exprime son mépris envers la réaction de sa sœur aînée. Après la remarque ironique de Fatima que Samira avait encore le temps de rattraper ses cours d'arabe, celle-ci semble prête à exploser de colère. En son for intérieur, elle se moque de sa sœur Fatima et la traite d'une idiote parce qu'elle se marie avec Kaddour sans avoir même une formation professionnelle. Samira ne peut pas accepter que sa sœur se soumette à un homme. Mais comme elle est la sœur cadette, elle n'ose pas s'opposer à la famille. Lorsqu'on compare les deux jeunes filles, on peut constater que Fatima est plutôt une femme traditionaliste qui adopte les valeurs dépassées transmises par la génération de sa grand-mère. Elle accepte volontiers de se marier avec Kaddour, un Arabe, qui a lui aussi une conception de vie traditionnelle, selon laquelle la femme reste à la maison pour éduquer les enfants et seul l'homme gagne l'argent pour nourrir la famille. Samira par contre a besoin de liberté. Elle ne veut se soumettre à personne et préfère travailler ou faire des études après l'école. Le fait qu'elle ne veut plus apprendre la langue arabe montre qu'elle s'est bien intégrée en France et qu'elle se sent plus française qu'arabe. Au fond, elle est fière car elle est déjà un peu libre à cause du secret qu'elle partage avec son ami François qui est Français. A son avis, le mode de vie que mène sa sœur aînée n'est plus actuel. Une jeune femme d'aujourd'hui a elle aussi le droit d'exercer un métier et de s'épanouir.

4. ***Hinweis:*** *In dem Brief sollten Sie darauf achten, dass dieser sowohl die aktuelle Situation Samiras als auch deren Sicht in die Zukunft beinhalten sollte.*

Mon cher François,

Ce soir, je suis vraiment en colère contre toute la famille. On a regardé les informations télévisées ensemble et une nouvelle m'a choquée. Le gouvernement algérien a annoncé que la langue française disparaîtrait complètement en Algérie et que tout serait écrit en arabe. J'ai été tellement choquée, tu ne peux pas l'imaginer. Je ne sais ni lire ni écrire l'arabe. Je suis déçue de la réaction de ma mère et de ma sœur Fatima. Elles se sont réjouies de la décision en Algérie. Je ne peux pas comprendre leur attitude trop traditionnelle. C'est surtout ma sœur qui me rend furieuse. Elle se marie avec Kaddour, le prof d'arabe, sans avoir terminé l'école, ni avoir appris un métier. Il me semble qu'elle n'a même pas d'opinion, qu'elle se soumet volontiers à un homme. En fait, je voudrais bien exprimer mes sentiments librement mais je ne veux pas que la famille soit en colère contre moi. Je ne veux pas vivre comme ma sœur. Je préfère être libre, indépendante, passer mon bac, voyager, faire des études. Je veux avoir un métier qui me rende heureuse et qui me donne le sentiment d'apporter quelque chose à la société. Plus tard, j'imagine avoir un mari qui ne soit pas mon maître, mais qui soit mon égal. Par contre, ce qui m'inquiète, ce sont mes origines algériennes. Toute ma famille vient de là-bas et moi, je ne sais pas vraiment qui je suis. Pour certains, je resterai toujours une beurette qui cherche à être une « vraie » Française. Je suis partagée entre deux cultures différentes et je sais bien que je ne peux pas accepter de vivre comme les femmes qui respectent ces anciennes traditions algériennes. Je sais que j'ai le courage de prendre mes propres décisions mais je n'y arrive pas toute seule. François, il faut que tu me soutiennes dans ce difficile projet. Je compte sur toi, tu es le seul qui soit capable de comprendre mes craintes. Je te remercie d'être si compréhensif.

Ton amie Samira

Tahar Ben Jelloun : *Les yeux baissés* [extrait]

La scène suivante est tirée du roman « Les yeux baissés » de Tahar Ben Jelloun. Au moment d'arriver à Paris, Fathma, la narratrice dans l'extrait suivant, a 11 ans. Son père travaille déjà depuis quelque temps en France. Fathma, son petit frère et leur mère sont restés dans un village au Maroc du Sud où on ne parle que la langue berbère. Après la mort du petit frère, le père fait venir sa famille à Paris.

Nous arrivâmes à Paris à l'aube. Le ciel était gris, les rues devaient être peintes en gris aussi, les gens marchaient d'un pas décidé en regardant par terre, leurs habits étaient sombres. Les murs étaient tantôt noirs, tantôt gris. Il faisait froid. Je me frottais les yeux pour bien voir et tout enregistrer. [...] Je regardais les murs et les visages, confondus dans une même tristesse. Je comptais les fenêtres des maisons hautes. Je perdais le fil de mes calculs. Il y avait trop de fenêtres, trop de maisons les unes sur les autres. C'était tellement haut que mes yeux s'égaraient dans les nuages. J'avais le vertige. Des dizaines de questions se bousculaient dans ma tête. Elles allaient et venaient, chargées de mystère et d'impatience. Mais à qui les poser ? A mon père qui était très fatigué, et qui ne pouvait répondre à la curiosité d'une enfant recevant en plein visage de bon matin tout un monde auquel elle ne comprenait strictement rien ?

[...]

Notre installation se fit assez rapidement. Nous fûmes aidés par d'autres familles marocaines, ainsi que par Mme Simone, envoyée par la mairie pour nous faciliter les démarches administratives.

Grande, assez corpulente, le sourire facile, Mme Simone était notre fée et notre amie. Assistante sociale, elle essaya au début de nous expliquer sa fonction et son rôle, mais pour nous c'était un ange envoyé par Dieu pour nous accueillir dans cette ville où tout était difficile. Elle parlait quelques mots d'arabe et nous disait qu'elle avait vécu et travaillé à Beni Melal.

Moi, j'étais rebelle. Je ne parlais qu'avec mes parents. Ma langue, c'était le berbère, et je ne comprenais pas qu'on utilise un autre dialecte pour communiquer. Comme tous les enfants, je considérais que ma langue maternelle était universelle. J'étais rebelle, et même agressive, parce que les gens ne me répondaient pas quand je leur parlais. Mme Simone me disait des mots arabes qui étaient pour moi aussi étranges que ceux qu'elle prononçait dans sa propre langue. Je me disais : elle ne m'aime pas puisqu'elle ne me parle pas berbère. Alors je crachais, je criais, je jetais par terre des objets.

Je n'étais ni gâtée ni difficile. J'étais assaillie de choses nouvelles et je voulais comprendre. J'avais l'impression d'être devenue, du jour au lendemain, sourde-muette, jetée, et oubliée par mes parents dans une ville où tout le monde me tournait le dos, où personne ne me regardait ni ne me parlait. Peut-être que j'étais transparente, invisible, que la couleur sombre de ma peau faisait qu'on me confondait avec les arbres. Je passais des heures à côté d'un arbre. Personne ne s'arrêtait. J'étais un arbre, disons un arbuste, à cause de ma petite taille et de ma maigreur. J'étais bonne pour servir d'épouvantail. *(490 mots)*

Tahar Ben Jelloun : Les yeux baissés, Editions du Seuil, Paris 1991, p. 69–71

Annotations :

l. 7	s'égarer	se perdre
l. 8	un vertige	*all. :* Schwindelanfall
l. 15	une démarche administrative	*all. :* Behördengang
l. 20	Beni Melal	une ville au Maroc
l. 27	cracher	*all. :* spucken
l. 29	gâter	*all. :* verwöhnen, verhätscheln
l. 29	assaillir	attaquer brusquement
l. 30/31	une sourde-muette	une personne qui ne peut ni entendre ni parler
l. 35	un arbuste	un petit arbre
l. 36	un épouvantail	*all. :* Vogelscheuche

Aufgabenstellung

		Punkte
1.	Résumez le texte. *(compréhension)*	9
2.	Analysez les premières impressions de la narratrice peu après son arrivée à Paris et l'effet que cette ville exerce sur elle. *(analyse)*	15
3.	Expliquez les réactions et les sentiments de Fathma après l'installation de la famille. *(analyse)*	18
4.	Mme Simone se rend vite compte que Fathma est une jeune fille intelligente. Elle veut absolument aider la petite Marocaine. Dans son rapport, elle explique la situation actuelle de Fathma, ses perspectives dans un milieu maghrébin et ses idées pour faciliter sa vie en France. Ecrivez ce rapport. *(commentaire/produktiv-gestaltende Aufgabe)*	18

Lösungsvorschläge

1. ***Hinweis:*** *Im Rahmen des Resümees sollen Sie die Geschehnisse, die im Text aus der Sicht Fathmas erzählt werden, in eigenen Worten wiedergeben. Entnehmen Sie dazu dem Text die wichtigsten Informationen zur Ankunft der Hauptperson in Paris und ihren ersten Eindrücken sowie die Hilfestellung bei der Unterbringung und ihre Gefühle in der neuen Umgebung. Verwenden Sie als Tempus das présent.*

   Dans l'extrait tiré du roman « Les yeux baissés » écrit par Ben Jelloun Fathma, une immigrante du Maroc, parle de ses premières impressions de la ville de Paris. Fathma et sa famille arrivent à Paris le matin très tôt. Il fait mauvais temps et la ville grise et les habitants habillés de vêtements foncés l'attristent. Elle a même le vertige à cause de la hauteur et du grand nombre de maisons dans cette grande ville. Il n'y a pas de problèmes pour trouver un appartement et pour s'y installer parce que d'autres familles marocaines et Mme Simone, travailleuse sociale, les aident. Mais d'abord, Fathma, à l'âge de 11 ans, ne comprend pas que les autres ne comprennent pas sa langue, le berbère. Elle devient rebelle et agressive et elle ne parle qu'avec ses parents. En se promenant en ville, personne ne s'intéresse à elle, personne ne lui prête attention. Elle a peur de cet anonymat et se sent exclue, dans une situation désespérée.

2. ***Hinweis:*** *In dieser ersten Analyseaufgabe sollen Sie die Eindrücke Fathmas unmittelbar nach der Ankunft der Familie in Paris beschreiben und mithilfe der im Text verwendeten sprachlichen Mittel analysieren. Versetzen Sie sich dazu auch in die Lage eines 11-jährigen Mädchens, das aus einem Dorf in Südmarokko nun in die Millionenmetropole Paris kommt.*

   A l'arrivée de Fathma à Paris, il fait mauvais temps. Tout est plongé dans des couleurs sombres (« les rues devaient être peintes en gris », l. 2/3, « les murs étaient tantôt noirs, tantôt gris », l. 3) et semble triste et froid. Cette impression est soulignée par la monotonie des grands et hauts bâtiments (l. 5–8) qui provoquent des vertiges chez elle (l. 8). Elle a le sentiment d'être écrasée par cette architecture qui intimide la jeune Marocaine.
   Les gens se fondent bien dans cette image. Ils portent des vêtements sombres (l. 2/3) et regardent par terre (l. 2). Tout est impersonnel. Elle ne sait pas à qui s'adresser parce que même son père n'est pas capable, selon elle, de répondre à ses « dizaines de questions » (l. 8). Elle pense qu'il est trop « fatigué » (l. 10) et qu'il ne comprend pas sa « curiosité » (l. 10). Son isolement se manifeste aussi dans le fait que, dans cet extrait, la narratrice ne parle que d'elle-même, elle ne mentionne son père qu'une fois, il n'est même pas question des autres membres de sa famille.

Elle est seule dans une grande ville, une enfant de onze ans qui a vécu dans un petit village marocain depuis sa naissance et qui ne connaît que le petit monde de son village et des familles qui y vivaient. Elle est encore trop jeune pour assimiler autant d'impressions nouvelles. Somme toute, Fathma est confrontée à un monde qui est tout à fait nouveau et inconnu pour elle et qu'elle ne comprend pas.

3. ***Hinweis:*** *Bei der Betrachtung und Erläuterung sollen Sie sich auf den zweiten Teil des Textes beziehen. Vermeiden Sie unnötige Wiederholungen von Aspekten aus der Bearbeitung der zweiten Aufgabe. Sie können Ihren Schwerpunkt z.B. auf die Schwierigkeiten Fathmas beziehen, die sich über ihre ersten Eindrücke hinaus ergeben und ihre Erwartungshaltung mit einbeziehen.*

D'abord, la narratrice souligne que la famille n'a aucun problème quand elle s'installe à Paris. D'un côté, il y a d'autres familles marocaines et de l'autre côté, Mme Simone les aident à trouver un appartement et à s'occuper des « démarches administratives » (l. 15). Elle est assistante sociale à la mairie de Paris et pour la famille, elle est « un ange envoyé par Dieu » (l. 18). Elle est apparemment très engagée, elle s'occupe de la famille et de tout ce dont ils ont besoin pour se repérer et pour trouver leur chemin dans un nouvel environnement où tout est si difficile.

Mais Fathma, rétrospectivement, est « rebelle » (l. 21). Le plus grand problème, c'est la langue étrangère et le rôle de sa langue maternelle. Elle ne parle que le berbère et elle ne comprend pas et n'accepte pas que les autres ne le parlent pas. Elle est trop jeune pour comprendre que sa langue n'est pas la seule langue parlée dans le monde entier et qu'il faut parler français à Paris si on veut acheter quelque chose, parler à quelqu'un ou trouver des amis. Elle ne comprend même pas que les gens ne sachent peut-être pas répondre aux questions de Fathma parce qu'ils ne parlent pas sa langue. Par conséquent, elle devient « agressive » (l. 24). Elle a des réactions enfantines : elle « crachait, criait [et] jetait par terre des objets » (l. 27/28) parce que Mme Simone ne parlait pas non plus le berbère, mais uniquement quelques mots en arabe de sorte que Fathma pense que cette dernière « ne [l']aime pas » (l. 26).

En se référant à l'anonymat dans la grande ville déjà mentionné au sujet d'étude n° 2, on peut ajouter que Fathma accuse sa famille de l'avoir « oubliée [...] dans une ville où tout le monde [lui] tournait le dos » (l. 31/32). Elle semble être « sourde-muette » (l. 30/31), « transparente, invisible » (l. 33). Elle se sent négligée. En plus, elle se compare à un arbre, ayant la même couleur sombre de peau, étant un « arbuste » (l. 35) auquel les gens ne font pas attention. Elle en vient à la conclusion qu'elle est « bonne pour servir d'épouvantail » (l. 36), une chose (pas une fillette) qui est laide et qui effarouche tout le monde.

4. ***Hinweis:*** *Versetzen Sie sich in die Lage der Sozialarbeiterin Mme Simone und verfassen Sie einen Bericht aus ihrer Perspektive, in dem Sie sowohl auf die aktuelle Situation Fathmas und die daraus resultierenden Schwierigkeiten eingehen und danach Vorschläge für die weitere Zukunft der jungen Marokanerin entwickeln, die eine Integration in die französische Gesellschaft ermöglicht. Der Bericht ist ein offizielles Dokument und darf keine umgangssprachlichen oder unvollständigen Satzkonstruktionen enthalten.*

Fathma est une jeune Marocaine de onze ans, intelligente, qui vient d'arriver à Paris avec ses parents. Elle vient d'un petit village dans le sud du Maroc et elle a de grands problèmes à se retrouver dans une grande ville comme Paris. Elle est curieuse et elle a beaucoup de questions auxquelles personne ne peut répondre. Il faut encourager la fillette et lui faciliter la vie à Paris.
Fathma vient d'un autre environnement culturel, elle est confrontée à une culture qu'elle ne connaît pas. Elle vit dans une famille marocaine, dans laquelle on vit selon les règles traditionnelles. Le père (et la mère non plus) ne sont pas capables de faire connaître à la fillette la culture française et de la lui expliquer. Le métier du père n'est pas bien payé, la famille ne connait que la vie en HLM. En plus, Fathma ne parle que le berbère et elle a de grandes difficultés à accepter qu'il faut parler français. Bien entendu, on parle le berbère à la maison.
Il faut que Fathma apprenne le français le plus vite possible, dans un cours de langue pour immigrés et je propose qu'elle participe à un cours pour renforcer sa confiance en elle, organisés par exemple par les institutions religieuses. En outre, il faut la soutenir à l'école, par exemple en lui offrant des stages lui permettant une bonne formation et un bon apprentissage. Il serait bien pour elle de pouvoir prendre part à la vie citadine : visiter des musées, aller au théâtre, au cinéma, participer à des fêtes.

Marseille – Bouches-du-Rhône : 467 avis sur Marseille

Sur le site Internet « Linternaute », on peut donner son avis sur des villes françaises. Voilà ce que Nathalie et Angeline ont écrit :

Agréablement surprise !

« Ayant décidé de venir vivre dans le sud de la France tout en gardant les commodités d'une très grande ville, Marseille et Nice se sont donc imposées dans mes choix et je dois dire que je suis restée très agréablement surprise par Marseille. Comme beaucoup je suis arrivée dans cette ville avec tous les clichés qu'on lui connaît… Et bien, force est de constater que cette ville est une merveille ! Bien sûr, je me suis rendue dans les quartiers nord, j'ai eu quelques visites de maisons là-bas et le contraste avec les quartiers sud riches et luxueux est saisissant, mais ce contraste est le même dans toutes les villes. Cette ville est en rénovation de partout, et la rue de la République est tout simplement à couper le souffle tant elle est belle, c'est d'ailleurs là que j'ai choisi de vivre. La ville est tout simplement gigantissime, je pensais avoir tout vu en vivant sur Paris, mais je dois admettre que mes prétentions étaient mal venues… Cette ville est tellement immense que je m'y suis perdue plusieurs fois, mais à chaque fois cela m'a permis de découvrir un autre aspect de la ville, à la fois moderne et futuriste […]. Il y a également la rue dite 'de la mode' qui est un quartier où l'on trouve tous les créateurs de la nouvelle génération, ils s'exposent, vendent et créent sur place… Et puis l'avenue du Prado, et bien sûr la Corniche, véritable moment de détente pour faire son footing au coucher du soleil ou le matin pour admirer la mer… Il y a tellement de choses à dire, à faire et à voir qu'il est impossible de tout dire ici si ce n'est que je suis tombée amoureuse de cette ville ! »
[Avis de Nathalie]

Ce que je n'aime pas à Marseille

« Marseille accumule plusieurs tares, en premier lieu l'aspect sale et bien glauque de certains quartiers. Le centre ville, loin d'être l'agréable espace que l'on pourrait imaginer comme c'est le cas dans plusieurs grandes villes, est un coin craignos, avec des squats et au taux de chômage très élevé. La ville a su se débarrasser de son climat mafieux mais les tares de la mentalité méditerranéenne sont toujours présentes. Ne vous attendez pas à une chaleur exceptionnelle de la part des habitants… Autre grosse tare, l'urbanisme catastrophique de la ville. Marseille est remplie de routes tortueuses, de groupes d'immeubles mal placés, la circulation s'en ressent. En terme de patrimoine et d'architecture, Marseille ne présente rien d'exceptionnel non plus. Chef-lieu du département, Marseille ne présente pourtant pas une université dynamique : seulement 30 000 étudiants (Amiens en fait autant) ! Très réduite, l'université de Marseille manque cruellement de filières clé ! Le tourisme n'est pas un élément

moteur, les visiteurs préférant des villes plus chic comme Saint-Tropez, Fréjus ou Saint-Raphaël. »
[Avis d'Angeline] *(489 mots)*

Marseille – Bouches-du-Rhône : 467 avis sur Marseille
http://www.linternaute.com/ville/ville/temoignage/154/4/marseille.shtml (Zugriff am 10. 03. 2009),
Text geringfügig gekürzt, sprachlich überarbeitet

Annotations :

l. 2/3	la commodité	*all. :* Annehmlichkeit
l. 6	force est de constater	il faut constater
l. 9, 17	rue de la République, l'avenue du Prado	boulevards importants et connus à Marseille
l. 11	gigantissime	gigantesque
l. 17	la Corniche	route panoramique le long de la côte
l. 18	faire un footing	faire une promenade à pied
l. 23	une tare	un défaut
l. 23	glauque	*ici :* sombre
l. 25	craignos	*fam. :* qu'il faut craindre
l. 26	le squat	une habitation occupée illégalement
l. 26/27	un climat mafieux	une atmosphère de criminalité organisée
l. 29/30	une route tortueuse	*all. :* eine kurvenreiche Straße
l. 30	s'en ressentir	subir les conséquences
l. 30/31	en terme de patrimoine	*all. :* in Bezug auf das kulturelle Erbe
l. 34	une filière clé	*all. :* wichtiger Studiengang

Aufgabenstellung

Punkte

1. Exposez brièvement les avis de Nathalie et d'Angeline sur Marseille. *(compréhension)* — 10
2. Comparez les jugements que les deux femmes portent sur Marseille et leur façon d'argumenter. *(analyse)* — 15
3. Expliquez le titre du premier texte : « Agréablement surprise ! » *(analyse)* — 17
4. Vous devez faire un stage de six mois dans une entreprise en France. Vous avez plusieurs offres, entre autres celle d'une entreprise à Marseille. Pesez le pour et le contre d'une vie à Marseille en partant des textes. *(commentaire)* — 18

Lösungsvorschläge

1. ***Hinweis:*** *Im Rahmen der Darstellung der Meinungen von Nathalie und Angeline sollen kurz die wichtigsten Informationen aus dem Text entnommen werden. Vermeiden Sie einen Vergleich (vgl. Aufgabe 2) bzw. jegliche Stellungnahmen.*

   Dans le texte, deux femmes, Nathalie et Angeline, donnent leur avis sur la ville de Marseille sur le site Internet « L'Internaute ».
   Nathalie a décidé de vivre dans le sud de la France sans renoncer aux avantages d'une vie dans une grande ville. Par conséquent, elle vit à Marseille maintenant, dans un quartier agréable et elle exprime sa satisfaction et son enthousiasme, résultant – entre autres – de l'immensité et de l'offre économique et culturelle de Marseille.
   Angeline, par contre, s'exprime de façon tout à fait négative sur Marseille. Elle énumère beaucoup de désagréments et surtout d'inconvénients, par exemple le taux de chômage élevé et la criminalité, une architecture ni moderne ni traditionnelle qui n'attire pas les touristes ou les étudiants. Elle souligne que les visiteurs préfèrent les villes sur la côte méditerranéenne, comme Saint-Tropez ou Fréjus.

2. ***Hinweis:*** *In dieser Aufgabe sollen die beiden Meinungen vergleichend gegenüber gestellt werden. Dabei sollten Sie auf Gemeinsamkeiten und Unterschiede eingehen. Auch wird gefordert, dass Sie die Argumentationsstruktur beider Ausführungen näher analysieren. Ein Hinweis auf die jeweilige Gefühlslage wäre denkbar.*

   Les deux femmes se réfèrent à des faits identiques, mais leurs jugements diffèrent complètement.
   Nathalie souligne par exemple « la rénovation de partout » (l. 9) dans tous les quartiers, surtout dans le centre. Elle met en relief la beauté de certaines rues, par exemple la rue de la République (l. 9) où elle a décidée d'habiter. Elle n'hésite même pas à comparer la ville à Paris et selon elle, Marseille « est tout simplement gigantissime » (l. 11). Ce jugement se réfère d'un côté à l'immensité de la ville, de l'autre côté Marseille présente à la fois une architecture « moderne et futuriste » (l. 14/15). Angeline, par contre, trouve la ville sale (l. 23) et sombre dans certains quartiers et, pour elle, le centre est très désagréable, comparé à d'autres grandes villes (l. 25). En plus, Angeline parle d'un « urbanisme catastrophique » (l. 29), parce que Marseille est « remplie de routes tortueuses, de groupes d'immeubles mal placés » (l. 29/30). De l'avis d'Angeline, Marseille, comme chef-lieu d'un département, devrait présenter une architecture exceptionnelle ce que l'on n'y trouve pas (l. 31/32).
   Angeline souligne aussi que l'université de Marseille n'est pas assez dynamique en nommant le très petit nombre d'étudiants. Elle compare ce nombre à celui de l'université d'Amiens, une ville qui est beaucoup moins importante que Marseille. Selon elle, c'est le manque de « filières clé » (l. 34) qui en est la cause. Nathalie est par contre ravie que Marseille attire « tous les créateurs de la nouvelle

génération » (l. 16) et leur offre la possibilité d'étudier, de vendre et de « créer sur place » (l. 16/17).
Quant à la situation géographique et au charme touristique, les opinions des deux femmes diffèrent également. Nathalie aime la « merveille » (l. 6) de Marseille où on peut tout faire et tout voir. Pour les moments de détente on peut se promener sur les grandes avenues ou au bord de la mer, et bien sûr on peut faire un tour sur la Corniche (l. 17). Angeline souligne que « le tourisme n'est pas un élément moteur » (l. 34/35) à cause des villes attrayantes sur la côte déjà mentionnées dans le résumé. En outre, Angeline ajoute que les habitants de Marseille ne sont pas non plus particulièrement chaleureux ou accueillants (l. 27/28).
En donnant son avis, Nathalie est très enthousiaste et son argumentation est basée sur la subjectivité et sur ses émotions ce qu'illustrent les mots que Nathalie a choisis, par exemple « la merveille » (l. 6), « gigantissime » (l. 11) ou « impossible de tout dire » (l. 19). Angeline essaie de transmettre son message objectivement en présentant par exemple des chiffres (l. 33) et d'éviter les superlatifs.

3. ***Hinweis:*** *Bei der Erklärung sollten Sie ausgehend von dem angegebenen Zitat insbesondere die ersten fünf Zeilen der Ausführungen Nathalies in Augenschein nehmen und die negativen Aspekte, die sie trotz allem erwähnt, relativieren.*

Nathalie est arrivée à Marseille « avec tous les clichés qu'on lui connaît » (l. 5). Mais depuis qu'elle y vit, elle est enchantée par cette ville. Certes, il y a de grandes inégalités économiques et sociales entre les quartiers, mais ce sont des contrastes qu'on peut trouver dans toutes les villes (l. 8/9). A part cela, elle ne trouve que des aspects positifs. Elle est même « tombée amoureuse de cette ville » (l. 20) qui est « gigantissime » (l. 11), « moderne et futuriste » (l. 14/15). L'économie est par exemple caractérisée par l'installation de la mode et la ville est un centre d'attraction où on peut occuper ses loisirs soit dans le centre, soit au bord de la mer. L'immensité de la ville fait oublier les aspects « négatifs » et Nathalie est tellement impressionnée par la beauté, la variété culturelle et la richesse en général que son enthousiasme est sans borne.

4. ***Hinweis:*** *Stellen Sie sich vor, dass Sie selbst die Möglichkeit bekommen, in Marseille zu leben und verwenden Sie u.a. die Argumente in den beiden Texten, um die Vor- und Nachteile eines Lebens in der südfranzösischen Großstadt zu schildern.*

La vie à Marseille offre beaucoup d'avantages. Dans une grande ville multiculturelle comme Marseille on a la possibilité de prendre part à une vie culturelle exceptionnelle, on peut aller au cinéma, au théâtre ou visiter des musées. Le climat méditerranéen est excellent et l'environnement nous invite à faire des excursions et à découvrir la nature, soit au bord de la mer, soit à l'intérieur du pays. En plus, la Corse n'est pas loin et la Camargue, les Bouches-du-Rhône, les Alpilles et la Provence sont des régions pleines de charme.

Mais dans une grande ville comme Marseille on risque aussi de se perdre dans l'anonymat parce qu'on ne connaît personne. On est loin de l'Allemagne, c'est-à-dire qu'il faut résoudre les problèmes sans les parents. En outre, Marseille a un taux de criminalité élevé. La vie est également chère dans cette région-là, ce qui concerne – entre autres – les dépenses pour les études à l'université.
Mais on a aussi la possibilité d'apprendre et d'approfondir ses connaissances en langue française et d'élargir ses compétences interculturelles. Pour faire la connaissance d'une culture et, spécifiquement, d'une langue rien de mieux que de vivre et de travailler dans le pays. On fait l'expérience de travailler dans une entreprise à l'étranger ; c'est une qualification supplémentaire qui est utile au moment où on cherche une place d'apprentissage ou quand on postule un emploi. Et on fait plus ample connaissance avec les Français et avec leur mentalité.
Finalement, les arguments en faveur d'un stage à Marseille l'emportent de sorte que je me décide à le faire dans la ville portuaire du sud de la France.

Jules Romains : *Knock ou Le triomphe de la médecine*, Acte II, scène V

Localisation du passage :
Knock, faux médecin, s'installe dans un petit village à la campagne pour succéder au Docteur Parpalaid qui veut s'établir à Lyon. Pour attirer et agrandir la petite clientèle de son prédécesseur, Knock fait des consultations gratuites.
Voici la fin d'une de ces consultations.

LA DAME, *se lève, faisant mine de se retirer.*
– Je suis enchantée, docteur, d'avoir fait votre connaissance. Je reste chez moi toutes les après-midi. Il vient quelques personnes. Nous faisons salon autour d'une vieille théière Louis XV que j'ai héritée de mon aïeule. Il y aura toujours une tasse de côté pour vous. *(Knock s'incline. Elle avance encore vers la porte.)* Vous savez que je suis réellement très, très tourmentée avec mes locataires et mes titres. Je passe des nuits sans dormir. C'est horriblement fatigant. Vous ne connaîtriez pas, docteur, un secret pour faire dormir ?

KNOCK. – Il y a longtemps que vous souffrez d'insomnie ?

LA DAME. – Très, très longtemps.

KNOCK. – Vous en aviez parlé au docteur Parpalaid ?

LA DAME. – Oui, plusieurs fois.

KNOCK. – Que vous a-t-il dit ?

LA DAME. – De lire chaque soir trois pages du Code civil. C'était une plaisanterie. Le docteur n'a jamais pris la chose au sérieux.

KNOCK. – Peut-être a-t-il eu tort. Car il y a des cas d'insomnie dont la signification est d'une exceptionnelle gravité.

LA DAME. – Vraiment ?

KNOCK. – L'insomnie peut être due à un trouble essentiel de la circulation intracérébrale, particulièrement à une altération des vaisseaux dite « en tuyau de pipe ». Vous avez peut-être, madame, les artères du cerveau en tuyau de pipe.

LA DAME. – Ciel ! En tuyau de pipe ! L'usage du tabac, docteur, y serait-il pour quelque chose ? Je prise un peu.

KNOCK. – C'est un point qu'il faudrait examiner. L'insomnie peut encore provenir d'une attaque profonde et continue de la substance grise par la névroglie.

LA DAME. – Ce doit être affreux. Expliquez-moi cela, docteur.

KNOCK, *très posément.* – Représentez-vous un crabe, ou un poulpe, ou une gigantesque araignée en train de vous grignoter, de vous suçoter et de vous déchiqueter doucement la cervelle.

LA DAME. – Oh ! *(Elle s'effondre dans un fauteuil.)* Il y a de quoi s'évanouir d'horreur. Voilà certainement ce que je dois avoir. Je le sens bien. Je vous en prie, docteur, tuez-moi tout de suite. Une piqûre, une piqûre ! Ou plutôt ne m'abandonnez pas. Je me sens glisser au dernier degré de l'épouvante. *(Un silence.)* Ce doit être absolument incurable ? et mortel ?

KNOCK. – Non.

LA DAME. – Il y a un espoir de guérison ?

KNOCK. – Oui, à la longue.

LA DAME. – Ne me trompez pas, docteur. Je veux savoir la vérité.

KNOCK. – Tout dépend de la régularité et de la durée du traitement.

LA DAME. – Mais de quoi peut-on guérir ? De la chose en tuyau de pipe, ou de l'araignée ? Car je sens bien que, dans mon cas, c'est plutôt l'araignée.

KNOCK. – On peut guérir de l'un et de l'autre. Je n'oserais peut-être pas donner cet espoir à un malade ordinaire, qui n'aurait ni le temps ni les moyens de se soigner suivant les méthodes les plus modernes. Avec vous, c'est différent.

LA DAME, *se lève.* – Oh ! je serai une malade très docile, docteur, soumise comme un petit chien. Je passerai partout où il le faudra, surtout si ce n'est pas trop douloureux.

KNOCK. – Aucunement douloureux, puisque c'est à la radioactivité que l'on fait appel. La seule difficulté, c'est d'avoir la patience de poursuivre bien sagement la cure pendant deux ou trois années, et aussi d'avoir sous la main un médecin qui s'astreigne à une surveillance incessante du processus de guérison, à un calcul minutieux des doses radioactives – et à des visites presque quotidiennes.

LA DAME. – Oh ! moi, je ne manquerai pas de patience. Mais c'est vous, docteur, qui n'allez pas vouloir vous occuper de moi autant qu'il faudrait.

KNOCK. – Vouloir, vouloir ! Je ne demanderai pas mieux. Il s'agit de pouvoir. Vous demeurez loin ?

LA DAME. – Mais non, à deux pas. La maison qui est en face du poids public.

KNOCK. – J'essayerai de faire un bond tous les matins jusque chez vous. Sauf le dimanche. Et le lundi à cause de ma consultation.

LA DAME. – Mais ce ne sera pas trop d'intervalle, deux jours d'affilée ? Je resterai pour ainsi dire sans soins du samedi au mardi ?

KNOCK. – Je vous laisserai des instructions détaillées. Et puis, quand je trouverai une minute, je passerai le dimanche matin ou le lundi après-midi. […]. *(679 mots)*

Jules Romains : Knock ou Le triomphe de la médecine (1924), Acte II, scène V, © Editions Gallimard

Annotations :

l. 4	la théière Louis XV	récipient de style Louis XV (1715–1774) pour servir le thé
l. 4	l'aïeule *f.*	*ici :* la grand-mère
l. 7	un titre	*all. :* Wertpapier
l. 14	le Code civil	ensemble de lois
l. 19	être dû, due à	être causé, e par
l. 19/20	intracérébrale	*all. :* im Inneren des Gehirns befindlich
l. 20	l'altération *f.*	le changement
l. 20	le vaisseau	canal par lequel circule le sang
l. 20	le tuyau	*ici :* canal fermé
l. 23	priser	*all. :* Tabak schnupfen
l. 25	la névroglie	cellule du système nerveux
l. 27	un poulpe	*all. :* Tintenfisch
l. 28	suçoter	sucer longuement
l. 28	déchiqueter	déchirer, mordre

l. 45	docile	sage, discipliné
l. 48	la radioactivité	Au début du 20e siècle, Pierre et Marie Curie ont introduit la radioactivité dans les traitements modernes du cancer.
l. 51	s'astreindre	*all. :* sich verpflichten zu, sich unterwerfen
l. 57	le poids public	lieu public où on a pesé p. ex. les produits des marchands
l. 58	faire un bond	passer chez qn
l. 60	d'affilée	sans interruption

Aufgabenstellung

Punkte

1. Résumez cet extrait. *(compréhension)* 10
2. Caractérisez la dame en tenant compte de sa situation personnelle. *(analyse)* 13
3. Analysez la stratégie et les moyens rhétoriques utilisés par Knock pour avoir une nouvelle patiente. *(analyse)* 18
4. Comparez l'image du médecin présentée dans cet extrait avec celle des médecins dans *Le malade imaginaire* de Molière. *(commentaire)* 19

Lösungsvorschläge

1. Une dame est venue voir le docteur Knock et, avant de se retirer, elle lui parle de ses obligations sociales et aussi de son insomnie. Knock, après avoir appris que son prédécesseur n'avait rien entrepris, explique d'une manière compliquée, avec des termes plus ou moins médicaux, les causes possibles de son insomnie. La dame est effrayée et, abattue, supplie le docteur de la guérir. Elle accepte le traitement intensif et sans douleurs que Knock lui propose même s'il doit durer plusieurs années et jure d'être une patiente sage, et de faire tout ce que Knock lui demandera. Knock, par contre, lui promet des visites régulières.

2. Dès le début, le lecteur apprend que la dame est riche, qu'elle a des biens et des obligations sociales qui la surmènent, ce qui pourrait avoir déclenché son insomnie. Apparemment, elle a aussi besoin de compagnie, car elle invite le docteur Knock à prendre le thé, besoin qui se manifeste également à la fin quand elle attache une grande importance aux visites quotidiennes de Knock. Cela montre bien sa solitude, mais aussi manège pour inspirer la pitié.
C'est pourquoi la dame est une victime facile pour Knock : elle est très naïve et fait confiance à toutes les explications de Knock sans les mettre en question et sans remarquer qu'il ne fait qu'utiliser une terminologie pseudo-médicale. Cette crédulité révèle aussi que la dame est hypochondriaque, anxieuse et qu'elle a tendance à exagérer : « Ce doit être absolument incurable ? et mortel ? » (l. 33/34). Ce qui en fait une personne ridicule qui manque de bon sens. Et même si, au début, elle prétend avoir de la classe et être d'un certain rang social, à la fin, elle se soumet à l'autorité du médecin : « Je serais [...] soumise comme un petit chien » (l. 45/46). La phrase « Mais c'est vous, docteur, qui n'allez pas vouloir vous occuper de moi autant qu'il faudrait » (l. 53/54) montre aussi que la dame manque d'assurance et de confiance en elle-même, ce qui en fait une victime de la cupidité du médecin.

3. ***Hinweis:*** *Arbeiten Sie die Strategie Knocks heraus (Pseudowissen, vage Ausdrucksweise, Abhängigmachen der Patientin von seinen langwierigen Behandlungsmethoden). Stützen Sie diese strategischen Taktiken mit geeigneten Stilmitteln (plastische Ausdrucksweise, Onomatopoeia usw.).*

   La stratégie de Knock est une stratégie assez habile : dans son discours, il emploie des expressions (semi)médicales et, par là, donne l'illusion d'avoir un savoir profond aussi bien que des théories fondées : « la circulation intercérébrale » (l. 19/20) aussi bien que « les artères du cerveau » (l. 21) en sont des exemples. Son langage est imagé pour que la dame puisse s'imaginer la gravité de sa maladie. Elle ne remarque donc pas que Knock exagère et profite de la situation pour lui faire peur. L'exemple du crabe et de l'araignée illustre bien cette stratégie. Knock habille même ses thèses chimériques d'onomatopées telles que « déchiqueter » et « grignoter » (l. 28). Le lecteur remarque que les explications de

Knock ne sont pas du tout justifiées, qu'elles sont vagues et qu'elles n'expriment que des banalités : aux lignes 16 et 21 Knock utilise le petit mot « peut-être » qui a beaucoup d'importance ici. Aussi la phrase « C'est un point qu'il faudrait examiner » (l. 24) souligne cette thèse. L'éloquence et la persuasion de Knock sont donc étonnantes.

Il use également d'une autre stratégie : dans l'introduction, on apprend qu'il donne des consultations gratuites, mais au cours de la conversation, il crée une certaine dépendance entre la dame et lui-même. Le traitement durera assez longtemps (deux ou trois années) et nécessitera des visites quotidiennes. A la ligne 43, Knock fait allusion aux « moyens » de la dame, c'est-à-dire qu'il sait qu'elle a de l'argent et qu'il veut, en tout cas, en profiter. Pour soumettre la dame à ses méthodes, il la flatte. Elle n'est pas une « malade ordinaire » (l. 43), au contraire : « Avec vous, c'est différent » (l. 44). Contrairement au docteur Parpalaid, il fait semblant de prendre la dame au sérieux, même si, en vérité, il se moque d'elle.

4. ***Hinweis:** Finden Sie Parallelen und Unterschiede in Bezug des Umgangs der Ärzte mit ihren Patienten. Gehen Sie dabei auch kurz auf die zeitliche Distanz der beiden Werke ein.*

Dans « Le malade imaginaire » aussi bien que dans « Knock ou le triomphe de la médecine », les auteurs ridiculisent les médecins en employant le comique de situation, de caractère et de geste. Les éléments de la farce par contre sont plus prononcés chez Molière. Chez Molière, les véritables médecins sont opposés aux faux médecins (voir les Diafoirus ou Toinette) ce qui est seulement effleuré chez J. Romains, car le docteur Parpalaid n'y apparaît pas. L'imposture médicale est plus claire dans Knock, car il a des motifs cupides tandis que les Diafoirus sont convaincus de ce qu'ils font et se prennent au sérieux. Knock est donc plus rusé et, pour s'enrichir, rend la dame dépendante de sa charlatanerie. Knock est en fait dangereux, il joue avec la peur de sa patiente. Chez Molière, Argan est au cœur du ridicule, car il considère les médecins comme une autorité qu'on ne conteste pas. En déguisant Toinette, Molière montre l'absurdité et la vacuité de la médecine. Dans les deux œuvres, il s'agit d'une personne (Argan et la vieille dame) qui se rend esclave d'un médecin (ou, chez Molière, plutôt de la médecine en général) et est donc une victime facile (la dame pour Knock et Argan pour sa seconde femme Béline).

On peut donc dire que Molière aussi bien que J. Romains mettent l'accent sur l'autorité exagérée qu'on attribue aux médecins, au langage médical qui ne sert qu'à faire impression, à jouer avec la peur des patients et sur l'incapacité et l'imposture de certains médecins. En comparant les deux œuvres, on remarque aussi quelques différences : Knock me semble être plus intelligent et plus rusé que les médecins chez Molière. Ceci est peut-être aussi dû à ce que les deux auteurs ont vécu à des époques différentes. On notera que, de nos jours, le sujet n'a rien perdu de son importance.

Nordrhein-Westfalen: Französisch (f) Leistungskurs 2010
Aufgabe 2

Les naufragés du silence dans le métro

Comment vivre la confrontation avec la misère et la mendicité dans la ville ? Comment sortir de l'isolement dans lequel chacun est enfermé ? Le regard d'un témoin.

Heure creuse dans le métro. Calés dans la routine, les passagers laissent flotter leurs regards et leur ennui. Soudain monte un jeune homme. Dégingandé, sale, l'air perdu… Il se pose près de la porte. Aussitôt, le message silencieux est passé entre les voyageurs. Chacun pique du nez dans son journal, regarde le bout de ses chaussures… Rien ne pourra les distraire de leurs pensées profondes.

Le jeune homme commence son discours « Mesdames et messieurs, excusez-moi de vous déranger, je m'appelle Eric, j'ai 27 ans, j'ai le sida, ou je sors de prison, ou j'ai perdu mon travail, je suis à la rue… […]. Si vous aviez quelques pièces ou un ticket restaurant, du travail ou au moins un petit sourire… » Un malaise s'abat sur le wagon. Silence de plomb. Personne ne bouge.

Un couple risque un regard circulaire. Ils cherchent à comprendre. Ce sont des touristes. Ils viennent d'arriver à Paris. Ils ne connaissent pas encore ce scénario qui se répète des centaines de fois par jour sur toutes les lignes de métro de la capitale. Ils ne comprennent pas le cri rauque d'Eric. Ils ne comprennent pas non plus pourquoi tout le monde feint de ne pas l'entendre. Ils cherchent à croiser un regard. Ils ne le trouveront pas. Eric non plus ne croisera pas de regard. Une fois terminée sa harangue, scandée sur un ton usé au long des jours sans fin, il se lance dans l'allée, très vite, sans même tendre la main, certain que personne ne va rien lui donner. […] Et il ressort par l'autre bout du wagon en lançant d'un air abattu : « Au revoir messieurs-dames. Bonne journée. »

Une autre fois, c'est une jeune fille. Quelques jeunes ricanent, lui disent qu'elle n'a qu'à travailler. Elle se met à hurler qu'elle voudrait les y voir, eux, derrière leur beau blouson, s'ils vivaient ce qu'elle vit, à quoi ils ressembleraient s'ils étaient abandonnés de tous… « Moi je n'ai personne. » Et elle sort en hurlant dans ses larmes… Dans le wagon toujours le même silence… Personne ne bouge. On a peur. Peur de franchir ce mur invisible qui sépare les gens « bien » des paumés. Peur de notre maladresse. Quoi dire, quoi faire ? Dans le doute, on s'abstient. Quelques-uns s'en veulent de leur lâcheté… Chacun est isolé. Les gens bien et les paumés.

Chaque fois que j'assiste à ces scènes ordinaires, je me dis, il va craquer, il va se tirer une balle dans la tête sous nos yeux, ou il va se jeter à la gorge d'un de ces témoins silencieux… C'est insupportable. Ce silence notre silence, est d'une violence inouïe.

Jamais encore, de telles agressions n'ont été rapportées. Elles seraient naturelles. Si un homme appelle à l'aide du milieu de la mer ou du désert, on lance des hélicoptères, on mobilise des équipes, des satellites. On se souvient que la vie est sacrée. La réponse est inconditionnelle. On y va. Et dans nos villes, des centaines d'hommes et de femmes hurlent leur détresse et on se bouche les oreilles. Ceux qui n'en peuvent plus se jettent sous les roues du métro ; souvent. « Un accident de voyageur va immobiliser la rame quelque temps. Veuillez nous excuser de ce dérangement », nous explique-t-on au micro. Le « dérangement » dure quelques minutes. Et la vie reprend son cours. Sans eux.

Aux « Captifs » quand nous « tournons » dans la rue, nous ne faisons rien d'autre que de risquer ce regard, ce bonjour, ce sourire qui paraissent impossibles vus de la vie ordinaire. Et qui deviennent si simples dès qu'on franchit, dans sa tête, le mur imaginaire qui nous sépare les uns des autres. Et ce pas au-delà de l'inquiétude, de l'inconnu change la vie. La nôtre, et la leur. Ce pas rend la vie possible. *(697 mots)*

Cécile Gulochon : Les naufragés du silence dans le métro, http://membres.lycos.fr/pagehome

Annotations :

titre	le naufragé	*all. :* Schiffbrüchiger
l. 3	heure creuse	heure pendant laquelle il y a peu d'activités
l. 3	calé, e	*ici :* plongé, e
l. 4	dégingandé, e	*all. :* schlaksig
l. 11	s'abattre	*ici :* se répandre
l. 12	le plomb	*all. :* Blei
l. 16	rauque	*all. :* rauh
l. 17	feindre de faire qc	faire semblant de faire qc
l. 19	la harangue	le discours solennel
l. 21	abattu, e	découragé, e, déprimé, e
l. 23	ricaner	se moquer
l. 28	un paumé	*fam. :* une personne qui est ou se sent complètement perdue
l. 29	s'abstenir	s'interdire de se prononcer, de prendre parti, de « s'engager »
l. 31	craquer	*all. :* zusammenbrechen
l. 34	inouï, e	incroyable
l. 38	inconditionnel, le	*ici :* clair, e
l. 39	la détresse	le désespoir
l. 44	le captif	*syn. :* prisonnier
l. 44	« Aux Captifs » est une association qui a pour mission de rencontrer et d'accompagner les personnes de la rue.	

Aufgabenstellung

Punkte

1. Présentez la situation donnée et les personnes. *(compréhension)* 10
2. Etudiez le comportement de ces personnes et l'atmosphère qui en résulte. *(analyse)* → Doppelaufgabe 14
3. Dégagez le message de l'auteur et les moyens dont elle se sert pour le mettre en relief. *(analyse)* 18
4. Après avoir lu cet article, vous vous adressez à l'auteur. Ecrivez une lettre dans laquelle vous faites ressortir votre opinion personnelle à propos de la situation décrite, du comportement du jeune homme et des autres voyageurs. *(commentaire/produktiv-gestaltende Aufgabe)* 18

Lösungsvorschläge

1. La situation se passe dans le métro à Paris et décrit la rencontre de personnes défavorisées et de voyageurs.
   Eric et la jeune fille servent d'exemple de personnes qui vivent dans la misère et n'ont aucune perspective. Ils montent dans le métro et adressent la parole aux voyageurs pour demander une aumône quelle qu'elle soit. Ils ne reçoivent même pas un regard ou un sourire, et si quelqu'un montre une réaction, c'est de la ricanerie. Par conséquent, Eric, abattu, descend vite du métro et la jeune fille fond en larmes.
   La plupart des témoins de telles scènes dans le métro ne font qu'ignorer ces personnes pitoyables et, embarrassés, se taisent en s'adonnant à des choses peu importantes. D'autres, comme dans le cas de la jeune fille, se moquent d'eux. Les voyageurs sont trop lâches pour réagir d'une autre manière.
   A cause de ce « silence » et ce refus de réagir comme il le faudrait à la misère des autres, l'auteur fait appel aux lecteurs. Elle a fondé une organisation, les « Captifs », pour surmonter l'isolement des grandes villes qu'elle condamne violemment. A son avis, ce comportement cruel pousse beaucoup de malheureux au suicide.

2. ***Hinweis:*** *Hier handelt es sich um eine Doppelaufgabe, bei der sowohl das Verhalten der Reisenden als auch die dadurch entstehende Atmosphäre dargestellt werden müssen. Informationen zur Atmosphäre finden sich vor allem ab Zeile 27, Sie müssen diese aber noch zusammenfassen und abstrahieren.*

   Dans le métro, ou plutôt dans les grandes villes, chacun vit pour soi. Quand une personne « paumée » adresse la parole aux voyageurs, ceux-ci font semblant d'être occupés, plongés dans leur lecture, et de ne rien entendre. Les raisons de ce comportement sont très diverses : c'est une scène quotidienne dans une grande ville, la plupart des gens sont indifférents. De plus, ils ont peur, peur de ne rien pouvoir faire. Pour soulager leur conscience, ils se bouchent, en fait, les oreilles. Quelques-uns cachent leur perplexité en se moquant des gens « paumés » et en répétant les clichés.
   Seuls les touristes qui ne sont pas habitués à de telles situations quotidiennes osent un regard.
   Un tel comportement mène forcément à la désillusion et à la frustration des gens défavorisés. Le désespoir grandit et une atmosphère froide, un « mur imaginaire », en résulte. Le silence des uns devient un acte de violence pour les autres, pour ceux qui ont besoin d'aide et de compréhension. Les « paumés » sont impuissants face à une vie qui se déroule sans eux, qui les exclut. Et c'est exactement cette atmosphère qui est décrite, le sentiment de ne plus compter comme individu, le sentiment de finir dans le ruisseau d'une ville moderne – ambiance intransigeante et cruelle.

3. ***Hinweis:*** *Beachten Sie, dass es sich um eine Autorin (Cécile) handelt. Neben der Personen- und Situationsbeschreibung lässt die Autorin im Text immer wieder ihre persönliche Meinung durchscheinen oder stellt diese direkt dar. Daraus leiten Sie die Botschaft des Textes ab. Stützen Sie diese mit geeigneten Stilmitteln. Auch hier handelt es sich also um eine Doppelaufgabe.*

Le message de l'auteur est clair : elle veut alerter les lecteurs et les inciter ardemment à faire disparaître le « mur imaginaire » qui séparent les gens aisés des « paumés ». Aider ceux qui ne sont pas aussi fortunés ne coûte qu'un sourire ou un peu de compréhension. L'auteur condamne en fait l'anonymat qui règne dans notre vie, surtout dans les grandes villes modernes.
Déjà dans le titre, l'auteur se sert d'une métaphore, celle des « naufragés », pour accentuer son message. Tout le monde fait de son mieux pour aider les naufragés, pourquoi pas pour aider les paumés dans la grande ville ? Cette idée est mentionnée aux lignes 35–37.
Le texte contient d'autres métaphores telles que « se boucher les oreilles » (l. 39) ou « le mur imaginaire » (l. 46/47). Ces métaphores soulignent la cruauté dont souffrent les pauvres. Il ne s'agit pas d'une violence corporelle, mais physique : ce silence est « d'une violence inouïe » (l. 33/34). Cette violence qui tient de l'isolement et de l'anonymat est décrite par des phrases courtes et très accentuées : « Heure creuse dans le métro » (l. 3) ou « Silence de plomb. Personne ne bouge » (l. 12). La dernière phrase est même répétée à la ligne 27. Comme une sorte de climax, dans les lignes 29 et 30, l'auteur donne son message directement : « Quoi dire, quoi faire ? », « Chacun est isolé ». L'auteur utilise aussi des expressions très imagées, presque accusatrices telles que « violence », « abattu », « hurler » et « insupportable ». De temps en temps, l'auteur exagère un peu, par exemple en disant que « la vie est sacrée ». Le suicide mentionné aux lignes 31/32 donne au texte une note encore plus pessimiste.

4. ***Hinweis:*** *Gliedern Sie Ihren Brief an die Autorin wie in der Aufgabe vorgegeben (zuerst Ihre Meinung zur Gesamtsituation, dann zum Verhalten der SDF und der Mitreisenden). Sie können sich der Meinung der Autorin anschließen, dagegen argumentieren oder Pro- und Contra-Argumente abwägen. In jedem Fall ist es aber wichtig, dass Sie immer einen Rückbezug zum Artikel herstellen und am Ende Ihre These kurz zusammenfassen oder mit einer Idee aufwarten. Beachten Sie auch die Konventionen eines formelles Briefes.*

c'est avec grand intérêt que j'ai lu votre article

Chère Madame Gulochon,
C'est avec grand intérêt que j'ai lu votre article sur la misère et la mendicité dans les grandes villes.
D'un côté, vous avez raison en disant que la vie devient de plus en plus anonyme, les gens de plus en plus froids et que de plus en plus de gens finissent dans la rue sans que les autres s'en occupent. Moi aussi, j'ai souvent vécu de telles scènes et ai été choqué(e) par l'indifférence des gens. Toute personne gagnant bien sa vie peut donner un sourire, un peu de pain, quelques pièces ou, au moins, des mots

qui consolent. Et par de tels petits gestes, on pourrait rendre la vie un peu plus agréable et humaine, surtout dans les grandes villes où les différences entre les classes sociales sont plus prononcées qu'ailleurs.
D'un autre côté, chère Madame Gulochon, il me faut dire qu'on ne pourra rien changer en écrivant un tel article. Il faut faire un peu plus que cela, par exemple commencer dans les écoles et y éveiller la conscience collective. On pourrait par exemple inviter des gens défavorisées à raconter de leur vie quotidienne. Cela me semble plus authentique et plus bouleversant que votre article. Mais il me faut avouer que votre article est une bonne introduction.
Moi, je suis encore élève et ma classe aimerait entrer en contact avec vous pour en apprendre plus sur ce sujet. Si vous êtes intéressée, je vous propose un petit projet : nous organiserions une vente d'objets que nous confectionnerions et nous verserions l'argent à votre organisation. En revanche, vous pourriez nous rendre visite et nous parler un peu de votre organisation et de son travail. Et si, en plus, vous connaissiez des gens concernés qui seraient prêts à nous faire un petit rapport sur leur vie quotidienne, cela serait intéressant.
Dans l'attente d'une réponse, je vous prie d'agréer, Madame, mes meilleurs sentiments.

« En France, si on est polyvalent, on est tout de suite dévalorisé », une interview avec Carmen Arbués-Miró

Comment vous êtes-vous établie en France ?
Je suis née en 1964 à Murillo-de-Gallego, dans la province d'Aragon, en Espagne. J'ai travaillé comme professeur de coiffure, et puis j'ai voulu faire du maquillage dans le spectacle. À l'époque, c'était l'Espagne post-franquiste, il y avait très peu de travail dans cette branche, les chaînes de télévision privées commençaient à peine. Je me suis donc inscrite dans une école de maquillage artistique à Paris. J'ai débarqué en bus, je ne connaissais personne, j'avais 25 ans. Je ne parlais quasiment pas français. Très vite, je me suis retrouvée chef maquilleuse pour des émissions de télé et des films.

Paris correspondait-elle à l'idée que vous vous faisiez de la France ?
Venant d'une région frontalière, je connaissais déjà un peu la France. Mais attention, la France et Paris, c'est différent ! La France reste assez provinciale, au sens péjoratif du terme : les Français sont plutôt fermés en général, dans leur manière de vivre, leurs horaires pour les commerces et les repas. À Paris, on respire, c'est une culture très ouverte : on peut voir n'importe quel film n'importe quand, de toute culture. Idem pour la culture culinaire. On trouve de tout et à tous les prix.

Qu'est-ce qui vous pose problème en France en tant qu'étrangère ?
Je me souviens des files d'attente interminable devant la préfecture pour renouveler mon permis de séjour chaque année. Mais comme j'avais du travail, et que j'étais européenne, c'était facile. Ce qui m'a choquée au début, c'était le vouvoiement. Vouvoyer une personne jeune, c'était comme une insulte pour moi. En Espagne, on est bien plus conviviaux. Par exemple, quand on cohabite, c'est par choix, par plaisir de partager et d'être à plusieurs. La crise du logement à Paris, qui est de plus en plus grave, a poussé les Français à développer la cohabitation, car les loyers sont devenus exorbitants. Mais il y a encore deux ou trois ans, les Français préféraient manger des patates plutôt que de partager un appartement. Ce qui me choque le plus en France, c'est l'obsession de mettre les gens dans des cases, c'est flagrant dans mon milieu. En Allemagne et en Espagne, on peut être maquilleuse et coiffeuse. En France, c'est pas la peine, on est tout de suite dévalorisé si on est polyvalent. C'est un pays de spécialistes, très statique.

Vous sentez-vous française ?
Pas du tout ! À la rigueur, un peu parisienne. Mais je garde mon passeport espagnol, même si je vis ici et suis mariée à un Français. *(452 mots)*

« En France, si on est polyvalent, on est tout de suite dévalorisé », une interview avec Carmen Arbués-Miró, Redaktion Écoute/Spotlight, 4/2007, S. 21

Annotations :

l. 3	le maquillage	*all. :* das Schminken
l. 4	le spectacle	*all. :* das Showgeschäft
l. 4	post-franquiste	le temps après la dictature de Franco après 1975
l. 6	débarquer	arriver
l. 8	la maquilleuse	*all. :* die Maskenbildnerin, Visagistin
l. 12	péjoratif, ve	négatif, ve
l. 16	idem pour	*all. :* dasselbe gilt für
l. 17	en tant que	*all. :* in der Eigenschaft als
l. 20	le vouvoiement	le fait de dire « vous » à qn
l. 22	convivial, e	*all. :* gesellig
l. 22	cohabiter	partager un appartement avec d'autres
l. 27	mettre qn dans une case	*all. :* jmdn. in eine Schublade stecken
l. 27	flagrant, e	évident, e
l. 28	c'est pas la peine	c'est inutile
l. 32	à la rigueur	*all. :* notfalls

Aufgabenstellung

Punkte

1. Décrivez la situation de Carmen en Espagne et le début de sa carrière en France. *(compréhension)* 9

2. Étudiez ses expériences à Paris. *(analyse)* 15

3. Caractérisez Carmen. *(analyse)* 18

4. En 1990 – Carmen n'est pas encore mariée – elle écrit une lettre à une amie espagnole. Elle parle de sa manière de vivre en France, surtout à Paris. Elle parle de sa vie quotidienne à Paris, de ses conditions de travail, de ses contacts sociaux et de sa vie sentimentale
   Rédigez la lettre. *(commentaire/produktiv-gestaltende Aufgabe)* 18

Lösungsvorschläge

1. Carmen est née pendant les années soixante en Espagne et grandit en Aragon, une région proche de la France. Elle devient professeure de coiffure, un métier qui ne la satisfait pas. Elle rêve de travailler dans le spectacle comme maquilleuse. Mais dans l'Espagne de l'époque – Franco n'est mort que depuis quelques années –, Carmen ne peut pas réaliser son rêve. C'est pourquoi elle décide à l'âge de 25 ans d'aller à l'étranger et de fréquenter une école à Paris, bien qu'elle ne parle presque pas le français et ne connaisse personne dans la capitale. Elle surmonte vite les difficultés du début et devient chef maquilleuse pour le cinéma et la télévision.

2. Carmen, qui a grandi en Aragon, connaît un peu le Sud de la France. Cependant, pour elle, Paris n'est pas du tout comparable au reste de la France, à la province. Alors qu'elle n'a pas un avis très favorable sur la France rurale, elle apprécie beaucoup la capitale (l. 12/13). Elle aime bien la manière de vivre des Parisiens et aussi toutes les possibilités que Paris offre dans des domaines tels que le cinéma ou la gastronomie (l. 13–16). Aujourd'hui, elle est même mariée à un Français (l. 33).
   Tout de même, au début, en tant qu'étranger elle trouve la bureaucratie très compliquée (l. 18–20) et elle doit s'habituer à certains aspects de la vie parisienne, bien différente de la vie en Espagne. Elle est parfois étonnée, voire offensée par le comportement distant des Français, par exemple si on l'a vouvoie (l. 20/21). Aujourd'hui encore elle regrette que les Parisiens bien plus que les Espagnols aient besoin de se protéger et de se démarquer des autres. Ils donnent accès à leur vie privée seulement s'ils y sont obligés par les circonstances (l. 21–26). Mais ce qui lui déplaît le plus c'est le fait que, selon elle, les Français ne sachent pas apprécier les personnes polyvalentes et préfèrent les spécialistes (l. 26–30).

3. Carmen est une femme ambitieuse et déterminée. Pour réaliser son but professionnel, elle prend des risques et va à l'étranger. Le fait qu'elle ne sache pas le français et qu'elle ne connaisse personne à Paris ne la décourage pas (l. 3–8). Travailleuse, elle se débrouille très bien et arrive vite à obtenir un poste comme chef maquilleuse dans le secteur de ses rêves (l. 8/9). Elle est fière d'être polyvalente et d'avoir une formation de coiffeuse et de maquilleuse. C'est pourquoi elle est un peu irritée que ce ne soit pas apprécié en France (l. 28/29).
   Elle est d'un caractère ouvert et convivial. Elle sait se réjouir de la richesse culturelle et culinaire de Paris (l. 14–16), aime passer son temps libre avec d'autres personnes et avoir des colocataires (l. 22/23).
   Même si elle habite à Paris depuis 18 ans et est mariée à un Français, elle n'a pas encore changé de nationalité et se sent encore plus Espagnole que Française. Ceci se manifeste dans les passages de l'interview où elle compare la France à l'Espagne tout en restant critique envers les Français (l. 21/22, l. 28–30 ; moins explicite : l. 26/27).

4. ***Hinweis:*** *Da Carmen 1964 geboren wurde und mit 25 Jahren, also 1989, nach Paris gekommen ist, lebt sie noch nicht so lange dort. Geht man davon aus, dass die Ausbildung an der Maskenbildnerschule etwa ein Jahr gedauert hat, kann sie ihre Arbeitsstelle erst seit kurzem haben. Solange Sie die in der Aufgabenstellung genannten Aspekte abhandeln und die Grundaussagen des Interviews berücksichtigen, sind sie bei der konkreten inhaltlichen Füllung recht frei. So können Sie zum Beispiel frei entscheiden, in was für einer Wohnung sie wohnt (sie beklagt ja, dass Wohngemeinschaften in Frankreich bis vor kurzem unüblich waren) und ob sie ihren späteren Ehemann bereits kennt oder nicht.*

Paris, 15 septembre 1990

Chère Elena,

Comment vas-tu ? As-tu passé de belles vacances avec ton mari et la famille de Melinda ? J'espère que tu trouveras bientôt le temps de me rendre visite à Paris. Ça fait déjà quatre mois que nous ne nous sommes plus vues. Tu me manques beaucoup tout comme les autres amis espagnols.

Comme tu le sais, j'ai trouvé un bon poste chez une maquilleuse qui travaille pour des émissions de télé et pour des films. Comme les clients sont surtout des Français, je dois absolument pratiquer mon français. C'est pourquoi je ne t'écris pas en espagnol car je sais que cela ne sera pas un problème pour toi qui as des proches français… La chef maquilleuse est vraiment sympa même si je suis toujours un peu déconcertée qu'elle me vouvoie. D'abord, j'ai pensé qu'elle a une aversion à mon égard pour me traiter avec cette distance. Mais il semble que le vouvoiement soit normal en France, la plupart des acteurs me vouvoient aussi. Je trouve ça quand même très bizarre. Pour le moment je ne travaille que cinq jours par semaine, de sorte que j'ai assez de temps pour sortir. Ma chef m'a annoncé qu'elle veut me confier un projet dans quelques mois et puis, je dois aussi travailler le week-end. Mais ça ne me dérange pas, au contraire, je serais fière d'avoir plus de responsabilités.

Paris est vraiment une ville géniale avec tant de possibilités ! Ce week-end, j'ai découvert un nouveau restaurant afghan. La nourriture était excellente et même pas trop chère. Avant, j'étais dans un cinéma d'art et d'essais. Je suis sûre que cela te plairait aussi. Heureusement que je connais pas mal de gens qui aiment sortir. Et avant que tu me le demandes : non, je n'ai pas encore fait la connaissance d'un mec qui m'intéresse. À vrai dire, je ne crois pas que je puisse tomber amoureuse d'un Français vu qu'ils sont quelques fois tellement fermés et distants. La France, même si Paris est autre chose que la province telle que je l'ai connue pendant ma jeunesse, restera toujours un pays étranger pour moi. Je ne peux pas m'imaginer changer un jour ma nationalité même au bout de dix ou vingt ans.

Il y a tout simplement trop de choses qui m'énervent. La bureaucratie est encore la chose la moins grave puisque je suis Européenne. J'ai des amis non-européens qui ont plus de problèmes et qui souffrent aussi bien plus que moi de la vie en France. Mais c'est vrai que je regrette quelques fois la mentalité espagnole. Un exemple : après plusieurs mois de recherche j'ai fini par trouver un appartement où je ne dois plus vivre seule. Mais quelle déception ! Mes colocataires préfèrent rester seuls dans leurs chambres au lieu de passer la soirée dans le salon commun ou dans la cuisine à bavarder ou à faire la fête ! Pourquoi ? N'est-il pas plus intéressant de passer du temps avec les autres que de regarder la télé tout le temps ? C'est pourquoi je suis parfois quand même un peu triste, même si j'ai un travail qui me plaît beaucoup. Et si je travaille beaucoup, un jour, je serais peut-être moi-même chef maquilleuse…

Je te souhaite une bonne semaine et j'espère avoir bientôt de tes nouvelles.

Je t'embrasse,
Carmen

Mireille Disdero : « 16 ans et des poussières »

Introduction :
Shayna vit avec sa mère dans une cité HLM en zone urbaine sensible de Marseille. Son ami Enzo vit avec son père dans l'immeuble juste en face. Pendant qu'elle attend l'ascenseur pour monter chez Enzo, Shayna est agressée par Rox Man et un autre jeune. Au dernier moment, Enzo et son père arrivent et chassent les deux agresseurs.

Le père d'Enzo est parti faire ses courses […], seul. On est montés dans l'appartement et on a baissé les stores. Pendant une heure, on n'a rien fait d'autre que rêver. Au début, ça été difficile, car j'avais gardé ma peur de Rox Man et de son copain. Une crainte mêlée à de la colère. Elle me travaillait encore de l'intérieur. Je sursautais pour rien, ne pouvais plus rester en place. Mais Enzo m'a rassurée. À un moment, il m'a même obligée à prendre une douche fraîche puis à m'allonger sur le canapé. Il m'a murmuré :

– Je suis là, avec toi. Ils ne peuvent rien contre toi. Tu peux avoir confiance en moi, Shayna. Tu n'es pas toute seule.

Et c'est là, très fort, à cet instant précis, que j'ai senti qu'il était ma famille, celle qui me protégeait et veillait sur moi. La seule famille dans le nid de laquelle je pouvais me blottir et rêver un peu. C'était si fort et rassurant dans ma tête que j'ai osé le lui dire. Ému, Enzo n'a pas répondu tout de suite. Puis il m'a serrée dans ses bras, doucement.

– Un jour, on la continuera, cette famille. On lui donnera un minot. Pas tout de suite. Quand on aura un peu grandi et avancé dans la vie. Il faut du temps et surtout du travail pour nourrir les bouches et les projets. Mais on la continuera. Je te le promets.

Alors peu à peu, j'ai retrouvé mon calme. On a parlé de la rentrée au lycée. […]

Ensuite, on a parlé de la mer, des voyages qu'on ferait plus tard, en famille. Un jour sûrement, on prendrait l'avion pour traverser l'océan. Bien sûr, ce serait dans longtemps. Avant, il nous faudrait mettre de l'argent de côté, avec nos rêves bien au chaud, dans nos bras serrés. Mais on y arriverait. À deux, ce serait plus facile.

Enzo, à ce moment-là, je l'ai découvert comme jamais encore je n'avais pu le faire. Je l'ai regardé comme pour le prendre en photo. Il était beau. Ses cheveux noirs, son visage mince et cette mèche qui cachait ses yeux collaient bien à sa façon de me fixer, la tête légèrement penchée, pour attirer mon attention… […] Enfin tout. Il me donnait des ailes à accrocher dans mon dos, des ailes pour quitter la cité, les quartiers nord de la ville. Partir.

On s'est serrés si fort qu'aucun air n'a plus réussi à passer entre nos visages, nez à nez, front à front, bouche à bouche. On s'est serrés à bout de souffle, comme en apnée, quand on plonge en mer pour longtemps, destination profond. *(468 mots)*

Mireille Disdero : « 16 ans et des poussières », © Éditions du Seuil, Paris 2009, S. 39/40

Annotations :

l. 4	la crainte	la peur
l. 5	sursauter	*all. :* aufschrecken
l. 5	rassurer	redonner la confiance à qn
l. 11	veiller sur qn	*all. :* auf jmdn. aufpassen
l. 11	le nid	*all. :* das Nest
l. 12	se blottir	*all. :* sich kuscheln
l. 12	oser	risquer, avoir le courage de
l. 13	serrer dans les bras	embrasser qn
l. 15	le minot	un enfant
l. 17	nourrir	donner à manger
l. 26	la mèche	*all. :* die (Haar-)Strähne
l. 26	coller bien à	*ici :* aller bien ensemble avec
l. 28	des ailes à accrocher	*all. etwa :* Flügel zum Anhängen
l. 31	à bout de souffle	*all. :* atemlos
l. 32	une apnée	*all. :* Atemstillstand

Aufgabenstellung

	Aufgabe	Punkte
1.	Résumez la situation. *(compréhension)*	12
2.	Expliquez comment Enzo arrive à rassurer Shayna. *(analyse)*	18
3.	Dégagez les projets de vie de Shayna et d'Enzo. *(analyse)*	15
4.	Les protagonistes de ce texte se soutiennent mutuellement, tout comme François et Samira dans *Samira des Quatre-Routes*. Comparez leur façon d'agir. *(commentaire)*	15

Lösungsvorschläge

1. La scène, extraite de « 16 ans et des poussières » de Mireille Disdero, se déroule à Marseille, dans une cité HLM. La jeune Shayna, probablement d'origine étrangère, est agressée par deux jeunes alors qu'elle veut rendre visite à son ami Enzo. Grâce à ce dernier et à son père qui arrivent au bon moment, les agresseurs s'enfuient. Le père d'Enzo s'en va faire les courses tandis que les deux amis se retirent ensemble dans l'appartement. Shayna est complètement bouleversée. Enzo s'occupe d'elle et arrive finalement à la calmer. Enfin, les deux jeunes commencent à rêver d'un avenir commun et font des projets, ce qui change l'image que Shayna a d'Enzo.

2. Enzo s'occupe de Shayna avec beaucoup de compréhension. Lorsqu'ils entrent dans l'appartement, ils ferment les stores. Ainsi, ils sont coupés du monde extérieur.
   Par la suite, par de petites attentions, Enzo arrive à rassurer Shayna. Comme elle est très remuée par l'événement, c'est le garçon qui prend l'initiative et qui lui dit ce qu'elle doit faire (l. 5/6). Cela lui évite ainsi de prendre des décisions dont elle n'est pas capable pour le moment, et comme la douche et le repos sur le canapé lui font du bien, elle sait qu'elle peut avoir confiance en lui. Une confiance qui s'est déjà renforcée lorsqu'il a chassé les agresseurs et qu'il cherche à raffermir par des mots (l. 8/9). À tout cela s'ajoutent des gestes corporels plein d'affections (l. 13/14). Mais Enzo arrive aussi à gagner l'attention de Shayna en parlant de leur vie qu'ils mèneront un jour ensemble (l. 15–23). Ainsi elle ne pense plus à l'incident mais tourne ses pensées vers l'avenir.
   Finalement, Shayna considère Enzo pas seulement comme son protecteur contre les jeunes agresseurs ou comme un ami dans une situation nouvelle et difficile, mais aussi comme le sauveur qui va la libérer un jour de la triste vie de la cité (l. 28/29).

3. Enzo et Shayna rêvent d'une vie commune. Ils veulent former une famille traditionnelle avec des enfants (l. 15, 17). Mais ils sont d'accord qu'ils ont besoin de continuer le lycée (l. 19) et de trouver un travail pour pouvoir gagner leur vie (l. 14/15). Dès qu'ils auront économisé assez d'argent, ils veulent aussi faire des voyages, une fois peut-être même en outre-mer (l. 20–22). Ils savent qu'ils doivent avoir de la patience (l. 16) mais ils sont sûrs de réussir s'ils travaillent ensemble à leur avenir (l. 23).
   Shayna espère en plus qu'ils arriveront à quitter les quartiers nord de Marseille où ils ont grandi et où elle vient de faire l'expérience brutale de la violence (l. 28/29).

4. Shayna et François sont deux jeunes qui ont été agressés et qui sont soutenus par un ami/une amie. Quand François est attaqué, Samira n'est pas là et apprend les détails de l'incident seulement quelques temps plus tard. À la différence d'Enzo qui voit lui-même l'agression et qui peut emmener tout de suite son amie chez lui pour la calmer, François est d'abord seul après avoir fait l'expérience de la violence.
Enzo et Samira montrent beaucoup de compréhension et d'affection pour leurs amis dont ils sont amoureux. Certes, Shayna est très bouleversée par l'événement, mais grâce au soutien immédiat d'Enzo, elle se calme bien vite. François, par contre, se cache chez lui, tombe dans un silence profond et ne va plus à l'école. Même quand Samira lui rend régulièrement visite, il reste renfermé. Samira a besoin de beaucoup de patience, elle doit même mentir à ses parents, pour approcher son ami. Finalement ce sont ses lettres qui aideront François à retrouver un sens à sa vie.
Enzo et Samira offrent à leurs amis des rêves qui détournent leurs pensées de l'incident tragique. Pour Shayna, ce sont les projets communs qui lui font oublier le premier choc, pour François c'est la description du pays d'origine de Samira. Quand François apprend la situation difficile de son amie qui est déchirée entre deux pays, il sort de sa déprime et retrouve des forces. C'est maintenant lui qui veut soutenir son amie.
Les deux couples d'amis se voient confrontés à des incidents similaires. Même si la durée entre l'agression et la guérison diffère de quelques heures à plusieurs semaines, Enzo et Samira réussissent avec beaucoup de finesse à aider leurs amis. Et dans les deux cas, l'amitié se transforme en amour.

Jean-Paul Sartre : « Morts sans sépulture »

Localisation du passage :
Août 1944, en Provence : un groupe de résistants (Canoris, Sorbier, Henri et Lucie) est arrêté par la Milice et enfermé dans le grenier d'une école. Leur interrogatoire par la police (Clochet, Landrieu, Pellerin) a lieu parce qu'on est toujours à la recherche de leur chef. La scène commence au moment où Sorbier est interrogé pour la deuxième fois.

DEUXIÈME TABLEAU, SCÈNE VIII

Les mêmes, Clochet, ***puis*** **Sorbier** ***accompagné de*** **miliciens**

CLOCHET. – Ôtez ses menottes. Attachez ses bras au fauteuil. Bien. *(Il va vers Sorbier.)* Eh oui, te voilà. Te voilà de nouveau sur ce fauteuil. Et nous sommes là. Sais-tu pourquoi nous t'avons fait redescendre ?

SORBIER – Non.

CLOCHET. – Parce que tu es un lâche et que tu vas manger le morceau. Tu n'es pas un lâche ?

SORBIER. – Si.

CLOCHET. – Tu vois, tu vois bien… Je l'ai lu dans tes yeux. Montre-les, ces yeux, grands ouverts…

SORBIER. – Tu auras les mêmes quand on te pendra.

CLOCHET. – Ne crâne pas, ça te va mal.

SORBIER. – Les mêmes ; on est frères. Je t'attire, hein ? Ce n'est pas moi que tu tortures. C'est toi.

CLOCHET, *brusquement.* – Tu es juif ?

SORBIER, *étonné.* – Moi ? Non.

CLOCHET. – Je te jure que tu es juif. *(Il fait un signe aux miliciens qui frappent Sorbier.)* Tu n'es pas juif ?

SORBIER. – Si. Je suis juif.

CLOCHET. – Bon. Alors, écoute ! Les ongles d'abord. Ça te donnera le temps de réfléchir ! Nous ne sommes pas pressés, nous avons la nuit ! Parleras-tu ?

SORBIER. – Quelle ordure !

CLOCHET. – Qu'est-ce que tu dis ?

SORBIER. – Je dis : quelle ordure. Toi et moi, nous sommes des ordures.

CLOCHET, *aux miliciens.* – Prenez la pince et commencez.

SORBIER. – Laissez-moi ! Laissez-moi ! Je vais parler. Je vous dirai tout ce que vous voudrez.

CLOCHET, *aux miliciens.* – Tirez-lui un peu sur l'ongle tout de même, pour lui montrer que c'est sérieux. *(Sorbier gémit.)* Bon, où est ton chef ?

SORBIER. – Détachez-moi, je ne peux plus rester sur ce fauteuil. Je ne peux plus ! Je ne peux plus ! *(Signe de Landrieu. Les miliciens le détachent. Il se lève en chancelant et va vers la table.)* Une cigarette.

LANDRIEUX. – Après.

SORBIER. – Qu'est-ce que vous voulez savoir ? Où est le chef ? Je le sais. Les autres ne le savent pas ; moi, je le sais. J'étais dans ses confidences. Il est… *(Désignant brusquement un point derrière eux.)*… là ! *(Tout le monde se retourne. Il bondit à la fenêtre et saute sur l'entablement.)* J'ai gagné ! N'approchez pas ou je saute. J'ai gagné ! J'ai gagné !

CLOCHET. – Ne fais pas l'idiot. Si tu parles, on te libère.

SORBIER. – Des clous ! *(Criant.)* Hé, là-haut ! Henri, Canoris, je n'ai pas parlé ! *(Les miliciens se jettent sur lui. Il saute dans le vide.)* Bonsoir !

SCÈNE IX

Clochet, Landrieu, Pellerin, les miliciens

PELLERIN. – Le salaud ! Le sale couard !

Ils se penchent à la fenêtre.

LANDRIEU, *aux miliciens.* – Descendez. S'il est vivant, rapportez-le. On le travaillera à chaud, jusqu'à ce qu'il nous claque entre les mains.

Les miliciens sortent. Un temps.

CLOCHET. – Je vous avais dit de fermer la fenêtre.

Landrieu va à lui et lui donne un coup de poing en pleine figure.

LANDRIEU. – Tu mettras ça dans ton rapport.

Un temps. […] *Les miliciens reviennent.*

UN MILICIEN. – Crevé !

LANDRIEU. – La salope ! *(Aux miliciens.)* Allez me chercher la fille. *(Les miliciens sortent.)* Ils parleront, nom de Dieu ! Ils parleront ! *(499 mots)*

Jean-Paul Sartre : « Morts sans sépulture », dans : Jean-Paul Sartre : « Théâtre, 1. Les mouches. Huis clos. Morts sans sépulture. La putain respectueuse. », © Éditions Gallimard, Paris 1947, p. 226–228

Annotations :

l. 3	les menottes *f.*	*all. :* Handschellen
l. 5	redescendre	les interrogatoires ont lieu dans une salle de classe juste en dessous du grenier
l. 7	tu vas manger le morceau	tu vas avouer
l. 13	ne crâne pas	*all. :* Spiel nicht den Schlauberger
l. 21	l'ongle *m.*	*all. :* Fingernagel
l. 23	l'ordure *f.*	*vulg. :* Scheißkerl
l. 30	gémir	*all. :* stöhnen
l. 37	bondir	sauter
l. 38	l'entablement *m.*	*all. :* Gesims, Fensterbank
l. 41	Des clous !	*all. :* Glaub ich nicht!
l. 45	le couard	lâche
l. 47/48	travailler qn à chaud	*ici :* torturer
l. 48	claquer	mourir
l. 55	La salope !	*all. :* Dieser Schweinehund!
l. 55	Allez me chercher la fille.	*Anspielung auf die mitverhaftete Lucie*

Aufgabenstellung Punkte

1. Résumez les deux scènes. *(compréhension)* 13
2. Étudiez la stratégie dont Sorbier se sert pour affronter sa situation. *(analyse)* 16
3. Caractérisez les miliciens et leur façon d'agir. *(analyse)* 15
4. Comparez Sorbier avec Garcin dans *Huis clos* en vous référant à leur comportement pendant la guerre. *(commentaire)* 16

Lösungsvorschläge

1. ***Hinweis:*** *Es wird von ihnen verlangt, dass Sie die wesentlichen inhaltlichen Aussagen der beiden Szenen zusammenfassen, ohne im Detail auf die Analyseaspekte einzugehen, die in den folgenden Aufgabenteilen erwartet werden. Verfassen Sie das résumé im présent.*

   Les deux scènes sont extraites du deuxième tableau de la pièce de théâtre « Mots sans sépulture », écrite par Jean-Paul Sartre. Elles traitent du deuxième interrogatoire du résistant Sorbier par la Milice.
   Au début de la huitième scène, Sorbier est attaché au fauteuil avec des menottes. Clochet, un policier, l'interroge en le torturant usant de coups et de menaces pour que celui-là révèle où se trouve son chef. Au cours de l'interrogatoire Sorbier réussit à ce que des miliciens le détachent et alors il se lève. En faisant croire que le chef des résistants se trouve derrière eux, il se précipite vers la fenêtre et se suicide.
   Dans la neuvième scène, les miliciens descendent et constatent que Sorbier est mort. Les deux policiers, Clochet et Landrieu, se disputent à ce sujet et Landrieu frappe même son collègue. Il donne enfin l'ordre aux miliciens de lui amener Lucie qui est également membre du groupe des résistants et a été emprisonnée.

2. ***Hinweis:*** *Achten Sie auch in dieser Aufgabe darauf, dass Sie keine detaillierten Aspekte aus dem dritten Aufgabenteil vorwegnehmen und konzentrieren Sie sich auf die Punkte, die die Strategie von Sorbier betreffen. Gehen Sie chronologisch vor, belegen Sie Ihre Aussagen am Text und arbeiten Sie die Strategiemerkmale auch auf einer Metaebene heraus.*

   Le résistant Sorbier est conscient qu'il ne résistera pas à la torture que les policiers vont lui infliger. Par conséquent, il use d'une stratégie pour l'éviter.
   Il essaie d'abord d'apaiser ses ennemis, parmi eux le policier Clochet, en confirmant qu'il est un lâche (l. 7–9), mais il souligne qu'il n'est pas juif (l. 16/17), au moins jusqu'au moment où quelques miliciens le frappent. Cette première torture physique l'amène à avouer qu'il est juif (l. 18–20). Il est évident qu'il le fait pour mettre fin rapidement à cette torture. Enfin, il demande explicitement aux policiers d'arrêter et de le laisser en soulignant qu'il leur dira tout ce qu'ils voudront (l. 27/28). Il dit même qu'il désire être détâché parce qu'il n'en peut plus (l. 31). Il répète non seulement l'impératif (« Laissez-moi ! », l. 27), mais déclare encore deux fois qu'il n'en peut plus (l. 31) pour souligner qu'il souffre et que Clochet a atteint son but : Sorbier lui fait comprendre qu'il va tout avouer et révéler l'information voulue. Il essaie de gagner du temps pour trouver une solution et une dernière issue : Il demande une cigarette à son vis-à-vis (l. 33). Mais comme on la lui refuse, il prend sa décision. D'abord, il veut encore protéger ses camarades en déclarant être le seul à savoir où son chef se trouve (l. 35/36). Grâce à une ruse (l. 36/37), il arrive à ce que les policiers se détournent de lui pour un instant et il

en profite pour s'approcher de la fenêtre (l. 38). Avant de sauter, il répète trois fois qu'il a gagné (l. 38/39) et montre aux policiers que sa stratégie a réussi.
On peut dire pour conclure que Sorbier essaie d'atteindre ses objectifs, c'est-à-dire d'éviter la torture, d'affronter la situation et de sauver ses camarades, en provoquant les policiers (par exemple l. 12, 23, 25), en se contredisant (être juif et ne pas être juif) et en usant de la ruse (l. 9). Finalement, il trouve la mort.

3. ***Hinweis:*** *Arbeiten Sie in dieser Teilaufgabe insbesondere das physisch und psychisch brutale Vorgehen der Miliz heraus und verdeutlichen Sie deren letztendliche Scheitern.*

Les miliciens, parmi eux en particulier Clochet, mènent un interrogatoire tout à fait brutal et, au moins dans la première partie de la huitième scène, antisémitique. Sorbier avouant être juif, Clochet ne voit pas d'autre issue que celle de menacer Sorbier de torture physique (l. 21). Après la provocation de Sorbier qui traite le policier d'ordure (l. 30), Clochet donne l'ordre de commencer la torture.
En plus de la violence physique, Clochet essaie également de recourir à la menace psychique : Dès le début, il tente d'effrayer son vis-à-vis, il souligne qu'il est « un lâche » (l. 7) et qu'il est certain qu'il va « manger le morceau » (l. 7), c'est-à-dire qu'il va tout avouer et trahir tout le monde. Il veut anéantir la confiance en soi de Sorbier, mais sans succès.
La cruauté de Clochet fait place à la panique au moment où il se rend compte que Sorbier va se tuer. Il promet à Sorbier de le libérer s'il parle (l. 40). Contrairement à Sorbier, Clochet n'atteint pas son but, à savoir d'amener Sorbier à révéler où se trouve le chef du groupe de résistants.
En se suicidant, Sorbier met en évidence la faiblesse de la Milice. Ils se font des reproches (Clochet souligne qu'il avait « dit de fermer la fenêtre », l. 50) et Landrieu a même recours à la violence en donnant à Clochet « un coup de poing en pleine figure » (l. 51). Il ajoute ironiquement qu'il peut mettre « ça dans [son] rapport » (l. 52).

4. ***Hinweis:*** *Vergleichen Sie sowohl die Gemeinsamkeiten als auch die Unterschiede im Verhalten der beiden Protagonisten und erläutern Sie entsprechend der existentialistischen Philosophie Sartres die Bedeutung der Entscheidungen, die Garcin und Sorbier in ihrer Situation zu treffen haben.*

Il est intéressant de comparer le comportement des deux personnages principaux Sorbier et Garcin, ce dernier dans « Huis clos », également écrit par Jean-Paul Sartre.
Examinons d'abord les parallèles : Les deux protagonistes se trouvent dans une situation de guerre. D'un côté il y a Sorbier, un résistant qui se voit forcé de révéler où se trouve son chef et de l'autre côté il y a Garcin qui se trouve en enfer parce qu'il a torturé sa femme et à cause de son comportement pendant la guerre. Ils craignent pour leur vie : Sorbier se voit confronté à un policier violent qui est

capable de le tuer. Garcin ne peut pas sortir de l'enfer, il est déjà mort après une exécution. Par conséquent, les deux personnages ne peuvent plus espérer avoir une vie heureuse. Sorbier doit choisir entre la torture pendant laquelle il trahirait sans doute son chef et ses camarades, et la mort pour sauver leurs vies. Garcin est déjà condamné à passer sa vie en enfer et il doit prendre conscience qu'il a pris de mauvaises décisions pendant sa vie. Ces décisions sont existentielles selon Sartre. Mais il est évident qu'il y ait des aspects contraires dans leur comportement : Sorbier est un résistant dans un groupe actif pendant la guerre, c'est-à-dire qu'il lutte contre l'ennemi, même dans une situation sans issue. Au cours de l'interrogatoire on constate qu'il est courageux. Il réalise qu'il ne peut pas s'enfuir, alors il décide de sauver la vie de ses camarades et de se sacrifier.

Garcin, au contraire, prétend avoir été résistant et pacifiste et avoir été exécuté à cause de ses activités politiques. Mais en réalité, il dirigeait un journal pacifiste et il a refusé de partir à la guerre. Il s'est même enfui et c'est pourquoi on l'a fusillé. Non seulement ses camarades, mais Inès et Estelle aussi prouvent qu'il est un lâche, à plus forte raison parce que, même en enfer, Garcin ne reconnaît pas sa faiblesse et son échec.

Le retour au bercail entre réussite, problèmes et déception

« Mais est-ce que tu es fou. Qu'est-ce que tu viens faire au Maroc après toute une vie passée en Occident ! » : voici le genre de remarques que beaucoup de nos compatriotes de « lkharij », rentrés au pays, s'entendent dire concernant leur retour à la mère-patrie.

Ces interrogations résument parfaitement le « décalage » ou le « fossé culturel » qui demeure encore entre Marocains de « l'extérieur » et ceux de « l'intérieur ». « C'est presque toujours la même chose », explique Farid, un jeune parisien, qui a passé toute son adolescence en France. « On nous pose cette question avec insistance, comme si on nous reproche le fait de revenir. Pour beaucoup de nos citoyens, l'immigré est censé vivre à l'étranger. Et cela paraît presque bizarre, voire suspicieux, de le voir retourner vivre dans son pays ! ». Samir et Hatim font également partie de ce lot. « Parfois cette interrogation frôle le harcèlement. Pour moi, cela traduit la frustration de ceux qui n'ont pas pu immigrer… En quelque sorte, ils reportent sur nous leurs frustrations », renchérit Samir. Nos deux amis affirment que leur retour est fondé plus sur des motivations d'ordre affectif, que celles purement professionnelles. Samir déclare à ce sujet : « L'avenir me paraissait incertain dans une France en crise. En plus, j'avais un autre problème : celui des papiers. En effet, j'ai passé pratiquement toute ma vie en France.

Mais à la différence de mes frères et sœurs, je n'ai pas eu la nationalité française ». Et d'ajouter : « J'ai constaté que sans papiers, la situation serait difficile. J'ai donc préféré anticiper et rentrer chez moi au Maroc, après 35 ans de vie en banlieue parisienne ». Aujourd'hui, Samir occupe un poste de chauffeur-livreur pour une société postale. Et même s'il semble ne pas représenter l'exemple type du « jeune beur qui a réussi pleinement », il considère qu'être aux côtés de sa grand-mère, le seul lien affectif qui lui reste après la mort de ses parents, vaut « plus que tout l'or du monde », comme il aime à le souligner. Autre exemple, celui de Hatim, pour qui le lien affectif l'emporte sur l'aspect matériel. « Je suis natif de Nice, et je suis un pur produit français musulman. Mais ma mère habite au Maroc et j'ai donc opté pour vivre à côté d'elle, car je considère que la mère est comme la terre ». […] *(413 mots)*

Firas Adawi : « Le retour au bercail entre réussite, problèmes et déception », dans : Le matin, 08. 02. 2009
http://www.lematin.ma/Actualite/Journal/Article.asp?origine=jrn&idr=1168&id=107413

Annotations :

Der Textauszug entstammt der marokkanischen Tageszeitung « Le Matin ».

titre	le bercail	*ici :* pays natal
	rentrer au bercail	*all. :* in den Schoß der Familie zurückkehren
l. 3	lkharij	*arabe :* le(s) pays étranger(s)
l. 5	le décalage	la disproportion
l. 10/11	être censé faire qc	*all. :* eigentlich etwas tun sollen
l. 10	voire	*all. :* sogar
l. 10	suspicieux, se	*all. :* argwöhnisch
l. 11	le lot	*ici :* le groupe, la catégorie
l. 12	frôler qc	être proche de qc
l. 12	le harcèlement	*ici :* Mobbing
l. 14	renchérir	ajouter
l. 28	opter pour qc	choisir qc, se décider pour qc

Aufgabenstellung

Punkte

1. Présentez Farid, Samir et Hatim. *(compréhension)* 13
2. Expliquez les raisons qui poussent Samir et Hatim à rentrer au Maroc. *(analyse)* 12
3. Analysez le comportement des Marocains « de l'intérieur » vis-à-vis des compatriotes rentrés au pays et l'effet que ce comportement suscite. *(analyse)* 17
4. *« Mais est-ce que tu es fou. Qu'est-ce que tu viens faire au Maroc après toute une vie passée en Occident ! »*
   Imaginez que ce soit le début d'un monologue que Mohammed adresse à son cousin Hatim. Celui-ci vient de rentrer à Tafraoute, une petite ville dans l'Anti-Atlas où Mohammed vit depuis toujours.
   Écrivez ce monologue. *(commentaire/produktiv-gestaltende Aufgabe)* 18

Lösungsvorschläge

1. ***Hinweis:*** *Achten Sie darauf, dass Sie in dieser 1. Aufgabe objektiv die geforderten Aspekte aus dem Text entnehmen ohne diese weiter zu analysieren bzw. interpretieren. Stellen Sie die drei Personen der Reihe nach vor.*

Dans l'article « Le retour au bercail entre réussite, problèmes et déception » écrit par Firas Adawi et extrait du journal marocain « Le matin », trois immigrés de France retournés au Maroc parlent de leurs motivations et de leur réputation au pays.
Farid est un jeune Parisien qui a passé sa vie, c'est-à-dire son adolescence, en France. Il a l'impression que les Marocains qui n'ont pas émigré ne respectent pas ceux qui reviennent au pays.
Samit est aussi un immigré, qui a vécu pendant 35 ans en banlieue parisienne. Il a des frères et des sœurs, mais contrairement à ceux-là, il n'a pas la nationalité française, il lui manque les papiers nécessaires. Ses parents sont déjà morts, alors il vit maintenant chez sa grand-mère au Maroc et travaille comme chauffeur-livreur dans une société postale.
Enfin, Hatim est né à Nice et il se considère comme un Français musulman. Sa mère vit au Maroc et il s'est décidé à venir habiter près d'elle.

2. ***Hinweis:*** *Versuchen Sie herauszuarbeiten, dass bei Samir und Hatim sowohl wirtschaftliche und soziale als auch emotionale Gründe vorliegen, in das Land ihrer Eltern zurückzukehren. Erläutern Sie über den Text hinaus mögliche Auswirkungen, wenn Sie dies nicht getan hätten.*

L'auteur de l'article constate que Samir et Hatim « affirment que leur retour est fondé plus sur des motivations d'ordre affectif, que celles purement professionnelles » (l. 14/15). Aux lignes suivantes il précise cette thèse.
Samir avoue que ce sont des raisons économiques ou matérielles qui l'ont poussé à quitter la France. Il voit la France en crise, par conséquent il pense que l'avenir y sera incertain (l. 16). Peut-être qu'il craint le chômage ou qu'il ne voit aucune possibilité d'intégration satisfaisante. En outre, il lui manque les papiers nécessaires. Il a passé « pratiquement toute [sa] vie en France » (l. 17/18), mais il n'a pas la nationalité française, donc il risque d'être chassé de France. Il présume déjà que pour lui « sans papiers, la situation serait difficile » (l. 20). Évidemment, il est très motivé parce qu'il faut qu'il quitte ses frères et sœurs bien que ses parents soient déjà morts. Il a ainsi des liens étroits avec sa grand-mère, c'est-à-dire avec sa famille, avec ses origines marocaines.
Hatim souligne explicitement que pour lui « le lien affectif l'emporte sur l'aspect matériel » (l. 26/27). Il est né en France de parents marocains, sa mère habite au Maroc. Plus que la situation matérielle c'est pour lui la relation avec la patrie et sa mère qui compte. Il « considère que [sa] mère est comme la terre » (l. 29).

3. ***Hinweis:** In dieser Aufgabe steht das Verhalten der Marokkaner im Vordergrund, die nicht ausgewandert sind. Arbeiten Sie deren Zwiespalt heraus, einerseits die Rückkehr in ihre Gesellschaft zu akzeptieren, andererseits ihr Unverständnis nicht verbergen zu können.*

Dans son article, l'auteur introduit l'expression des « Marocains de l'extérieur et ceux de l'intérieur » (l. 6). Ces derniers sont les Marocains qui n'ont pas émigré et qui, par conséquent, n'ont pas quitté leur pays pour vivre ailleurs. Ceux de l'exérieur sont les émigrants qui sont rentrés au Maroc. En présentant une citation des Marocains de l'intérieur qui les traitent de fous et qui, du moins au premier coup d'œil, ne comprennent pas ce qu'ils « [viennent] faire au Maroc après toute une vie passée en Occident » (l. 1/2), l'auteur met en évidence qu'il y a une grande différence entre les deux groupes.
D'un côté, les Marocains de l'intérieur les acceptent comme compatriotes. D'un autre côté, ils ne comprennent pas pourquoi ils sont revenus au Maroc. Pour eux, « l'immigré est censé vivre à l'étranger » (l. 9/10), il n'y aurait aucune raison de rentrer. Pour Farid, cela « paraît […] bizarre, voire suspicieux » (l. 10). On peut même dire que « cette interrogation frôle le harcèlement » (l. 12) : Ceux qui retournent sont sans cesse obligés de se justifier.
En plus, Samit pense que ce comportement « traduit la frustration de ceux qui n'ont pas pu immigrer » (l. 13), qui n'ont pas pu découvrir la vie dans un autre pays, gagner peut-être plus d'argent que dans leur mère-patrie ou trouver des meilleures conditions de vie. Samit a l'impression qu'ils essaient de reporter leurs frustrations sur les Marocains de l'extérieur (l. 13/14).

4. ***Hinweis:** Schreiben Sie den Monolog aus der Perspektive eines Marokkaners, der absolutes Unverständnis für die Rückkehr des Cousins nach Marokko hat. Er kennt nur das Leben dort und sieht Frankreich womöglich als weltoffenes, tolerantes Land, in dem ein modernes Leben möglich ist.*

Cher Hatim, pourquoi est-ce que tu es rentré au Maroc ? Tu es né en France, tu as vécu toute ta vie en France. Je ne comprends pas ce que tu veux faire ici. Ta mère ne te connaît plus, tu n'as pas de copains ici. Comment les autres habitants de notre petit village, mes copains, vont-ils réagir ? Penses-tu que tu seras accepté ou même intégré ?
Tu avais une vie agréable en France, tu avais un métier, tu gagnais assez d'argent, tu connaissais ton environnement. Tu avais des copains et des copines et tu vivais dans un pays moderne, synonyme de tolérance et de multiculturalité. Tu habitais à Nice, une grande ville sur la Côte d'Azur, riche et vivante, où d'autres passent leurs vacances. Et Tafraoute ?
Cette petite ville dans l'Anti-Atlas, loin de toute grande ville, aride, dans le désert, n'a rien à t'offrir. On n'a pas assez de travail ici, les conditions agricoles ne sont pas bonnes. On habite dans des cabanes et on a une vie simple, marquée par la pauvreté. Pourquoi veux-tu renoncer à ta vie en France ? C'est une vie totale-

ment opposée à celle à Tafraoute. Tu ne peux plus t'adapter à ces conditions de vie.
Je te prie de bien y réfléchir. Je serais heureux bien sûr de t'avoir dans notre famille, je t'aime, mais je ne pense qu'à toi. Réfléchis encore une fois !

Les artistes contre la tour Eiffel

Introduction : En février 1887, de nombreux artistes lancent une protestation contre la construction de la tour Eiffel, adressée à M. Alphand, ingénieur et urbaniste à Paris, chargé d'organiser l'Exposition Universelle de 1889. Cette protestation est publiée dans le journal « Le Temps ».

Les artistes contre la tour Eiffel
La protestation suivante se signe en ce moment dans Paris :
À monsieur Alphand

Monsieur et cher compatriote,

Nous venons, écrivains, peintres, sculpteurs, architectes, amateurs passionnés de la beauté, jusqu'ici intacte, de Paris, protester de toutes nos forces, de toute notre indignation, au nom du goût français méconnu, au nom de l'art et de l'histoire français menacés, contre l'érection, en plein cœur de notre capitale, de l'inutile et monstrueuse Tour Eiffel, que la malignité publique, souvent empreinte de bon sens et d'esprit de justice, a déjà baptisée du nom de « tour de Babel ».

Sans tomber dans l'exaltation du chauvinisme, nous avons le droit de proclamer bien haut que Paris est la ville sans rivale dans le monde. Au-dessus de ses rues, de ses boulevards élargis, le long de ses quais admirables, du milieu de ses magnifiques promenades, surgissent les plus nobles monuments que le génie humain ait enfantés. L'âme de la France, créatrice de chefs-d'œuvre, resplendit parmi cette floraison auguste de pierres. L'Italie, l'Allemagne, les Flandres, si fières à juste titre de leur héritage artistique, ne possèdent rien qui soit comparable au nôtre, et de tous les coins de l'univers Paris attire les curiosités et les admirations. Allons-nous donc laisser profaner tout cela ? La ville de Paris va-t-elle donc s'associer plus longtemps aux baroques, aux mercantiles imaginations d'un constructeur de machines, pour s'enlaidir irréparablement et se déshonorer ? Car la Tour Eiffel, dont la commerciale Amérique elle-même ne voudrait pas, c'est, n'en doutez point, le déshonneur de Paris. Chacun sent, chacun le dit, chacun s'en afflige profondément, et nous ne sommes qu'un faible écho de l'opinion universelle, si légitimement alarmée. Enfin lorsque les étrangers viendront visiter notre Exposition, ils s'écrieront, étonnés : « Quoi ? C'est cette horreur que les Français ont trouvée pour nous donner une idée de leur goût si fort vanté ? » Et ils auront raison de se moquer de nous, parce que le Paris des gothiques sublimes, le Paris de Jean Goujon, de Germain Pilon, de Puget, de Rude, de Barye, etc., sera devenu le Paris de Monsieur Eiffel.

Il suffit d'ailleurs, pour se rendre compte de ce que nous avançons, de se figurer un instant une tour vertigineusement ridicule, dominant Paris, ainsi qu'une gigantesque et noire cheminée d'usine, écrasant de sa masse barbare Notre-Dame, la Sainte-Chapelle, la tour Saint-Jacques, le Louvre, le dôme des Invalides, l'Arc de

Triomphe, tous nos monuments humiliés, toutes nos architectures rapetissées, qui disparaîtront dans ce rêve stupéfiant. Et pendant vingt ans, nous verrons s'allonger sur la ville entière, frémissante encore du génie de tant de siècles, nous verrons s'allonger comme une tache d'encre l'ombre odieuse de l'odieuse colonne de tôle boulonnée.

C'est à vous, monsieur et cher compatriote, à vous qui aimez tant Paris, qui l'avez tant embelli, qui tant de fois l'avez protégé contre les dévastations administratives et le vandalisme des entreprises industrielles, qu'appartient l'honneur de le défendre une fois de plus. Nous nous en remettons à vous du soin de plaider la cause de Paris, sachant que vous y dépenserez toute l'énergie, toute l'éloquence que doit inspirer à un artiste tel que vous l'amour de ce qui est beau, de ce qui est grand, de ce qui est juste. Et si notre cri d'alarme n'est pas entendu, si nos raisons ne sont pas écoutées, si Paris s'obstine dans l'idée de déshonorer Paris, nous aurons, du moins, vous et nous, fait entendre une protestation qui honore. [...] *(616 mots)*

« Les artistes contre la tour Eiffel », © Le Temps, 14. 02. 1887

Annotations :

l. 7	l'indignation, *f.*	sentiment de grande colère
l. 9	empreindre	marquer
l. 11	l'exaltation, *f.*	glorification, action de glorifier qc
l. 11	le chauvinisme	forme exagérée de patriotisme, nationalisme
l. 14	surgir	s'élever, se montrer
l. 15	resplendir	briller
l. 15/16	la floraison auguste de pierre	*all. etwa :* erhabene Steinpracht (Blüte der Steinbaukunst)
l. 19	profaner	traiter sans respect, dégrader
l. 20	baroque + gothique (l. 28)	*ici, all. :* Begriffe, die den Gegensatz zwischen schlechtem und gutem Geschmack illustrieren sollen
l. 20	mercantile	commercial
l. 23	affliger	*all. :* bekümmern, betrüben
l. 28	les gothiques sublimes	*ici, all. :* erhabene gotische Werke (s. auch Z. 20)
l. 28	Jean Goujon etc.	artistes du 16e et 18e siècle
l. 34	rapetisser	rendre plus petit
l. 36	frémissant, e	tremblant, e
l. 37	odieux, se	très désagréable
l. 37/38	une colonne de tôle boulonnée	*all. :* eine zusammengeschraubte Blechsäule
l. 42	s'en remettre	compter sur, se confier à
l. 42	plaider la cause	défendre
l. 46	s'obstiner	insister

Aufgabenstellung

		Punkte
1.	Exposez le problème dont il est question dans le texte. *(compréhension)*	9
2.	Dégagez les raisons que les auteurs donnent pour expliquer leur attitude. *(analyse)*	14
3.	Analysez les procédés de style en expliquant leur fonction. *(analyse)*	19
4.	Commentez l'attitude des artistes en vous référant à l'image que la tour Eiffel suscite aujourd'hui. *(commentaire)*	18

Lösungsvorschläge

1. Dans cette lettre ouverte, publiée dans le journal « Le Temps » le 14/02/1887, il s'agit d'une protestation contre la construction de la tour Eiffel lors de l'Exposition universelle de 1889.
   Plusieurs artistes, parmi eux peintres et sculpteurs, s'adressent à M. Alphand, ingénieur et urbaniste à Paris et lui exposent leur colère en lui expliquant l'effet produit par cette tour érigée au cœur de la capitale. Ils craignent que la tour détruise l'image sans précédent de Paris, qui est la plus belle ville du monde. En construisant cette grande tour, l'image glorieuse de Paris en tant que ville de monuments baroques et gothiques est mise en danger. De plus, les artistes redoutent la moquerie des étrangers face à l'image contradictoire du Paris d'Eiffel.
   C'est pourquoi les auteurs réagissent contre ce plan en parlant seulement des côtés négatifs de la construction de la tour Eiffel. À la fin de cette lettre, ils demandent à M. Alphand de s'occuper de cette affaire et de défendre Paris contre de telles mesures.

2. Les auteurs de cette lettre ouverte sont d'avis que la tour Eiffel ne va pas avec la splendeur du Paris historique et artistique. Pour renforcer leur point de vue, ils s'appuient sur l'opinion générale des Français vivant à Paris. En tant que représentants de l'esthétique et de l'héritage historique de la capitale, ils se portent garants de l'image exceptionnelle dont la ville bénéficie depuis des siècles. La construction de la tour Eiffel mènerait à une sorte de profanation architecturale de la ville et détruirait la conception générale de style baroque et gothique des monuments historiques de Paris.
   Selon les auteurs, ce nouvel édifice serait laid non seulement par son architecture, mais aussi par son matériau, comme le montre la comparaison avec une « colonne de tôle » (l. 37/38). En outre, ils constatent que la tour Eiffel déshonorerait Paris, car même les Américains ne voudraient pas ériger un tel bâtiment (l. 22).
   L'architecture harmonieuse de Paris, grâce à ses monuments historiques si souvent vantés, serait en danger avec la construction de la tour Eiffel. La tour est une construction métallique, très haute, qui dominera tous les autres bâtiments de Paris, et qui déshonorera la ville.
   Au-delà de l'aspect esthétique de la tour Eiffel, il y a un autre danger : les auteurs craignent que les étrangers qui viennent visiter Paris, se moquent du nouvel emblème et ainsi du goût artistique des Français. Comme Paris est la capitale de la France et même du monde (l. 12), il est possible que ce statut soit alors remis en question.

3. ***Hinweis:*** *Bei dieser Aufgabe sollen Sie die Doppeldeutigkeit des Protestschreibens herausarbeiten: auf der einen Seite ist dieses zwar in gehobener Sprache verfasst und deutet auf einen gewissen Bildungsstand der Verfasser hin, zum anderen ist dieser Brief auch stellenweise in einem abfälligen Tonfall geschrieben, der die Funktion hat, die Verfasser zu erhöhen. Dabei sollten Sie insbesondere auch auf die verwendeten Stilmittel achten, die der Untermalung des Protestschreibens dienen.*

Cette lettre a une double fonction : d'une part, les auteurs montrent leur colère contre les partisans du projet de construction, d'autre part ils essaient de convaincre M. Alphand en lui exposant leurs arguments pour arrêter la construction de la tour Eiffel. L'emploi systématique de certains moyens stylistiques sert notamment à souligner cette intention.
Tout d'abord, l'emploi du français soutenu nous montre que les auteurs sont assez cultivés : ils utilisent des mots et des expressions grandioses lorsqu'ils parlent de la ville de Paris et de ses monuments et curiosités, comme par exemple le « Paris des gothiques sublimes » (l. 28). En utilisant des expressions accusatrices et ironiques comme « le déshonneur de Paris » (l. 22/23) et « il suffit d'ailleurs […] » (l. 30), ils se mettent au-dessus des partisans du projet.
Ensuite, les expressions hyperboliques, comme par exemple « Paris est la ville sans rivale dans le monde » (l. 12) et « de tous les coins de l'univers, Paris attire les curiosités et les admirations » (l. 17/18), montrent que les auteurs veulent renforcer leur démonstration.
Pour mettre en valeur leurs propres arguments et pour dégrader en même temps la tour Eiffel et son architecture, les auteurs utilisent les métaphores suivantes : « la tour de Babel » (l. 10) et « une tache d'encre » (l. 37). En outre, les auteurs emploient des notions contraires, telles que « beauté » contre « inutile et monstrueuse » (l. 6, 8/9) ou « le Paris des gothiques sublimes » (l. 28) contre « le Paris de Monsieur Eiffel » (l. 29) et des allitérations, par exemple « l'ombre odieuse de l'odieuse » (l. 37) pour accentuer leur dégoût pour la construction de la tour Eiffel.
Les comparaisons entre la tour Eiffel et une « noire cheminée d'usine » (l. 32) et « une colonne de tôle boulonnée » (l. 37/38) déforment encore l'image de cet édifice d'architecture moderne. La fin de cette lettre est ornée d'appels emphatiques et répétitifs des auteurs pour souligner leurs exigences : « C'est à vous, […], à vous qui […]» (l. 39) et « si notre […], si nos raisons […], si Paris […] » (l. 45/46).

4. ***Hinweis:*** *Bei diesem Kommentar sollen Sie vor allem den Gegensatz der damaligen und der heutigen Bedeutung des Eiffelturms für die Stadt Paris herausarbeiten. Darüber hinaus sollen Sie die konservative Sichtweise der Künstler in Bezug auf den Eiffelturm aufzeigen und am Ende zu einer Schlussfolgerung kommen, z. B., dass die breite Akzeptanz eines modernen Bauwerks oft erst in der Zukunft erwiesen werden kann und nicht bereits bei dessen Planung und Errichtung.*

Lorsqu'on compare l'opinion des artistes vis-à-vis de la tour Eiffel en 1887 à l'opinion de ceux de nos jours, on s'aperçoit que cette image s'est complètement inversée. Quant à la signification de la tour Eiffel dans le monde, on peut constater qu'elle est devenue un véritable emblème en France et dans le monde entier. Entre-temps, la tour Eiffel est devenue le symbole de la France et attire des millions de visiteurs de tous les pays chaque année. Contrairement aux scrupules des artistes parisiens en 1887, la tour Eiffel n'a pas déshonoré la ville. Elle a même contribué à revaloriser l'image traditionnelle de la ville en y ajoutant un coté moderne. De plus, il est évident que les autres monuments historiques de Paris, tels que le Louvre ou Notre-Dame, n'ont pas perdu de leur importance dans la ville.

Le rôle des artistes dans cette lettre est contre-productive : leur opinion négative face à la modernisation de la ville en pleine industrialisation montre qu'ils sont assez conservateurs et ne s'intéressent pas à l'évolution de l'architecture moderne. Cette attitude empêche le développement de nouveaux projets architecturaux.

Pour conclure, il faut ajouter qu'encore aujourd'hui les opinions sont souvent partagées face à la construction d'édifices modernes. Mais, dans tous les cas, l'importance et l'esthétique de l'architecture moderne n'apparaissent que bien plus tard. Quant à Paris, l'aménagement de la ville a permis à l'architecture classique et moderne de se côtoyer, et le résultat est plutôt convaincant. Le siècle dernier a vu de grands projets de modernisation de la ville comme par exemple la Pyramide du Louvre, la Grande Arche qui prolonge la ligne horizontale des Champs-Elysées et le Centre Pompidou, bâtiment symbolique de l'art moderne.

Texte

Localisation du passage :
Le 21 juin 1943, Raymond Samuel, qui a pris comme pseudonyme des noms comme Aubrac, Vallet et Ermelin, a été arrêté par la Gestapo à Caluire, près de Lyon avec Jean Moulin, le chef de la Résistance. Le 23 juin 1943, Lucie Aubrac, sa femme, résistante comme son mari, va voir Klaus Barbie, chef de la Gestapo de Lyon afin d'obtenir des informations sur le lieu d'internement de son mari. Le récit commence au moment où elle entre dans le bureau de Barbie.

« Herein. »

J'entre dans une grande pièce claire. Dans la gueule du loup aussi ! Derrière un bureau, un homme enfile un veston beige clair sur une chemise vert tendre. Cet homme, à peu près de mon âge, l'œil bleu, les cheveux et le teint clair, se lève et me salue sèchement.

« Je voudrais parler au chef des services de la police allemande. » Silence. À une petite table, une jeune Allemande en uniforme gris-bleu (de celles que nous appelons « souris grises ») feuillette un dossier. Au bout d'un moment, une réponse : « C'est moi. » Je suis estomaquée. Comment puis-je imaginer que ce jeune homme assez quelconque, un brin vulgaire, est le maître tout-puissant de la ville de Lyon ? Ce Barbie dont on parle déjà beaucoup. On raconte qu'il dirigeait en France un commerce de soie, que c'est pour cela qu'il parle français et connaît si bien Lyon. Est-il possible que ce petit bonhomme fasse peur à tout le monde ? À son âge, dans la police française, on n'a pas encore atteint le grade d'inspecteur de première classe !

Barbie se lève. Il est plus petit que moi. « Je suis l'Obersturmführer Barbie, vous savez lire, c'est sur la porte. Alors, qu'est-ce que vous voulez ? » Je réponds, timidement, poliment, d'une voix posée, comme sûre de mon bon droit :

« J'ai retrouvé la trace de mon fiancé que je n'ai pas revu depuis lundi. […] On m'a dit […] qu'il était en prison. Alors, je viens vous demander de le relâcher vite, sa santé est fragile.

– Comment s'appelle-t-il ?

– Claude Ermelin. »

Aussitôt, avec un sourire en coin, il tire le tiroir devant lui, en sort un portefeuille qu'il jette sur ce grand bureau recouvert de cuir repoussé. […] Le portefeuille s'ouvre, et s'éparpillent papiers, cartes diverses et une petite photo de moi, en maillot de bain, sur une plage avec un bébé à mes côtés.

Je suis pétrifiée.

« Depuis quand le connaissez-vous ?

– Un mois et demi, monsieur. Nous nous sommes connus sur les bords de la Méditerranée, à son retour de Tunisie. J'ai tout de suite été séduite par son teint bronzé et son passé militaire en Afrique.

– Il ne vient pas de Tunisie, il vient de Saint-Paul, dit-il avec un ricanement.

– Non, monsieur. Il n'était pas à Saint-Paul-de-Vence, mais à Saint-Raphaël. »

Réponse miracle venue spontanément, et première chance pour moi. Je n'ai pas l'air de savoir qu'une prison à Lyon s'appelle Saint-Paul.

« Il ne s'appelle pas Ermelin mais Vallet, et sort de prison, vous pouvez me croire. Il a déjà été arrêté pour gaullisme ; il n'est pas question de le relâcher, c'est un terroriste. »

Quelque chose craque en moi, et je ne peux me retenir de pleurer. Brutalement, j'ai la certitude que je suis enceinte, enceinte depuis le 14 mai. Nous aurons un deuxième enfant. Je pleure, et lui :

« Je n'y peux rien, il vous a trompée, c'est tout !

– Monsieur, c'est terrible, terrible nous devons nous marier prochainement.

– Mademoiselle, je vous ai déjà dit qu'il ne sera pas libéré ; c'est un terroriste, il paiera.

– Monsieur, ce n'est pas possible, il faut que je me marie vite, avant que mes parents ne s'aperçoivent que j'attends un enfant. C'est terrible, il m'a promis le mariage, je ne veux pas être une fille mère. »

Je pleure, et cette fois ce n'est pas de la comédie. La grande fille allemande s'est approchée, il la regarde, moi aussi. Est-elle un peu émue ? Je me tourne vers elle :

« Mademoiselle, dites-lui qu'il faut que je me marie vite. »

Elle hausse les épaules, avec une pointe de pitié. C'est sans doute ce qui m'a sauvée. Ma deuxième chance !

« Allez-vous-en, mademoiselle, nous n'y pouvons rien », et elle me pousse vers la porte.

(662 mots)

Lucie Aubrac : « Ils partiront dans l'ivresse », © Éditions du Seuil, Paris 1984, p. 91–93

Annotations :

l. 9	être estomaqué, e	être stupéfait, e
l. 10	un brin vulgaire	un peu vulgaire
l. 11	[Klaus] Barbie	chef de la Gestapo de Lyon surnommé « le boucher de Lyon » à cause de sa brutalité envers les résistants
l. 14	le grade d'inspecteur de première classe	on atteint ce grade normalement après plusieurs étapes d'une vie professionnelle
l. 17	la voix posée	la voix calme
l. 24	le cuir repoussé	*all. :* strukturiertes Leder
l. 25	s'éparpiller	*all. :* zerstreuen
l. 26	un bébé à mes côtés	Lucie Aubrac avec son fils Jean-Pierre qui est né en mai 1941
l. 27	pétrifié, e	immobilisé, e sous le coup d'une grande émotion
l. 32	il vient de Saint-Paul	nom d'une prison où Raymond Aubrac avait été interné en mars par la police lyonnaise, puis libéré
l. 32	le ricanement	un rire avec un air moqueur, méprisant
l. 33	Saint-Paul-de-Vence et Saint-Raphaël	lieux touristiques très connus sur la Côte d'Azur
l. 37	arrêté pour gaullisme	être arrêté pour être partisan du Général de Gaulle, qui organise un des réseaux de la Résistance à partir de Londres
l. 49	la grande fille allemande	la jeune Allemande (l. 7), la secrétaire de Barbie

Aufgabenstellung

		Punkte
1.	Résumez le texte. *(compréhension)*	10
2.	Analysez le comportement de Barbie vis-à-vis de Lucie Aubrac et les réactions de celle-ci. *(analyse)*	19
3.	Caractérisez Lucie Aubrac. *(analyse)*	13
4.	Après avoir vu le film *Lacombe Lucien,* Lucie Aubrac écrit une lettre à une amie dans laquelle elle compare son comportement et sa motivation en tant que résistante à celui de Lucien. Pour terminer, elle donne son avis sur l'attitude de Lucien. Écrivez cette lettre. *(commentaire/produktiv-gestaltende Aufgabe)*	18

Lösungsvorschläge

1. Ce passage du texte se passe lors de la Seconde Guerre mondiale, en 1943, à Lyon. Lucie Aubrac, femme du résistant Raymond Samuel, qui a été arrêté par la Gestapo, se rend chez Klaus Barbie, chef de la Gestapo de Lyon, pour tenter de faire libérer son mari. En entrant dans le bureau, elle essaie de s'imaginer le physique de Barbie. Elle l'observe alors d'un air minutieux.
Lucie prie Barbie de relâcher son mari au plus vite puisque celui-ci n'est pas en bonne santé. Barbie se met à fouiller dans un tiroir et en sort les papiers du mari de Lucie. Comme il s'y trouve des affaires personnelles, dont une photo de la jeune femme, celle-ci panique un peu. C'est pourquoi elle essaie de sauver la situation. Cependant, Barbie ne se laisse pas dissuader de la culpabilité du mari de Lucie, qui était en possession d'une fausse carte d'identité. Il rejette la demande de relâcher son mari en le qualifiant de terroriste.
Comme Lucie n'a pas de succès jusqu'ici, elle essaie de nouveau de convaincre Barbie en lui parlant de sa grossesse. Elle prétend devoir se marier au plus vite afin de ne pas être fille mère. Mais Barbie ne veut pas changer d'avis. À la fin de cet entretien, la secrétaire demande à Lucie de quitter le bureau.

2. Dès l'entrée de Lucie dans le bureau de Barbie, on peut constater que l'atmosphère dans la pièce est tendue : Barbie salue Lucie d'un ton sec et rude (l. 5). Comme il ne ressemble pas physiquement à une personne autoritaire, car c'est « un petit bonhomme » (l. 9/10), il s'appuie sur l'autorité de sa position en tant que « Obersturmführer » (l. 15).
Quant au comportement de Barbie dans ce dialogue, on remarque que celui-ci ne croit pas ce que Lucie lui raconte de son mari. Ses réponses contiennent des remarques ironiques et méprisantes, telles que « vous savez lire, c'est sur la porte » (l. 15/16), et en plus, il fait des gestes qui soulignent sa position supérieure par rapport à Lucie (l. 15/16). De plus, il répond toujours par des phrases courtes et concises ce qui montre qu'il ne s'intéresse pas vraiment à la demande de Lucie. C'est pourquoi il ne montre aucune compassion pour elle et il rejette froidement sa demande de faire relâcher son mari.
Au début, Lucie a l'air timide et discrète (l. 16/17), mais en même temps, elle a assez d'aplomb pour insister à ce que son mari soit libéré. Lorsque Barbie remarque que Lucie n'a pas dit la vérité sur son mari, celle-ci joue la comédie pour ne pas passer pour une menteuse (l. 33). Comme sa stratégie ne réussit pas, Lucie se sert d'une deuxième méthode pour attirer la pitié de Barbie : elle essaie de profiter d'une réaction émotive pour tromper son adversaire (l. 49). En fait, cette réaction est même naturelle et c'est peut-être sa « deuxième chance » (l. 53) de pouvoir sauver la vie de son mari et aussi la sienne.

3. ***Hinweis:*** *Bei dieser Aufgabenstellung müssen Sie darauf achten, dass Sie möglichst viele unterschiedliche Charakterzüge und Fähigkeiten der Lucie Aubrac herausarbeiten, wie z. B. ihre schauspielerischen Fähigkeiten, ihre Schlagfertigkeit, ihr Geschick, ihre Kaltblütigkeit, diese schwierige Situation zu meistern, und ihre Gabe, im richtigen Augenblick mit ihrem emotionalen Charme zu spielen.*

Dès l'introduction à ce passage, Lucie Aubrac montre qu'elle est très courageuse : d'un côté parce qu'elle est prête à entrer dans « la gueule du loup » (l. 2) de la Gestapo, d'un autre côté parce qu'elle ne risque pas seulement sa propre vie, mais aussi celle de son bébé et des autres résistants (l. 43–49 ff.).
Au cours de l'entretien avec Barbie, elle fait preuve de traits de caractère extraordinaires : tout au long du dialogue, elle montre qu'elle est bonne actrice, c'est-à dire qu'elle peut s'adapter à toutes les situations possibles, par exemple à la suite d'un mensonge (l. 29–31).
Au début de l'entretien avec Barbie, elle joue un personnage timide et réservé pour faire pitié à Barbie (l. 16/17). Comme celui-ci ne la croit pas, Lucie s'adapte tout d'un coup à la situation suivante dans laquelle elle essaie de montrer qu'elle n'est pas du tout informée de la situation de son mari (l. 33). Sa faculté de réagir spontanément et son habileté à se mettre à la place d'autres personnes montrent qu'elle est très inventive et qu'elle a de la répartie.
En outre, elle montre du sang-froid dans les situations dangereuses et elle est capable de faire comme si de rien n'était lorsque Barbie ne la croit pas. Cette force lui donne la possibilité de rester crédible afin de passer inaperçue (l. 33).
Par ailleurs, elle a un autre point fort : juste au bon moment, elle sait jouer sur son émotivité pour attirer l'attention de Barbie (l. 46–48, 49). En fait, dans ce cas-là, elle ne joue même pas la comédie, il s'agit même d'une réaction naturelle : « Je pleure, et cette fois ce n'est pas de la comédie » (l. 49). Comme Lucie a peur que son bébé grandisse sans père, elle tente le tout pour le tout pour atteindre son but, car c'est peut-être sa « deuxième chance » (l. 53).

4. ***Hinweis:*** *Bei dieser Aufgabenstellung sollen Sie eine persönliche Stellungnahme aus der Sicht Lucies in Form eines Briefes verfassen. Dabei geht es zunächst um einen Vergleich ihrer Motivation als Resistancekämpferin und der Motivation der Rolle Luciens als Kollaborateur im gleichnamigen Film „Lacombe Lucien“. Bei der abschließenden moralischen Urteilsbildung zu Luciens Handeln gibt es zwei Möglichkeiten: Sie können aus Lucie Aubracs Sicht Lucien im Brief sowohl mit Verständnis als auch mit Unverständnis begegnen.*

Chère Amélie,

Hier soir au cinéma j'ai regardé le film, dont tu m'avais parlé, « Lacombe Lucien ». Après avoir vu le film, j'étais encore sous le choc. Tous les souvenirs de la guerre me sont revenus et cela m'a fait revivre l'époque de la guerre, plus exactement l'année 1944.

Ce film m'a poussée à réfléchir sur mon propre sort en tant que résistante à l'époque et à comparer ma situation à celle de Lucien en tant que collaborateur. Ce qui m'a frappée, c'est surtout qu'il porte le même nom que moi, mais quant à ses motifs qui l'ont amené à se joindre aux collaborateurs, nous sommes nettement différents. Contrairement à mon choix d'être résistante, chez lui, ce n'était pas une motivation intrinsèque qui l'a poussé à agir sur ordre de la Gestapo. Je pense qu'il était surtout très jeune, naïf, impulsif et qu'il s'est fait manipuler facilement par le milieu de la Gestapo. En outre, en tant que résistante, c'était pour moi surtout une question de responsabilité par rapport à mes proches.
En comparant les motifs de Lucien aux miens, je pense que le choix d'être résistant ou collaborateur dépendait surtout des rapports et des conditions de vie. En plus, il est possible que les jeunes hommes aient cherché l'aventure et la reconnaissance. Quant à moi, c'était aussi une question de vie ou de mort, on n'avait pas toujours le temps de réfléchir. Il fallait agir et décider spontanément et en même temps juger de ce qui était juste.
Selon moi, ce jeune homme est sans aucun doute coupable parce qu'il a tué des hommes sans avoir conscience de sa faute. C'est pourquoi ce film m'a tellement choquée. Je ne comprends pas comment les hommes peuvent agir de façon si matérialiste. Le fait qu'il ait été collaborateur l'a amené à commettre des crimes contre l'humanité. C'est pourquoi je le juge coupable et en même temps responsable des crimes qu'il a commis.
Après avoir donné mon opinion personnelle sur ce sujet assez délicat, je voudrais bien connaître la tienne. Je me réjouis déjà à l'idée de lire ta réponse.

Je t'embrasse.
Ton amie Lucie

Les étudiants n'envisagent plus de partir à l'étranger

[…]

« Sur ma promotion, seule une vingtaine d'étudiants sur trois cents ont envie de partir en Erasmus », raconte Amélie, 20 ans, étudiante en licence de droit à Lyon. « La plupart n'y pensent même pas. Je suis très étonnée, c'est pourtant forcément une expérience formidable. J'en rêve depuis le lycée », raconte cette jeune fille brune très décidée, qui espère partir l'année prochaine dans une université anglaise, « à Leicester ou à Londres ».

Sophie, l'une de ses amies, explique son intention de rester en France par le fait « qu'étudier dans une autre langue a quelque chose d'angoissant ». « J'ai peut-être tendance à me sous-estimer mais, pour l'instant, j'ai réussi chacune de mes années d'études avec des difficultés. J'ai peur de complètement couler, en étudiant à l'étranger », raconte-t-elle. Elle partira « peut-être un jour » mais dans le cadre de son travail, « après avoir réussi mes études », raconte cette jeune femme qui envisage une carrière de notaire. Parmi leurs connaissances, certains n'ont tout simplement aucune envie de quitter leur famille et leurs amis, quelques-uns ont peur de ne pas être suffisamment « encadrés » par les enseignants et les autres craignent de ne pas trouver une ambiance franchement studieuse. Car si l'intérêt « personnel » leur paraît évident – « J'imagine qu'évoluer dans un environnement différent sur un plan culturel et linguistique doit être passionnant », reconnaît Sophie –, tous s'interrogent sur l'utilité d'une année à l'étranger […].

Valider son anneé

Autre point noir, les problèmes de paperasserie et surtout de compatibilité de diplômes. Alors même qu'Erasmus a vocation à créer des passerelles sans perdre une année d'études, Valentine, aujourd'hui en master-I de lettres modernes à Paris, n'a pas réussi à faire reconnaître l'ensemble de son année de licence après avoir passé un an à l'université de Birmingham. Elle a franchement été déçue. « Il faut faire attention. Nous avons parfois l'autorisation de partir alors que les programmes peuvent être très différents et donc incomplets par rapport aux nôtres, après il faut récupérer des cours, repasser des épreuves ou même redoubler », remarque-t-elle. Mais ce qui retient souvent les étudiants, c'est aussi l'aspect financier. « J'irais bien en Italie étudier l'économie à l'université de Pise », explique Jean-François, étudiant en licence à l'université d'Aix-en-Provence, « mais j'ai fait mes calculs et je ne m'en sortirais pas. Ici, je loge chez des amis de mes parents, à titre quasiment gracieux. Même avec un petit boulot à côté, en Italie, j'aurai du mal. Mes parents gagnent trop pour que j'obtienne une bourse sociale, mais pas assez pour m'aider vraiment. »

© Marie-Estelle Pech / Lefigaro.fr / 04.11.2009 *(449 mots)*

Annotations :

titre	envisager	*all. :* in Betracht ziehen
l. 2	la promotion	*all. :* der Jahrgang
l. 3	Erasmus	*all. :* Europäisches Austauschprogramm für Studierende
l. 3	la licence de droit	*all. :* akademischer Grad nach einem dreijährigen Jura-Studium
l. 11	couler	*ici :* rater
l. 16	encadré, e	*all. :* betreut
l. 18	le plan	*all. :* Ebene
l. 21	valider	*all. :* anerkennen lassen
l. 22	la paperasserie	*all. :* Papierkram
l. 23	la vocation	*all. :* Zweck, Auftrag
l. 23	créer des passerelles	*all. :* grenzübergreifende Brücken schlagen
l. 24	en master-I de lettres modernes	en quatrième année des études littéraires et linguistiques de français
l. 28	récupérer	refaire
l. 33	à titre quasiment gracieux	*ici :* sans payer
l. 35	la bourse	*all. :* Stipendium

Aufgabenstellung

Punkte

1. Présentez les étudiants, leurs projets et leurs expériences. *(compréhension)* 10
2. Dégagez les sentiments qu'ils éprouvent vis-à-vis d'un séjour Erasmus. *(analyse)* 14
3. Étudiez l'utilité d'une année à l'étranger selon l'avis des étudiants. *(analyse)* 16
4. Envisager de partir à l'étranger pour faire des études ? Pesez le pour et le contre de cette possibilité et donnez votre avis personnel. *(commentaire)* 20

Lösungsvorschläge

1. ***Hinweis:** Die erste Aufgabe entspricht einer Zusammenfassung, die sich auch gut an der Textgliederung orientieren kann. Was studieren die vier Studenten (Amélie, Sophie, Valentine und Jean-François) mit welchem Ziel und was sind ihre Erfahrungen mit oder Einstellungen zu einem Auslandsstudium?*

   Amélie, qui fait des études de droit, est très étonnée que seulement peu de ses camarades envisagent partir à l'étranger pour y poursuivre leurs études. Pour Amélie, c'est une expérience unique dont elle rêve depuis l'école. Son plan, c'est de partir en Angleterre.
   Sophie, par contre, a un peu peur de partir à l'étranger et veut d'abord finir ses études. Elle voudrait devenir notaire et a déjà des difficultés avec ses études. C'est la raison pour laquelle elle a peur d'échouer en passant un semestre à l'étranger. Mais elle doit quand même avouer que passer un certain temps à l'étranger est intéressant en ce qui concerne le fait de vivre avec des langues et des cultures différentes.
   Valentine, qui est en lettres modernes, est déjà partie à l'étranger, en Angleterre. Mais elle a eu une mauvaise expérience : l'ensemble de son année universitaire à Birmingham n'a pas été entièrement reconnu, car les programmes ailleurs ne correspondent pas tout à fait à ceux des universités françaises. Elle a donc dû refaire quelques cours.
   Jean-François, qui fait les études d'économie, ne peut pas faire ses études ailleurs, faute de moyens financiers. Il aimerait bien aller en Italie, mais ne voit pas de possibilités.

2. ***Hinweis:** Hier müssen Sie ein wenig abstrahieren und zusammenfassend arbeiten. Leiten Sie aus dem Gesagten die Gefühle der Studenten ab und begründen Sie sie kurz.*

   Pour Amélie, qui est pleine d'enthousiasme à la pensée de partir à l'étranger, c'est définitivement la curiosité qui la pousse : c'est la réalisation de son rêve depuis le lycée et elle donne l'impression d'être très sûre d'elle-même et très ambitieuse en ce qui concerne ce projet.
   La curiosité joue aussi un rôle chez Sophie, mais ce n'est qu'un rôle secondaire, car Sophie semble être un peu angoissée et timide et joue donc la prudence. Elle se montre très circonspecte et semble avoir peur de s'embarquer dans quelque chose de nouveau, dans une situation inconnue.
   Valentine est très déçue en ce qui concerne ses expériences avec une année à l'étranger et se sent en fait dupée. Elle se présente comme victime des systèmes universitaires incomptables entre les différents pays.
   François, par contre, s'est résigné et sa déception se porte contre un système dont l'aspect financier est assez dominant.

3. En ce qui concerne l'aspect cognitif et la reconnaissance des résultats académiques, l'utilité d'une année à l'étranger est contestée parmi les étudiants : les programmes universitaires ne correspondent pas entre eux, on perd du temps sur le plan académique, « l'ambiance [...] studieuse » (l. 17) n'est pas garantie et il y a trop de bureaucratie à surmonter. Et tout cela est considéré comme un fort inconvénient parce que les étudiants veulent que l'année à l'étranger les aide aussi à faire avancer leur développement professionnel.
Sur le plan personnel par contre, personne ne conteste l'évolution dont on profite en passant un certain temps à l'étranger. Pour les uns, c'est une « expérience formidable » (Amélie, l. 4/5), les autres sont sûrs d'« évoluer dans un environnement différent » (Sophie, l. 18). Les aspects culturels et linguistiques jouent aussi un rôle important.
Même avec les entraves auxquelles il faut faire face, l'utilité d'une année à l'étranger n'est pas contestée, mais il faut peser le pour et le contre et prendre aussi en considération les charges financières tout comme les autres travers mentionnés.

4. ***Hinweis:*** *Bei dieser Aufgabe haben Sie die Gliederung in der Aufgabenstellung bereits vorgegeben. Nennen Sie Gründe für und gegen einen Auslandsaufenthalt und wägen Sie dann ab und formen Ihr eigenes Urteil. Neben einer kurzen Einleitung und einem kurzen Schlussgedanken sind diese drei Teile obligatorisch zur Lösung der Aufgabe. Natürlich können Sie auch Argumente aus dem Text aufgreifen, Sie müssen Sie aber durch Beispiele unterfüttern und eigene Ideen einbringen. Eine reine Textkopie ist hier unangemessen.*

Depuis l'introduction du programme Erasmus, plus d'un million d'étudiants ont participé à ce programme d'échange académique. Ce succès montre l'acceptation du programme parmi les étudiants aussi bien qu'une tendance à internationaliser sa carrière universitaire.
Les avantages d'une expérience à l'étranger sont assez évidents. On évolue sur le plan personnel, on devient plus indépendant et on apprend à s'imposer dans un environnement inconnu où il y a, particulièrement au début, aussi des barrières linguistiques et culturelles. On gagne plus d'assurance et on forme sa personnalité. Il n'est pas exagéré de dire qu'on fait un pas énorme vers la vie adulte et professionnelle.
Sans parler des progrès linguistiques qu'on fait à l'étranger, on élargit son horizon et devient un candidat recherché sur le marché du travail. La plupart des employeurs engagent des personnes qui peuvent faire preuve d'une expérience à l'étranger, pas forcément pour leurs connaissances cognitives, mais aussi pour leurs compétences personnelles et sociales qu'elles ont acquises. On a donc fait un pas considérable vers son métier souhaité.
Même si quelques étudiants se plaignent de ne pas voir leurs résultats reconnus dans leur université d'origine, une année de « liberté » à l'étranger ne doit pas être sous-estimée. Cela fait aussi du bien de ne pas avoir trop de stress acadé-

mique, de pouvoir se concentrer sur un environnement inconnu, de faire connaissance avec la mentalité du pays d'accueil et de s'immerger dans une culture fascinante et inconnue, même si c'est juste pour un certain temps.
Il serait quand même faux de sous-estimer les aspects négatifs d'un séjour à l'étranger. Le fait de bien profiter d'un tel séjour dépend pour une bonne part des moyens financiers. Même si le programme Erasmus soutient les étudiants aussi bien que possible, la plupart des coûts sont financés par les étudiants. Une année à l'étranger coûte cher et seul ceux qui sont privilégiés sur le plan financier peuvent se payer ce luxe. Les autres doivent travailler à l'étranger et chercher de petits boulots ce qui peut être stressant ou une expérience formidable, mais ceci a certainement des effets sur le progrès académique.
Ce qui retient aussi beaucoup d'étudiants de passer une année à l'étranger, est le fait qu'ils doivent quitter leurs familles et leurs amis. C'est un pas vers l'inconnu, sans ceux qui nous sont chers et il faut faire un effort sur soi-même.
À mon avis, les avantages priment sur les désavantages et c'est une expérience importante de sa vie qu'il ne faut pas rater. Moi, je ne veux pas avoir le sentiment d'avoir laissé échapper cette chance unique et il est plus facile de partir pendant sa carrière universitaire que durant sa vie professionnelle. Il faut donc saisir cette opportunité dès qu'elle se présente.

Brigitte Smadja, « Il faut sauver Saïd »

Introduction : Saïd, 11 ans, habite avec sa famille d'origine algérienne en banlieue parisienne. Dans son journal intime, il parle du début de sa première année scolaire au collège.

Quand j'ai quitté le CM2, j'étais grand, et ma maîtresse, Nadine, me félicitait toujours. Aujourd'hui, je suis au collège Camille-Claudel. Il y a mille deux cents élèves et je suis tout petit, pas grand du tout, le plus petit de la classe, le plus petit tout court.

Depuis le premier jour, je sens une menace, quelque chose qui me guette, d'invisible.

Tous les mois, je vais écrire quelque chose de très important, une rédaction pour moi tout seul, qui ne sera notée par personne, juste pour me souvenir. Je vais m'appliquer, comme Nadine me l'a appris, en cherchant les mots, en composant mes phrases.

À dix ans, j'ai demandé pour mon anniversaire un dictionnaire. Je l'ouvre, je lis, je recopie les mots et leur définition, pas toutes, mais celles qui me plaisent. Je dis parfois les mots à maman, elle les répète, elle sourit, elle ne comprend pas. Elle parle mal le français.

Peut-être qu'à la fin de l'année, je donnerai mon cahier à Nadine et elle saura qu'elle s'est trompée : ça ne sert à rien d'avoir appris à lire, à écrire et à compter, ça ne sert à rien d'être bon élève.

Octobre : le bruit

Dans le hall peint des couleurs vives et sales, les élèves sont agglutinés, une foule hurlante où je ne reconnais presque personne.

Les grands ne se parlent pas entre eux, ils rigolent très fort, ils crient comme si le reste du monde était sourd.

La plupart ne sont pas méchants, mais ils ne savent pas s'exprimer autrement. Certains se lancent des invectives, comme ils le font dans la rue ou en bas des immeubles, et les autres les imitent.

Les petits sixièmes ne marchent pas, ils courent, ils se balancent leur cartable, ils se bagarrent, ils jouent.

À l'école, c'était interdit. Ils le faisaient parfois, et moi aussi, mais Nadine était là, ou Jean-Marie. [...] Ils avaient de l'autorité, et nous, on obéissait.

Au collège, il y a deux adultes dans le hall et devant eux des centaines d'élèves. Alors, les adultes ne peuvent rien faire. Ils essaient quand même, ils s'énervent, un peu, beaucoup et, à la fin, comme ça continue à faire du bruit [...], comme tout le monde se moque de leurs crises de nerfs, le plus souvent, ils n'en font même plus, ils laissent tomber.

Les bandes de grands, je les appelle des meutes. […] Il y en a une, surtout, dirigée par mon grand cousin Tarek. Mon frère Abdelkrim, qui est en quatrième, traîne avec eux. […] Ils te regardent de leurs yeux fixes et tu sais qu'ils sont prêts à frapper si tu croises leur regard. Je fais tout pour les éviter. *(450 mots)*

Brigitte Smadja : « Il faut sauver Saïd »

Annotations :

l. 1	le CM2	dernière classe de l'école primaire
l. 1	la maîtresse	professeur qui travaille à l'école primaire
l. 4	tout court	simplement
l. 5	guetter qn	*all. :* belauern, auflauern
l. 7	la rédaction	*all. : ici :* Aufsatz
l. 9	s'appliquer	faire un effort, travailler sérieusement
l. 19	agglutiner	*all. :* zusammenkleben, -drängen
l. 22	sourd, e	*all. :* schwerhörig, taub
l. 24	des invectives *f.*	paroles violentes, insultes
l. 27	se bagarrer	se battre
l. 33	se moquer de qn	rire de qn, ridiculiser qn
l. 37	traîner	*all. :* sich herumtreiben, herumlungern
l. 37	les yeux fixes *m.*	*all. :* starrer Blick
l. 38	frapper	battre

Aufgabenstellung

		Punkte
1.	Présentez Saïd et le collège Camille-Claudel. *(compréhension)*	14
2.	Comparez la vie scolaire à l'école primaire que Saïd a fréquentée à celle du collège Camille-Claudel. *(analyse)*	10
3.	Expliquez les sentiments de Saïd. *(analyse)*	16
4.	Apres sa première année au collège Camille-Claudel, Saïd envoie son cahier de rédaction à Nadine. Il lui fait part de ses expériences et lui écrit que « ça ne sert à rien d'être bon élève. » Rédigez la réponse de Nadine. *(produktiv-gestaltende Aufgabe)*	20

Lösungsvorschläge

1. Saïd, le protagoniste du récit « Il faut sauver Saïd » de Brigitte Smadja, a onze ans et il est issu de l'immigration. Ses parents viennent d'Algérie et ils habitent en banlieue parisienne. Dans l'extrait, Saïd vient de changer d'école, c'est sa première année au collège Camille-Claudel.
   Il décide de noter toutes ses nouvelles impressions une fois par mois dans un cahier pour avoir des souvenirs plus tard. Dans cet extrait, il parle du début de son année scolaire et comment il s'est senti auprès des autres élèves. À l'école primaire, il était « grand », maintenant qu'il est au collège, il a l'impression d'être très petit. Dès le premier jour au collège, il se sent mal à l'aise.
   Quant au collège Camille-Claudel, il s'agit d'un grand collège de mille deux cents élèves. Dans le hall, les murs sont sales et peints de couleurs vives, les élèves font beaucoup de bruit et ne respectent pas ce que les professeurs leur disent. Contrairement à l'école primaire, les professeurs doivent surveiller beaucoup plus d'élèves en même temps et ils n'ont aucune autorité.
   À part cela, les élèves plus âgés s'organisent en bandes pour montrer leur puissance et leur propension à la violence.

2. Quand Saïd était encore à l'école primaire, il y avait une atmosphère plutôt familiale. Il y avait par exemple une maîtresse qui s'appelait Nadine et qui s'occupait de Saïd en l'encourageant à travailler pour être bon élève.
   En plus, elle l'incitait à faire des efforts en composant bien les phrases dans ses rédactions. Pour garder cette ardeur au travail, Saïd décide d'écrire tous les mois une rédaction « pour [lui] tout seul » (l. 7/8).
   Cela montre que Saïd se sentait bien à l'aise quand il était encore à l'école primaire. Quant au collège, le fait que Said sente « une menace » (l. 5) dès le début montre qu'il a déjà une idée que sa situation a changé.
   On a l'impression qu'au collège, personne ne s'intéresse aux interdictions et aux mesures disciplinaires. Ce sont les professeurs qui « ne peuvent rien faire » (l. 31) et « ils n'en font même plus, ils laissent tomber » (l. 33/34) parce qu'ils ont déjà perdu toutes leurs illusions.
   Par contre, à l'école primaire, il y avait toujours des professeurs qui surveillaient les élèves, qui avaient de « l'autorité » (l. 29) et qui interdisaient tout acte de violence. Or, au collège, il y a même des bandes de jeunes que Saïd essaie d'éviter, car « tu sais qu'ils sont prêts à frapper si tu croises leur regard » (l. 37/38). Cela montre que la propension à la violence est assez grande.

3. Au collège, Saïd éprouve dès le début un sentiment de « menace, quelque chose qui [le] guette, d'invisible » (l. 5/6). Cela montre qu'il se sent mal à l'aise et qu'il a déjà une idée de ce qui l'attend dans son entourage. Il est au courant que son frère Abdelkrim et son grand cousin Tarek font partie d'une bande de jeunes dont tout le monde a peur. C'est pourquoi, lui aussi essaie « tout pour les éviter »

(l. 38). Même les professeurs n'arrivent plus à gérer les élèves, ils ont déjà perdu toutes leurs illusions, car « le plus souvent, ils n'en font même plus, ils laissent tomber » (l. 33/34).
Comme Saïd ne connaît presque personne au début de l'année scolaire, il n'est pas aussi sûr de lui-même comme il l'était auparavant quand il était encore à l'école primaire. C'est pourquoi il se sent « tout petit, pas grand du tout » (l. 3) et il ne sait pas encore si ses futurs camarades de classe l'accepteront. C'est possible qu'il trouve une bonne position au sein de sa nouvelle classe, mais pour le moment, il en doute encore.
Lorsqu'il repense à l'école primaire, il n'a que de bons souvenirs. Là, il y avait sa maîtresse Nadine qui l'a toujours encouragé à être bon élève. Elle lui a donné l'impression qu'on peut atteindre ses buts dans la vie en travaillant dur à l'école. De toute façon, après ses premières impressions au collège, il remet en question si tout cela vaut vraiment la peine « d'avoir appris à lire, à écrire et à compter » (l. 16) parce qu'il sent déjà que dans son entourage, ce sont d'autres qualités qui comptent. Dorénavant, il faut apprendre à s'imposer face aux grands, face à la violence qui domine la vie scolaire. Pour conclure, on peut constater que Saïd est partagé entre deux mondes : le monde de l'école primaire dans lequel tout était connu, familier et positif et le monde du collège qui est tout nouveau, grand et négatif.

4. ***Hinweis:*** *Bei dieser Aufgabenstellung sollen Sie einen persönlichen Antwortbrief aus der Sicht von Saïds Grundschullehrerin Nadine verfassen. Dabei sollten Sie darauf achten, dass Sie mindestens vier detailliert ausgeführte und logisch begründete, auf den Text bezogende Aspekte berücksichtigen, die Sie in den Brief einbringen.*

Cher Saïd,

Je viens de lire ton cahier de rédaction et je suis très émue que tu me l'aies envoyé. Tout d'abord, je suis fière de toi parce que tu t'es bien appliqué à rédiger tes souvenirs. Je suis vraiment désolée que tu aies fait de mauvaises expériences au collège Camille-Claudel mais je vais essayer de te montrer que le monde n'est pas aussi mauvais que tu le penses.
D'abord, il y aura toujours des changements dans ta vie et cela commence dès l'enfance lorsqu'il y a un changement d'école. Quand tu étais encore à l'école primaire, tout était familier et connu pour toi comme tout le monde se connaissait et parce que tout était plus petit. Quand tu as commencé au collège, tout était encore inconnu et plus grand parce qu'il y a un plus grand nombre d'élèves et c'est pourquoi tu as senti une sorte de menace encore invisible. Je veux bien te donner un conseil : lorsqu'il y a quelque chose de nouveau dans la vie, il faut tout d'abord être prêt à accepter ce changement, puis il faut rester ouvert à ce qui va arriver. Si tu restes toujours méfiant, tu ne feras jamais de bonnes expériences dans la vie. Essaie toujours de faire de ton mieux et tu verras que le monde a aussi des côtés positifs ! En plus, il est important que tu continues à travailler à

l'école, car tes résultats décident de ce que tu vas devenir plus tard. Cela vaut toujours la peine de s'appliquer à apprendre, même si c'est possible qu'il y ait des élèves au collège qui ne s'y intéressent pas, il faut que tu continues toujours à atteindre tes buts ! Puis, tu peux toujours compter sur moi, je t'écoute quand tu as un problème ou que tu as besoin d'aide ! Appelle-moi si tu as besoin d'une personne de confiance. Je t'invite maintenant à noter tout ce que tu as appris pendant cette année scolaire et tu verras que tu auras sûrement appris beaucoup de nouvelles choses.

Cordialement,
Nadine

Éric-Emmanuel Schmitt, « Oscar et la dame rose »

Introduction : Oscar est un petit garçon de dix ans qui souffre d'un cancer et va bientôt mourir. À l'hôpital, il fait la connaissance de « Mamie Rose », une vieille dame qui s'occupe chaleureusement de lui. Dans l'extrait, elle emmène Oscar, qui a eu une éducation athée, à la chapelle de l'hôpital où il se trouve devant une statue du Christ crucifié.

– Mamie Rose, soyez sérieuse : vous qui êtes catcheuse, vous qui avez été une grande championne, vous n'allez pas faire confiance à ça ! [...]

– Réfléchis, Oscar. De quoi te sens-tu le plus proche ? D'un Dieu qui n'éprouve rien ou d'un Dieu qui souffre ?

– De celui qui souffre, évidemment. Mais si j'étais lui, si j'étais Dieu, si, comme lui, j'avais les moyens, j'aurais évité de souffrir.

– Personne ne peut éviter de souffrir. Ni Dieu ni toi. Ni tes parents ni moi.

– Bon. D'accord. Mais pourquoi souffrir ?

– Justement. Il y a souffrance et souffrance. Regarde mieux son visage. Observe. Est-ce qu'il a l'air de souffrir ?

– Non, c'est curieux. Il n'a pas l'air d'avoir mal.

– Voilà. Il faut distinguer deux peines, mon petit Oscar, la souffrance physique et la souffrance morale. La souffrance physique, on la subit. La souffrance morale, on la choisit.

– Je ne comprends pas.

– Si on t'enfonce des clous dans les poignets ou les pieds, tu ne peux pas faire autrement que d'avoir mal. Tu subis. En revanche, à l'idée de mourir, tu n'es pas obligé d'avoir mal. Tu ne sais pas ce que c'est. Ça dépend donc de toi.

– Vous en connaissez, vous, des gens qui se réjouissent à l'idée de mourir ?

– Oui, j'en connais. Ma mère était comme ça. Sur son lit de mort, elle souriait de gourmandise, elle était impatiente, elle avait hâte de découvrir ce qui allait se passer. [...] Mais la plupart des gens sont sans curiosité. Ils s'accrochent à ce qu'ils ont, comme le pou dans l'oreille d'un chauve. Prends Plum Pudding, par exemple, ma rivale irlandaise, cent cinquante kilos à jeun et en slip juste avant son Guinness. Elle me disait toujours : « Moi, désolée, je ne mourrai pas, je ne suis pas d'accord, je n'ai pas signé. » Elle se trompait. Personne ne lui avait dit que la vie devait être éternelle, personne ! Elle s'entêtait à le croire, elle se révoltait, elle refusait l'idée de passer, elle devenait enragée, elle a fait une dépression, elle a maigri, elle a arrêté le métier, elle ne pesait plus que trente-cinq kilos, on aurait dit une arête de sole, et elle s'est cassée en morceaux. Tu vois, elle est morte quand même, comme tout le monde, mais l'idée de mourir lui a gâché la vie. [...]

Les gens craignent de mourir parce qu'ils redoutent l'inconnu. Mais justement, qu'est-ce que l'inconnu ? Je te propose, Oscar, de ne pas avoir peur mais d'avoir confiance. Regarde le visage de Dieu sur la croix : il subit la peine physique mais il n'éprouve pas de peine morale car il a confiance. Du coup les clous le font moins souffrir. Il se répète : ça me fait mal mais ça ne peut pas être un mal. Voilà ! C'est ça, le bénéfice de la foi. Je voulais te le montrer.

– O. K., Mamie Rose, quand j'aurai la trouille, je me forcerai à avoir confiance.

Oscar et la dame rose, Éric-Emmanuel Schmitt © Éditions Albin Michel 2002 *(511 mots)*

Annotations :

l. 1	une catcheuse	Mamie Rose a raconté à Oscar qu'elle avait été catcheuse dans sa jeunesse, c'est-à-dire qu'elle avait pratiqué le sport de catch.
l. 13	subir qc	supporter qc
l. 16	un clou	le corps du Christ est fixé a la croix avec des clous
l. 16	le poignet	partie du corps entre la main et le bras
l. 21	avoir hâte de	être impatient
l. 22	s'accrocher à qc	se tenir avec force à qc
l. 23	le pou	*all. :* der Floh
l. 24	à jeun	sans avoir rien mangé
l. 24	Guinness	une bière irlandaise
l. 25/26	je n'ai pas signé	*ici :* verstärkende Wiederholung des vorangegangenen « je ne suis pas d'accord »
l. 27	s'entêter à faire qc	*all. :* sich auf etwas versteifen
l. 28	le métier	*ici :* le catch
l. 29	une arête de sole	*all. :* Gräte einer Seezunge
l. 31	gâcher (qc à qn)	faire en sorte que l'on ne peut plus profiter de qc
l. 38	la trouille	*fam. :* la peur

Aufgabenstellung

Punkte

1. Présentez le sujet du texte et la situation des personnages. *(compréhension)* — 8
2. Analysez les buts que Mamie Rose poursuit pendant la rencontre et les moyens qu'elle utilise pour y arriver. *(analyse)* — 18
3. Étudiez les réactions de l'enfant pendant l'entretien avec Mamie Rose. *(analyse)* — 16
4. Après avoir parlé avec Mamie Rose, Oscar écrit une lettre à Dieu. Il s'y réfère aux différentes formes de la souffrance et exprime ses angoisses, ses espoirs et ses doutes. Écrivez cette lettre. *(produktiv-gestaltende Aufgabe)* — 18

Lösungsvorschläge

1. ***Hinweis:*** *Konzentrieren Sie sich in der Bearbeitung auf das zentrale Thema des Textes: Mamie Rose macht Oscar Mut und gibt ihm Hilfestellungen. Stellen Sie zudem die Hintergründe der beiden Protagonisten heraus.*

Dans l'extrait tiré du roman « Oscar et la dame rose » écrit par Éric-Emmanuel Schmitt, il s'agit d'un dialogue dans la chapelle de l'hôpital entre Oscar, un petit garçon, malade et sans espoir de guérison, et Mamie Rose.
Oscar, dix ans, souffre du cancer. Il n'a pas reçu d'éducation chrétienne, mais il va quand même à la chapelle de l'hôpital avec Mamie Rose qui s'occupe de lui et qui lui a dit qu'elle était catcheuse. Devant la statue du Christ crucifié, ils parlent de la douleur et de la souffrance de Dieu et d'Oscar. À l'aide de la statue, Mamie Rose lui explique la différence entre la souffrance physique et la souffrance morale et souligne que la signification de cette dernière dépend d'Oscar lui-même. Selon elle, il ne faut pas avoir peur mais il faut garder confiance. Pour mieux éclairer son opinion à Oscar et pour le persuader, elle lui raconte deux exemples tirés de sa famille et de sa vie professionnelle.

2. ***Hinweis:*** *Achten Sie darauf, dass Sie den Text aus der Perspektive von Mamie Rose unter den beiden genannten Gesichtspunkten analysieren: Arbeiten Sie sowohl das Ziel als auch die Mittel heraus, derer sie sich im Verlauf des Gesprächs bedient.*

Selon l'introduction à l'extrait, Oscar a eu « une éducation athée », c'est-à-dire qu'il n'a pas été en contact avec la foi ou avec Dieu. Peut-être qu'il n'est jamais allé dans une église. Mamie Rose l'accompagne dans la chapelle et lui montre la statue du Christ crucifié. Elle lui montre que dans cette situation-là, Dieu devrait souffrir, au moins aux yeux des hommes. Mais elle lui fait remarquer également que le visage de Christ « n'a pas l'air d'avoir mal » (l. 11). Ainsi elle met l'humanité du Christ en avant et donne à Oscar la possibilité de s'identifier à lui.
Mais pour Oscar, ce n'est pas facile de comprendre pourquoi un homme cloué à une croix ne souffre pas, « c'est curieux » (l. 11). Par conséquent, Mamie Rose met l'accent sur le fait qu'il « faut distinguer deux peines [...], la souffrance physique et la souffrance morale » (l. 12/13) : selon elle, le corps du Christ est faible, il est blessé, il va mourir. Sa souffrance physique est évidente. Mais son visage montre le contraire : il faut supporter la souffrance physique, par contre la souffrance morale on peut la choisir (l. 13). Cela dépend de ce qu'on fait de la situation dans laquelle on se trouve. On « n'es[t] pas obligé d'avoir mal » (l. 17/18). Bien entendu, ceci est aussi difficile à comprendre, alors Mamie Rose essaie d'éclairer ses idées en présentant deux exemples de sa famille, donc très personnels, et de sa carrière de catcheuse.
Dans le premier exemple, elle parle de la situation de sa mère qui « souriait, [...] était impatiente » sur « son lit de mort » (l. 20/21). Elle était curieuse de ce qui allait se passer après la mort. En mentionnant cet exemple, elle souligne que « la

plupart des gens sont sans curiosité » (l. 22), ils pensent toujours au présent, à ce qu'ils ont, mais ils ne pensent pas à l'avenir, à la mort. En fait, la mort est inévitable. La vie et la mort vont de pair dans la foi chrétienne.
Plum Pudding, une de ses rivales quand elle était catcheuse, se révoltait contre l'idée de la mort. Elle pensait toujours que la vie ne finirait jamais pour elle. Alors, elle « a fait une dépression, elle a maigri, elle a arrêté son métier, [...] elle s'est cassée en morceaux » (l. 28–30). Selon Mamie Rose, elle était déjà morte de son vivant. Elle a abandonné sa vie, elle s'est perdue dans la dépression.
Ainsi, le but de Mamie Rose est de montrer à Oscar les conséquences du reniement de la mort et de la souffrance. Pour les éviter, elle lui donne le conseil « de ne pas avoir peur mais d'avoir confiance » (l. 33/34). Elle se réfère encore une fois au visage de Dieu, représenté par la statue du Christ sur la croix. Oscar doit toujours se répéter : « ça me fait mal mais ça ne peut pas être un mal » (l. 36).

3. ***Hinweis:*** *In dieser Aufgabe ist der Fokus auf die Einstellungen und Reaktionen von Oscar gerichtet, die die Ausführungen von Mamie Rose erst in die in der 2. Teilaufgabe dargestellte Richtung lenken. Versuchen Sie, Wiederholungen zu vermeiden, damit der Text nicht redundant wird.*

   Oscar se trouve à côté de Mamie Rose devant la statue du Christ. À la question de Mamie : « De quoi te sens-tu le plus proche ? » (l. 3), il répond qu'il pense à un Dieu qui souffre parce qu'il est cloué sur la croix. Oscar pense peut-être aux douleurs du Christ qui va bientôt mourir. Mais il remarque aussi qu'il ne comprend pas pourquoi il faut souffrir (l. 8). Selon lui et son interprétation théologique, Dieu aurait pu éviter la souffrance parce qu'il en avait les moyens (l. 6). Mais il ne l'a pas fait. Il est évident qu'Oscar doute que Dieu soit tout puissant. Mais il est également surpris du fait que le visage de Christ « n'a pas l'air d'avoir mal » (l. 11). Cela ne correspond pas à son idée de la mort et de la souffrance qu'il doit supporter lui aussi avec son cancer. Il ne comprend pas non plus la différence entre la souffrance physique et la souffrance morale parce qu'il ne peut pas imaginer des gens qui « se réjouissent à l'idée de mourir » (l. 19). Mais il est curieux, il veut savoir si ces gens existent ; il s'intéresse aux explications de Mamie Rose. Il veut que Mamie Rose résolve la contradiction qu'il voit dans un corps qui doit souffrir et un visage qui montre le contraire. Mamie Rose lui présente des exemples qu'un enfant peut comprendre. Elle lui donne la possibilité de réfléchir et Oscar le fait vraiment. Après le monologue de Mamie Rose, Oscar a sans doute encore des difficultés mais il se forcera à avoir confiance (l. 38) quand il aura peur.

4. ***Hinweis:*** *Schreiben Sie diesen Brief aus der Perspektive Oscars und achten Sie darauf, diesen in Anlehnung an die Textvorlage zu entwickeln. Beziehen Sie sich immer wieder auf den Text, entfalten Sie aber auch insbesondere die Ängste und Hoffnungen eines zehnjährigen Jungen, der weiß, dass er bald sterben wird.*

Cher Bon Dieu,

Hier j'ai parlé avec Mamie Rose. Est-ce que tu la connais ? Elle est très gentille. Elle m'a accompagné à la chapelle de l'hôpital. Là, j'ai vu la statue du Christ en croix. Pourquoi as-tu toléré que ton fils souffre ainsi ? Il devait souffrir, il devait avoir des douleurs. Je le sais parce que j'ai aussi des douleurs. Je souffre et j'ai peur. Mais j'ai aussi vu le visage du Christ. Mamie Rose me l'a montré. Pourquoi n'a-t-il pas l'air d'avoir mal ? Je ne le comprends pas. Mamie Rose m'a expliqué qu'il y a deux sortes de souffrance : l'une physique et l'autre morale. Elle m'a dit qu'il faut supporter l'une et choisir ou non l'autre. Mamie a aussi parlé de deux personnes qu'elle connaissait bien. Moi, je pense que sa mère a choisi le vrai chemin, elle a vraiment vécu jusqu'à la fin. Je ne sais pas si j'aurai le courage et la force d'avoir confiance. Je l'ai promis à Mamie Rose, quand même j'ai des doutes. Mes parents pleurent souvent quand ils me rendent visite et les autres enfants à l'hôpital pleurent aussi. Pourrais-tu m'aider à avoir confiance ? J'ai peur ! Aide-moi à ne pas souffrir longtemps et à supporter les souffrances physiques ! Est-ce que le Christ est auprès de toi ? Qu'est-ce que je ferai après la mort ?
J'espère que Mamie Rose restera chez moi, elle m'a donné de l'espoir. J'essaie d'avoir confiance en toi. J'espère que je pourrai supporter les souffrances. J'espère que je vivrai encore.

Oscar

Thuram sans concession

Introduction : Dans une interview, l'ex-champion du monde de football Lilian Thuram parle des difficultés qu'il a rencontrées en France en tant que Noir, de son livre « Mes étoiles noires, De Lucy à Barack Obama » et de sa vision d'une France multiculturelle, multicolore et multicultuelle.

LE NOUVEL OBSERVATEUR – Le racisme, l'avez-vous subi vous-même ?

L. THURAM. – J'ai vécu les cris de singe dans les stades. De tels comportements existent parce que des scientifiques ont autrefois théorisé le Noir comme chaînon manquant avec le singe. Ce sont des représentations négatives qui sont restées dans l'inconscient collectif. Si le racisme est si facile à réveiller, c'est parce qu'il est le produit d'une histoire qui n'a malheureusement pas encore été déconstruite. La décolonisation n'a que 50 ans. […]
À travers ces grands personnages, qui m'ont permis d'être celui que je suis et d'avoir confiance en moi, je souhaitais donc surtout montrer que l'histoire des Noirs ne se résume pas à l'esclavage. Car la première fois qu'un jeune entend parler des Noirs à l'école, c'est toujours par ce biais. Ça a été mon cas.

N. O. – Quel souvenir en avez-vous ?

L. THURAM. – J'étais le seul Noir dans ma classe, on m'appelait « la Noiraude » à l'époque, à cause du dessin animé qui représentait une vache noire qui ne disait que des bêtises et une vache blanche qui avait évidemment toujours raison. Ce jour-là, je me suis senti marqué au fer. Imaginez un jeune Blanc qui, durant sa scolarité, n'aurait jamais entendu parler de scientifique blanc, ni de souverain, ni de penseur ou d'artiste de sa couleur. Jusqu'à ce qu'on lui dise que ses ancêtres étaient des esclaves. Sa construction intellectuelle et identitaire devient dès lors très complexe. Et s'il ne rencontre plus d'autres personnages auxquels s'identifier et subit des contrôles au faciès, imaginez encore combien cela peut être destructeur ! Le danger, c'est d'intérioriser la dévalorisation. On veut à tout prix se blanchir la peau, quitte à avoir le cancer, les femmes portent des perruques pour avoir les cheveux lisses…

N. O. – Quelles sont les « étoiles noires » qui vous ont permis de ne pas tomber dans la victimisation ?

L. THURAM. – Ma maman est la première de toutes, bien sûr ! […] Après elle, j'aime citer Malcom X. […] Mais il y en a tellement…

N. O. – C'est cela que vous évoquez dans les classes pour parler du racisme ?

L. THURAM. – Oui, et malheureusement les enfants disent encore qu'il y a plusieurs races, les Noirs, les Blancs, les Jaunes, les Rouges, que les Noirs sont forts physiquement, chantent bien… Il est aberrant qu'ils ne sachent toujours pas qu'il n'y a qu'une seule espèce d'homme, l'*Homo sapiens* ! Le travail d'éducation n'a pas été fait. […] Aucun enfant ne se dit noir ou blanc. Il se dit éventuellement rose, beige ou marron. C'est bien qu'on « devient » noir ou blanc. Il faut sortir de cette prison de couleur, décoloniser nos esprits. C'est en changeant nos imaginaires qu'on y arrivera. Le jour où l'on écrira les noms d'intellectuels, de savants de toutes couleurs sur les tableaux des écoles, on avancera. *(489 mots)*

Marie Lemonnier : Thuram sans concession. © Le Nouvel Observateur (14/01/2010)

Annotations :

introd.	Lucy	Thuram commence son livre, dans lequel il fait le portrait de grands personnages noirs, avec Lucy, une femme ayant vécu en Afrique il y a 3,3 millions d'années.
introd.	multicultuel, le	ce qui se réfère aux différents cultes religieux
titre	la concession	*ici :* le compromis
l. 1	subir qc	supporter qc
l. 3/4	le chaînon manquant	le petit élément qui manque entre deux autres ; une forme intermédiaire entre deux espèces (*ici :* le singe et l'homo sapiens)
l. 7	la décolonisation	le processus par lequel un pays ou une région redevient indépendant
l. 11	le biais	l'aspect, le côté
l. 13	la Noiraude	qui est très foncée de peau
l. 16	être marqué au fer	*ici :* être stigmatisé, e
l. 21	le contrôle au faciès	le contrôle d'identité fait à cause de l'aspect, de la couleur de peau d'une personne
l. 22	intérioriser	*all. :* sich zu eigen machen
l. 23	quitte à avoir le cancer	au risque d'avoir un cancer
l. 28	Malcom X	un Afro-américain qui luttait pour l'égalité des Noirs aux États-Unis
l. 29	les classes	*all. : ici :* Schulklassen, die Thuram aufsucht
l. 32	aberrant, e	absurde, insensé, contraire à la raison

Aufgabenstellung

		Punkte
1.	Résumez le texte. *(compréhension)*	12
2.	Analysez les étapes de la vie de Lilian Thuram depuis son enfance et ce qui a influencé le développement de sa personnalité. *(analyse)*	12
3.	Dégagez les aspects qui, selon Thuram, défavorisent les Noirs en France. *(analyse)*	16
4.	Dans les lignes 34 à 35, Thuram exprime l'idée qu'aucun enfant ne se dit noir ou blanc, mais le « devient ». Commentez cette citation tout en proposant des mesures pour améliorer l'éducation scolaire. *(commentaire)*	20

Lösungsvorschläge

1. ***Hinweis:** In dem Resümee wird von Ihnen erwartet, dass Sie die wesentlichen Aussagen von Lilian Thuram im Rahmen des Interviews mit eigenen Worten möglichst knapp zusammenfassen. Bei der Textvorlage bietet es sich an, die Informationen chronologisch zu entnehmen.*

   Dans le texte « Thuram sans concession » écrit par Marie Lemonnier et publié dans le Nouvel Observateur en 2010, il s'agit d'une interview entre une journaliste et Lilian Thuram, un ancien footballeur, au sujet du racisme en France.
   Lilian Thuram est ex-champion de football et il est noir. Il a écrit un livre dans lequel il présente les problèmes du racisme et de la xénophobie en France, problèmes qu'il a rencontrés lui-même. Non seulement à l'école mais aussi dans les stades de football, on l'avait discriminé en l'appelant « la Noiraude » ou en lançant des cris de singe. Il essaie également d'expliquer ce comportement : de cette situation sont responsables soit les théories des scientifiques selon lesquelles les Noirs sont le chaînon manquant entre l'homme et les singes, soit certains dessins animés ou les programmes scolaires dans lesquels on ne parlent que de personnalités blanches. Selon lui, ce racisme est dangereux pour les jeunes qui se sentent dévalorisés et qui ont des difficultés à trouver leur identité. Comme il l'écrit dans son livre, il y a des étoiles noires qui l'aident à garder son amour-propre et le respect de lui-même : parmi eux par exemple sa mère et Malcom X, un des grands adversaires américains du racisme.
   Maintenant, il travaille avec les jeunes dans les écoles parce qu'il croit que le travail d'éducation a un rôle important pour aboutir à une victoire sur le racisme.

2. ***Hinweis:** Bei der Aufgabenstellung besteht die Gefahr, dass Sie das wiederholen, was bereits in der vorherigen Teilaufgabe genannt wurde. Nehmen Sie diese Aspekte zum Anlass, den Text detaillierter zu betrachten und weiterführende Schlussfolgerungen daraus zu ziehen. Konzentrieren Sie sich auf die Perspektive Thurams.*

   Suivant la chronologie du texte, c'était dans les stades pendant sa carrière de footballeur et dans l'équipe nationale de football en France (voir l'introduction) qu'il a été confronté au racisme. Les masses ont imité les cris de singe. Selon lui, ce n'est pas un phénomène isolé mais qui est perceptible, visible et audible partout. Dans son enfance, il était « le seul Noir dans [sa] classe » (l. 13) et on l'a discriminé en prononçant des expressions racistes. Il s'est senti « marqué au fer » (l. 16).
   La deuxième étape qui a influencé le développement de sa personnalité, c'est le fait qu'il s'est choisi des personnes noires célèbres, parmi lesquelles il y a d'abord sa mère, puis Malcom X et d'autres. Il les appelle les « étoiles noires » (l. 25). D'après la journaliste, ils lui « ont permis de ne pas tomber dans la victimisation » (l. 25/26), c'est-à-dire qu'ils l'ont aidé à accepter sa couleur de peau et

même à se développer une identité propre bien qu'il n'ait reçu aucune aide de la société.
Enfin, il veut que la société profite de ce développement personnel. Il va dans les écoles, rencontre des jeunes pour parler avec eux du racisme, de la xénophobie, de leurs causes et de leurs conséquences, vues par un Noir qui les a subies et qui peut parler de situations angoissantes. Ainsi, les jeunes peuvent se faire une idée et ont la possibilité de se libérer des préjugés et surtout de l'idée qu'il y ait des races différentes.

3. ***Hinweis:*** *In dieser Aufgabe geht es nicht mehr um die Aktivitäten Thurams und seine Entwicklung, sondern um die sozialen, wissenschaftlichen und politischen Aspekte, die zu einer Benachteiligung und letztlich zur Diskriminierung der Schwarzen in der Bevölkerung führen.*

Selon Thuram, les Noirs sont souvent désavantagés et discriminés dans la société française. Le rôle de la science est ici un des plus importants. Il y a « des scientifiques [qui] ont autrefois théorisé le Noir comme chaînon manquant avec le singe » (l. 3). Il souligne le mot « autrefois », mais il remarque en même temps que, une fois dit, ces explications « sont restées dans l'inconscient collectif » (l. 4/5). Il relie ce point à un aspect politique et historique : d'après lui, ce racisme est un « produit [de l'] histoire » (l. 6) de la colonisation. On n'a pas assez éclairé les hommes sur cette époque-là. Au contraire, quant à l'histoire des Noirs, on parle toujours d'abord des esclaves, des colonies, de la dépendance. Thuram met en relief que c'était son expérience (l. 10/11) mais il généralise aussi (l. 10) pour renforcer l'appel à résoudre ce problème.
Dans sa classe, il était « le seul Noir » (l. 13). Ici, Thuram veut démontrer que les Noirs sont en minorité à l'école. Par conséquent, il est facile pour les autres enfants de s'allier pour exciter les passions contre celui qui est isolé.
En plus, ils n'entendent pas parler à l'école des personnages noirs célébres : on parle surtout des scientifiques, des souverains, des penseurs et des artistes, tous blancs (l. 17/18). Ironiquement, Thuram ajoute que la « construction intellectuelle et identitaire [des Noirs] devient dès lors très complexe » (l. 19/20), cela leur attribue une infériorité intellectuelle.
C'est aussi destructeur que les « contrôles au faciès » (l. 21) auxquels les Noirs doivent souvent se soumettre.
Ce sont tous ces aspects contre lesquels il faut lutter. Thuram est un de ces lutteurs.

4. ***Hinweis:*** *Diese Aufgabe sollen Sie zweigeteilt bearbeiten. Zunächst wird von Ihnen eine Kommentierung der angegebenen Passage erwartet. Danach sollen Sie unter Bezugnahme der Informationen im Text mögliche Maßnahmen nennen, die die schulische Bildung verbessern können; diese können sowohl unterrichtsinhaltlich, schulorganisatorisch als auch politisch sein. Möglich ist auch eine persönliche Stellungnahme.*

En soulignant que l'enfant en général ne dit pas noir ou blanc, mais « rose, beige ou marron » (l. 34/35) Thuram attire notre attention déjà sur le fait que les couleurs noir et blanc ne représentent pas du tout les couleurs réelles des visages humains. Pendant sa socialisation, c'est-à-dire à l'école, dans sa famille, à son lieu de domicile et dans son cercle d'amis, l'enfant apprend une connotation négative de l'expression « Noir ». On ne parle pas des préjugés. On n'entreprend rien contre ce développement. Mais à l'école, tous les jeunes de toutes les couches sociales et de toutes les couleurs de peau se rencontrent, alors c'est le lieu où on peut commencer à installer des mesures d'amélioration de l'éducation mais aussi de la relation et de la compréhension entre tous les êtres humains.
Pour y réussir, il faut d'abord que cela soit clair que tous les hommes sont égaux et que les mots clés de la Révolution « liberté, égalité et fraternité » soient réels pour tous. Il faut qu'on aborde les clichés et les préjugés pour pouvoir les éviter. Comme le critique Thuram, on doit aussi modifier les programmes scolaires : il n'y a pas exclusivement des personnalités blanches, mais aussi des personnes noires célèbres qui ont influencé l'histoire humaine et qui ont transporté des valeurs (par exemple Malcom X ou Martin Luther King). Peut-être qu'on peut organiser des rencontres à l'école où des gens de différentes couleurs discutent et exposent leurs idées, où les parents des jeunes seraient aussi invités pour lancer également une discussion en famille.

Nordrhein-Westfalen: Französisch (f) Leistungskurs 2012
Aufgabe 1

Molière, « Dom Juan ou Le festin de Pierre »

Introduction : Dom Juan et son valet Sganarelle se sont déguisés tous les deux, le premier pour séduire des femmes sans être reconnu, le deuxième pour se faire passer pour un médecin.

ACTE III, SCÈNE PREMIÈRE

DOM JUAN, *en habit de campagne,*
SGANARELLE, *en médecin.*

SGANARELLE : Ma foi, Monsieur, avouez que j'ai eu raison, et que nous voilà l'un et l'autre déguisés à merveille. Votre premier dessein n'était point du tout à propos, et ceci nous cache bien mieux que tout ce que vous vouliez faire.

DOM JUAN : Il est vrai que te voilà bien, et je ne sais où tu as été déterrer cet attirail ridicule.

SGANARELLE : Oui ? C'est l'habit d'un vieux médecin, qui a été laissé en gage au lieu où je l'ai pris, et il m'en a coûté de l'argent pour l'avoir. Mais savez-vous, Monsieur, que cet habit me met déjà en considération, que je suis salué des gens que je rencontre, et que l'on me vient consulter ainsi qu'un habile homme ?

DOM JUAN : Comment donc ?

SGANARELLE : Cinq ou six paysans et paysannes, en me voyant passer, me sont venus demander mon avis sur différentes maladies.

DOM JUAN : Tu leur as répondu que tu n'y entendais rien ?

SGANARELLE : Moi ? Point du tout. J'ai voulu soutenir l'honneur de mon habit : j'ai raisonné sur le mal, et leur ai fait des ordonnances à chacun.

DOM JUAN : Et quels remèdes encore leur as-tu ordonnés ?

SGANARELLE : Ma foi ! Monsieur, j'en ai pris par où j'en ai pu attraper ; j'ai fait mes ordonnances à l'aventure, et ce serait une chose plaisante si les malades guérissaient, et qu'on m'en vînt remercier.

DOM JUAN : Et pourquoi non ? Par quelle raison n'aurais-tu pas les mêmes privilèges qu'ont tous les autres médecins ? Ils n'ont pas plus de part que toi aux guérisons des malades, et tout leur art est pure grimace. Ils ne font rien que recevoir la gloire des heureux succès, et tu peux profiter comme eux du bonheur du malade, et voir attribuer à tes remèdes tout ce qui peut venir des faveurs du hasard et des forces de la nature.

SGANARELLE : Comment, Monsieur, vous êtes aussi impie en médecine ?

DOM JUAN : C'est une des grandes erreurs qui soit parmi les hommes.

SGANARELLE : Quoi ? vous ne croyez pas au séné, ni à la casse, ni au vin émétique ?

DOM JUAN : Et pourquoi veux-tu que j'y croie ?

SGANARELLE : Vous avez l'âme bien mécréante. Cependant vous voyez, depuis un temps, que le vin émétique fait bruire ses fuseaux. Ses miracles ont converti les plus incrédules esprits, et il n'y a pas trois semaines que j'en ai vu, moi qui vous parle, un effet merveilleux.

DOM JUAN : Et quel ?

SGANARELLE : Il y avait un homme qui, depuis six jours, était à l'agonie ; on ne savait plus que lui ordonner, et tous les remèdes ne faisaient rien ; on s'avisa à la fin de lui donner de l'émétique.

DOM JUAN : Il réchappa, n'est-ce pas ?

SGANARELLE : Non, il mourut.

DOM JUAN : L'effet est admirable.

SGANARELLE : Comment ? il y avait six jours entiers qu'il ne pouvait mourir, et cela le fit mourir tout d'un coup. Voulez-vous rien de plus efficace ?

DOM JUAN : Tu as raison.

SGANARELLE : Mais laissons là la médecine, où vous ne croyez point, et parlons des autres choses, car cet habit me donne de l'esprit, et je me sens en humeur de disputer contre vous : vous savez bien que vous me permettez les disputes, et que vous ne me défendez que les remontrances.

DOM JUAN : Eh bien ?

SGANARELLE : Je veux savoir un peu vos pensées à fond. Est-il possible que vous ne croyiez point du tout au Ciel ?

DOM JUAN : Laissons cela.

SGANARELLE : C'est à dire que non. Et à l'Enfer ?

DOM JUAN : Eh !

SGANARELLE : Tout de même. Et au diable, s'il vous plaît ?

DOM JUAN : Oui, oui.

SGANARELLE : Aussi peu. Ne croyez-vous point l'autre vie ?

DOM JUAN : Ah ! ah ! ah !

SGANARELLE : Voilà un homme que j'aurai bien de la peine à convertir. Et dites-moi un peu, encore faut-il croire quelque chose : qu'est-ce que vous croyez ?

DOM JUAN : Ce que je crois ?

SGANARELLE : Oui.

DOM JUAN : Je crois que deux et deux sont quatre, Sganarelle, et que quatre et quatre sont huit.

(665 mots)

Molière :Dom Juan ou Le festin de Pierre (1665). Œuvres complètes, II. Éditions Gallimard 1971, Acte III, scène I, S. 55 –57 (Die Textvorlage berücksichtigt aus Gründen der Leserfreundlichkeit nur die von Molière ab der zweiten Aufführung verwendete Variante.)

Annotations :

l. 4	déterrer	découvrir
l. 4	l'attirail *m.*	un costume ridicule
l. 6	laisser en gage	objet de valeur remis à qn pour garantir le paiement d'une dette
l. 9	habile	savant
l. 26	impie	qui marque le mépris de la religion
l. 28	le séné	*all. :* Sennapflanze (Heilmittel zur Reinigung des Körpers auf Basis der Sennapflanze)
l. 28	la casse	des purgatifs végétaux

l. 28	le vin émétique	*all. :* Mittel zum Erbrechen
l. 30	l'âme mécréante	*ici :* un incroyant
l. 31	bruire ses fuseaux	faire un bruit violent
l. 32	incrédule	qui ne croit pas
l. 36	s'aviser	prendre la décision
l. 47	la remontrance	le reproche, le sermon

Aufgabenstellung

Punkte

1. Résumez cet extrait. *(compréhension)* 13
2. Analysez le comportement de Sganarelle et les réactions de Dom Juan. *(analyse)* 17
3. Dégagez les procédés du comique dans cette scène. *(analyse)* 16
4. Comparez Sganarelle aux médecins du *Malade imaginaire* de Molière. *(commentaire)* 14

Lösungsvorschläge

1. L'extrait donné est tiré de « Dom Juan ou Le festin de Pierre » (acte III, scène 1), une comédie de Molière. Dom Juan, en habit de campagne, et son valet Sganarelle, déguisé en médecin, discutent médecine et religion.
   Sganarelle est fier de son déguisement parce qu'il attire l'attention des paysans qui pensent qu'il est un vrai médecin. Il aime bien son nouveau rôle et n'hésite pas à juger les maux de ceux qui cherchent son conseil, ni à donner des ordonnances. Il s'ensuit un échange d'idées avec Dom Juan sur la qualité des médecins et les effets des remèdes. Alors que Dom Juan se moque des médecins, Sganarelle cherche à défendre la médecine en racontant une anecdote qui soutient encore plus la position de Dom Juan. Malgré cela, Sganarelle, à qui son habit de médecin donne l'envie de discuter, ne se laisse pas décourager et aborde un autre sujet, la religion. Il interroge son maître sur sa foi et apprend que celui-ci ne croit qu'en ce qu'on peut calculer.

2. Le comportement de Sganarelle correspond à l'habit qu'il porte. Il affiche une grande assurance qui se montre dès le début de la conversation lorsqu'il se vante de son idée concernant le déguisement (l. 1–3). Et Dom Juan, son maître, maintenant en habit de campagne, est celui qui doit avouer que l'idée de son valet avait été bonne (l. 4/5).
   L'assurance de Sganarelle repose sur l'effet surprenant de son habit : Des paysans pensant qu'il est un vrai médecin lui adressent la parole pour lui demander son avis sur leurs maux. Et Sganarelle, qui se réjouit de cette attention, fait semblant de connaître le sujet et donne des conseils et des ordonnances (l. 7–15). Son maître qui trouve que tous les médecins sont des charlatans parce que les guérisons ne sont pas dues à leur art mais au hasard et à la nature (l. 20–25) et que la médecine est « une des grandes erreurs [...] parmi les hommes » (l. 27), est fasciné par l'histoire de son valet. Il se sent ainsi encore plus conforté dans son opinion négative à l'égard des médecins.
   Sganarelle reproche à Dom Juan ses soupçons à l'égard des médecins et le traite d'impie (l. 26) et de mécréant (l. 30). Pour défendre la médecine, le valet raconte une anecdote qui est arrivée quelques semaines auparavant à une connaissance. Mais l'effet de son histoire tourne en parodie parce que le remède prôné a seulement aidé à ce que le malade ne souffre plus en provoquant son décès plus rapidement (l. 32–42).
   Bien que Sganarelle ne réussisse pas à convaincre son maître, il ne se tait pas. Il avoue que son habit le met « en humeur de disputer » (l. 45/46) et change de sujet. Il veut savoir si Dom Juan croit au Ciel, à l'Enfer ou au Diable. Son maître montre ouvertement que lui, il n'a pas envie de discuter, et il ne répond qu'avec des phrases courtes (l. 51), des injections indignées (l. 52, 57) et de l'ironie (« Oui, oui », l. 55). Lorsque Sganarelle lui demande presque un peu désespéré qu'il faut croire quelque chose, il lui répond qu'il ne croit qu'à la mathématique.

3. Les deux personnages de la scène sont déguisés. Dans les comédies, c'est un moyen de provoquer des malentendus (quiproquos) et des situations comiques, un moyen qui a sa place typiquement dans les farces. Sganarelle – le valet qui se fait passer pour un médecin – profite pleinement de son déguisement. Les paysans lui apportent beaucoup de respect et n'ont pas non plus de soupçons lorsqu'il commence à raisonner sur leurs maux et qu'il prescrit des ordonnances. On a l'impression que ce ne sont pas seulement les autres qui le prennent pour un médecin mais qu'il finit presque lui-même par y croire en défendant ses « collègues ». La naïveté des gens et le fait que l'art des médecins ne peut pas être très sophistiqué vu qu'un simple valet réussit à l'imiter amuse non seulement Dom Juan mais aussi le public.

En plus, on peut constater un comportement changé des personnes déguisées : Sganarelle, le valet, gagne avec son habit de l'assurance et commence à trouver plaisir aux débats. Dans la scène donnée, c'est lui qui domine la conversation, d'abord en se vantant de son idée et en racontant de ce qu'il a vécu, ensuite en interrogeant Dom Juan sur sa foi. Pour le public, en particulier pour le public de l'époque de Molière, il est absolument surprenant qu'une conversation entre un valet et son maître se passe de cette manière. Le déguisement mène donc aussi à un comportement inattendu des personnes qui est en contradiction avec les personnages qu'ils représentent. Que ce comportement ne provoque pas le mécontentement du public est dû au fait que le changement des rôles n'est pas parfait. Certes, Sganarelle a des traits d'un médecin mais son discours reste naïf ce qui montre l'anecdote sur le remède « merveilleux » et ses essais presque désespérés d'apprendre quelque chose sur la foi de son maître.

Surtout cette deuxième partie de l'extrait est caractérisé par un grand dynamisme de répliques. Aux questions de Sganarelle suivent de brèves réponses de la part de Dom Juan. Cette accélération captive le public et souligne les effets comiques.

La figure de style qui domine la scène par sa position centrale est l'ironie. Elle se trouve dans les questions de Dom Juan en réponse au récit de son valet sur ses expériences comme faux médecin (« Et pourquoi non ? Par quelle raison n'aurais-tu pas les mêmes privilèges qu'ont tous les autres médecins ? », l. 20/21) qui sont suivies de propos pleins de sarcasme et dans les ripostes pendant l'histoire du remède miraculeux (« L'effet est admirable », l. 40 ; « Tu as raison », (l. 43). Les questions surprises de Sganarelle (« Comment, Monsieur, vous êtes aussi impie en médecine ? », l. 26 ; « Quoi ? Vous ne croyez pas au séné, ni à la chasse, ni au vin émétique ? », l. 28 ; « Vous avez l'âme bien mécréante », l. 30) peuvent aussi être considérées comme de l'ironie si l'on présume que Sganarelle raconte l'histoire du remède miraculeux en pleine conscience de sa chute comique. Si on attribue par contre une certaine naïveté au valet qui cherche vite à changer de sujet après l'anecdote (« Mais laissons là la médecine », l. 44) ce qu'on peut interpréter comme la reconnaissance d'une défaite, Sganarelle lui-même est sujet à la moquerie du public.

L'anecdote du remède vit du comique de la situation. On s'attend à ce que le remède dont on vante « l'effet merveilleux » (l. 33) et les « miracles » (l. 31) qu'il fait guérisse le malade, mais pas qu'il provoque une mort plus rapide, même si

ainsi le remède aide le malade à souffrir moins longtemps. La chute est encore plus surprenante parce que Sganarelle dit que les miracles du remède « ont converti les plus incrédules esprits » (l. 31/32). Le comique de l'histoire est aussi souligné d'un petit passage de répliques brefs et rapides (l. 38–40).
Le comique de la scène est donc un mélange du comique des personnages, de la situation et des dialogues.

4. Dans la pièce « Le Malade imaginaire » de Molière, il y a deux médecins, M. Diafoirus et M. Purgon. Tous les deux se considèrent comme de vrais médecins. Tout au contraire de Sganarelle qui n'est pas médecin de profession mais le valet de Dom Juan. Mais dans les yeux de Molière, il n'y a pas de différence entre les vrais et les faux médecins. Les uns et les autres sont des charlatans qui trompent les gens en faisant semblant de pouvoir guérir des malades. Mais en fait, ils sont complètement incompétents et les réussites sont dues au hasard et à la nature. Qu'il ne soit pas nécessaire d'être intelligent pour être médecin montre le cas de Thomas Diafoirus qui a toujours eu des difficultés à l'école et a tout de même réussi à avoir ses licences de sorte qu'il peut passer l'examen de doctorat.
Sganarelle croit aux effets du séné, de la casse et surtout du vin émétique, un remède en fait simple qui n'a pas de vertus exceptionnelles. Mais les vrais médecins ne sont pas meilleurs que le médecin déguisé à qui on pourrait pardonner son manque de compréhension. M. Diafoirus par exemple croit en la magie des nombres et méprise les nouvelles découvertes de son époque sur le corps humain.
Tout de même les médecins jouissent de beaucoup d'autorité. Argan, par exemple, le malade imaginaire, tient beaucoup à son médecin M. Purgon. Comme il veut que sa fille Angélique fasse un beau parti, il décide de la marier à Thomas Diafoirus bien que celui-ci manque d'esprit et ait une attitude ridicule. Pour Argan, sa profession (médecin) et celle de sa famille (son père et son oncle sont des médecins) sont donc plus importantes que son personnage. La conviction de la supériorité de la médecine et des savants aboutit à ce qu'il suffise que quelqu'un porte un habit de médecin pour être vénéré (voir Sganarelle). Cette position sociale exclusive séduit les médecins – et Sganarelle – afin d'abuser de leur autorité.
Même si le comportement des vrais et faux médecins et les effets de leurs thérapies se ressemblent beaucoup, il y a quand même une différence entre Sganarelle et les médecins dans « La Malade imaginaire ». Le déguisement de Sganarelle a pour but de se moquer des gens naïfs et surtout de critiquer les vrais médecins dont l'art est, selon Dom Juan, « une des grandes erreurs qui soit parmi les hommes » (l. 26).

Nordrhein-Westfalen: Französisch (f) Leistungskurs 2012
Aufgabe 2

Interview de Michel Henry (correspondant du journal Libération à Marseille) avec Alèssi Dell'Umbria, auteur d'un livre sur l'histoire marseillaise. Dans l'interview, les deux hommes parlent de l'évolution de la région Provence depuis les années 60.

« La Provence, ce n'est plus qu'un produit, une étiquette »

[…]

La région PACA a-t-elle une identité ?

Mais de quelle région parle-t-on ? Récemment, on a eu droit à une polémique sur le nom. Moi, j'aime bien PACA. Ça fait logo, et ça dit bien la réalité des choses. La Provence, il y a longtemps que ce n'est plus qu'un produit, une étiquette. Et pour vendre un produit, il faut un logo.

A-t-elle une unité ?

Les régions obéissent à un découpage administratif qui ne correspond guère à la réalité des circulations humaines. Celles-ci s'organisent autour des villes, et que voit-on ? Les trois principales villes, Toulon, Nice et Marseille, s'ignorent, se tournent résolument le dos. La Provence est un pays disloqué, désarticulé, inféodé. S'il y a une unité, elle existe en termes de marketing : la Provence solaire et balnéaire. Dans les années 60, le territoire européen a été découpé en zones de compétences. Pour la Provence, cela consistait à devenir le bronze cul de l'Europe.

Et au niveau culturel ?

La culture d'un pays est toujours liée à sa langue. De toutes les régions de l'espace occitan, c'est celle qui a le plus perdu sa langue. Le provençal n'existe plus que dans les marges, de façon presque clandestine. La culture ? C'est, d'une part, une stratégie d'*entertainment*, la Provence des festivals. Et d'autre part, des villes qui ne vivent qu'en commercialisant les reliquats de leur passé : voyez Arles ou Avignon. Pour le reste, la culture d'en bas, des indigènes, est en voie de disparition accélérée, et dans les zones rurales encore plus. La région ne vit plus qu'en représentation. […] Ici, le pays a disparu. Il ne reste plus qu'un environnement.

Donnez-nous un exemple.

Un ouvrier des carrières de Fontvieille *[Bouches-du-Rhone, …]* me racontait récemment – en provençal ! – comment, en quelques décennies, tous les liens communautaires autour des pratiques de chasse ou de cueillette ont disparu, simplement à cause du fait que l'espace s'est retrouvé clôturé. Les gens des villes qui achètent clôturent : rien ne doit troubler leur quiétude estivale. Ils s'enferment dans leur Provence solaire. Le rapport à l'espace s'en trouve complètement bouleversé. Un berger du Var m'a dit avoir rencontré les mêmes problèmes, à cause des clôtures qui ferment les passages habituels des troupeaux, les drailles.

[…]

Récemment, Jean-Claude Gaudin, maire UMP de Marseille, a créé la polémique en déclarant, après un match de foot Algérie-Égypte : *« Nous nous réjouissons que les musulmans soient heureux du match, sauf que, quand après ils déferlent à 15 000 ou à 20 000 sur la Canebière, il n'y a que le drapeau algérien et il n'y a pas le drapeau français, cela ne nous plaît pas. »*

Mais c'est au contraire assez plaisant de voir Marseille assumer un tel statut d'extraterritorialité ! Il y a là quelque chose d'intéressant, une faille dans l'édifice verrouillé de l'Hexagone. Certains de ces jeunes sont algériens, c'est normal de voir des immigrés s'enflammer pour l'équipe du pays d'origine, non ? Mais beaucoup sont nés à Marseille. Pour eux, l'Algérie n'est pas un pays réel, mais une sorte de référence utopique. Parce qu'ils ne se sentent pas français.

Est-ce pour autant une forme de communautarisme ? Non, parce qu'au quotidien un Arabe marseillais est plus proche d'un Marseillais d'origine italienne, provençale ou corse, que de quelqu'un qui vient de débarquer d'Algérie. Beaucoup de ces jeunes disent : on n'est pas français, on n'est pas algériens, on est marseillais. Moi-même, je ne me sens pas français. Je me sens marseillais. C'est la seule appartenance qui a un sens pour moi. Au quotidien, je parle français (à la marseillaise), occitan et italien. Avec quelques mots d'arabe.

[…] *(656 mots)*

Annotations :

l. 2	Paca	l'acronyme de la région Provence-Alpes-Côte d'Azur
l. 9	des circulations humaines	*all. :* die Mobilität der Menschen in diesem geographischen Raum
l. 11	disloqué, e	dérangé, e, séparé, e
l. 11	désarticulé, e	qui a perdu son unité
l. 11	inféodé, e	*ici :* être dépendant, e
l. 17/18	dans les marges	*ici :* dans les zones rurales
l. 20	le reliquat	*all. :* Überbleibsel
l. 21	l'indigène *m.*	un natif
l. 25	la carrière	*all. :* Steinbruch
l. 26/27	communautaire	*adj.* de communauté
l. 28	clôturé, e	*all. :* eingezäunt
l. 29	la quiétude estivale	le calme, la tranquillité en été
l. 30	le Var	un département dans la région de Provence
l. 32	la draille	*all. :* Trampelpfad
l. 34	UMP	un parti politique français de droite (L'Union pour un mouvement populaire)
l. 36	déferler	*all. :* strömen
l. 37	la Canebière	la grande et longue avenue au centre de Marseille
l. 39/40	le statut d'extraterritorialité	*all. :* Rechtsstatus, für den nicht das lokale Recht, sondern ein Recht außerhalb des Landes gilt
l. 40	la faille	*all. :* Bruch, Spalte, Schwachstelle
l. 45	le communautarisme	*all. :* Parallelgesellschaft

Aufgabenstellung Punkte

1. Exposez brièvement les sujets mentionnés dans l'interview. *(compréhension)* 14
2. Analysez l'image qu'Alèssi Dell'Umbria dresse de la Provence et de ses habitants. *(analyse)* 14
3. Dégagez les moyens rhétoriques dont l'interviewé se sert pour exposer ses idées. *(analyse)* 15
4. « La Provence, il y a longtemps que ce n'est plus qu'un produit, une étiquette. » (l. 3/4)
   Écrivez une lettre à Dell'Umbria dans laquelle vous exprimez votre accord et désaccord vis-à-vis de son jugement. Tenez compte de vos connaissances de la Provence comme région à facettes multiples. *(produktiv-gestaltende Aufgabe)* 17

Lösungsvorschläge

1. Cet extrait est une interview entre un journaliste et Alèssi Dell'Umbria, un auteur qui a écrit sur l'histoire marseillaise. Cet entretien traitant du sujet « La Provence, ce n'est plus qu'un produit, une étiquette » indique déjà qu'on a une discussion critique sur l'identité, l'unité et la culture de la région PACA.
   Les deux hommes parlent de la Provence en tant que produit et se demandent si l'identité de la région existe seulement en termes de marketing, c'est-à-dire comme région touristique qui attire pour son soleil et ses plages.
   Ensuite, ils parlent de la relation forte entre la culture et la langue. Comme aujourd'hui l'occitan, la langue de la région, n'est plus parlé que de très peu de personnes cela a aussi mené à une perte culturelle de l'identité provençale. La culture de la région vit du marketing et de la commercialisation et c'est pourquoi l'héritage culturel ne montre qu'un côté représentatif, le côté « la Provence des festivals ». En outre, les indigènes de la région critiquent la clôture de leurs territoires ce qui menace la chasse et la cueillette.
   À la fin, les deux hommes discutent du sujet de l'immigration dans les grandes villes en Provence, particulièrement à Marseille. En tenant compte du sujet de l'identité de la région, Dell'Umbria parle de la relation des immigrés avec leur pays d'origine, la France, la ville de Marseille et leur identité culturelle.

2. Dans cette interview, Dell'Umbria se plaint du changement de l'image traditionnelle de la Provence. Pour lui, le terme de Provence ne reflète plus la situation actuelle de la région. C'est plutôt le terme « PACA » qui s'applique, car la région n'est plus qu'« un produit, une étiquette » (l. 5).
   D'après Dell'Umbria, il n'y a plus vraiment une Provence unie et donc pas d'identité commune non plus. Ce sont les intérêts administratifs et économiques qui prévalent et divisent la Provence. Cela se voit en regardant la relation entre les trois grandes villes de Provence qui ne s'intéressent pas les unes aux autres, mais « se tournent résolument le dos » (l. 10/11). La Provence est donc devenue « un pays disloqué, désarticulé, inféodé » (l. 11).
   La représentation marketing de « la Provence solaire et balnéaire » (l. 12) est la seule image qui unit toute la région. Mais la commercialisation de la région détruit toute l'identité provençale. Des espaces naturels doivent céder à l'intérêt des touristes et estivants pour que rien ne dérange leur « quiétude estivale » (l. 29). La stratégie d'« entertainment » (l. 19) et la « Provence des festivals » (l. 19) sert à satisfaire ceux qui aiment l'image stéréotype de la région. En plus, la langue occitane est sur le point de disparaître. Le bouleversement dans les structures de la Provence mène à la perte de tout un patrimoine culturel ayant marqué la région pendant longtemps.
   À part cela, Dell'Umbria donne encore une toute autre image de l'identité régionale : c'est celle des immigrés qui habitent Marseille. Ce sont surtout de jeunes Algériens qui sont pour la plupart nés à Marseille et qui ne se sentent ni Français, ni Algériens, mais Marseillais. Pour Dell'Umbria, c'est un exemple assez impor-

tant, parce que lui aussi a fait cette expérience. Il se sent Marseillais (l. 49) et « parle français (à la marseillaise), occitan et italien » (l. 50).

3. Dans l'interview, Dell'Umbria utilise plusieurs moyens rhétoriques pour souligner ses thèses. Tout d'abord, il se sert de questions telles que « Mais de quelle région parle-t-on ? » (l. 3) pour renforcer le déclin de la culture et de l'identité provençale. En plus, il pose une question réfléchie lorsqu'il parle de la perte de la langue occitane en tant qu'héritage culturel. C'est la question sur « La culture ? » (l. 18) à laquelle il donne déjà la réponse auparavant.
Pour montrer la réduction de la culture, de l'identité et de la langue à un minimum, Dell'Umbria se sert des accumulations comme par exemple dans la phrase « la Provence est un pays disloqué, désarticulé, inféodé » (l. 11). L'apogée de son argumentation se trouve dans la métaphore « le bronze cul de l'Europe » (l. 14) ce qui montre nettement que la Provence se réduit aux termes de soleil et de plage. Par ailleurs, l'auteur se sert aussi des deux termes « solaire et balnéaire » (l. 12) en tant que rime interne qui laisse supposer une intention ironique. En plus, l'auteur emploie aussi des anglicismes. Le terme « une stratégie d'*entertainment* » (l. 18 /19) fait allusion à une certaine clientèle touristique passant ses vacances à la mer Méditerranée.
Dans l'interview, on trouve aussi des contrastes pour souligner le fait que la région perd de plus en plus son identité culturelle en s'adaptant de plus en plus aux prédilections des touristes. C'est le terme d'« entertainment » (l. 19) et « en provençal ! » (l. 26) qui sont opposés et qui montrent l'incompatibilité des deux côtés. Pour renforcer cet aspect de marketing, Dell'Umbria utilise des parallélismes, tels que « La région ne vit plus qu'en représentation. […] Il ne reste plus qu'un environnement » (l. 22/23).
Au plus tard maintenant, le lecteur se rend compte que la Provence a perdu tout ce qui était jusqu'ici typique, identitaire.

4. ***Hinweis:*** *Bei dieser Aufgabe sollen Sie einen Brief an Dell'Umbria schreiben, in dem Sie zu seinen Argumenten zum Verfall der kulturellen Identität der Provence Stellung nehmen. Dabei sollte Ihr Brief sowohl zustimmende als auch ablehnende Argumente beinhalten. Am Ende gilt es, eine persönliche Stellungnahme zu verfassen, in der Sie Ihrer Argumentation eine Gewichtung geben.*

Monsieur,

Je viens de lire votre interview traitant le sujet « La Provence, ce n'est plus qu'un produit, une étiquette » et je vous écris dans l'intention de vous montrer que la Provence n'a pas perdu toute son identité culturelle.
Tout d'abord, je suis d'accord avec la description de la région PACA en tant que région touristique. Il est évident qu'on s'adapte aux prédilections des touristes pour qu'ils soient contents et pour qu'ils y retournent l'année suivante. Mais d'un autre côté, le tourisme est important pour le développement économique de la région. Cela crée de nouveaux emplois dans le secteur tertiaire.

Quant à la perte de l'identité culturelle, je suis partiellement d'accord avec vous. Par contre, ce qui me gêne, c'est la représentation absolue du dépérissement de la culture provençale. La Provence ne porte pas seulement cette image de soleil et de plage, mais il y a aussi l'image de la diversité des paysages, des peintres, des petits villages dans la montagne, des réserves naturelles, de la cuisine provençale et des monuments historiques. En fait, cela est seulement un petit extrait d'un éventail énorme de particularités culturelles qu'offre une région connue dans le monde entier.
Or, votre argument sur la clôture des passages habituels des troupeaux m'a fait prendre conscience que les indigènes doivent souvent vivre avec des restrictions et qu'il faut réagir pour ne pas détruire le secteur primaire de la région.
Quant à la perte de la langue occitane, cela est un phénomène plutôt universel qu'on retrouve aussi dans d'autres régions de France. Sur ce point, je ne suis pas d'accord avec vous, car c'est un problème de société. Si l'on veut contribuer au maintien de l'identité linguistique de la région, il faut avoir des lois qui règlent par exemple l'enseignement de l'occitan dans les écoles.
Quant à moi, je voulais justement vous montrer que votre représentation de la région ne correspond pas tout à fait à la réalité. Le tourisme de masse n'a pas contribué à la perte totale des valeurs et de l'identité de la région. Il a aussi mené à un certain degré de notoriété de la région dans le monde entier.

Avec mes meilleures salutations,
NN.

Nordrhein-Westfalen: Französisch (n) Grundkurs 2013
Aufgabe 1

Éric-Emmanuel Schmitt : « Monsieur Ibrahim et les fleurs du Coran »

Introduction : Moïse, appelé Momo, a 11 ans et vit seul avec son père parce que sa mère les a quittés. Momo doit faire le ménage et la cuisine et il se sent un peu seul car son père ne s'occupe pas de lui. Alors il se lie d'amitié avec Monsieur Ibrahim, un musulman qui tient l'épicerie dans sa rue.

– Pourquoi est-ce que tu ne souris jamais, Momo ? me demanda monsieur Ibrahim.

Ça, c'était un vrai coup de poing, cette question, un coup de vache, je n'étais pas préparé.

– Sourire, c'est un truc de gens riches, monsieur Ibrahim. J'ai pas les moyens.

Justement, pour m'emmerder, il se mit à sourire.

– Parce que tu crois que, moi, je suis riche ? […]

– M'sieur Ibrahim, quand je dis que c'est un truc de gens riches, le sourire, je veux dire que c'est un truc pour les gens heureux.

– Eh bien, c'est là que tu te trompes. C'est sourire, qui rend heureux. […]

Le lendemain, je me comporte vraiment comme un malade qu'aurait été piqué pendant la nuit : je souris à tout le monde.

– Non, madame, j' m'excuse, je n'ai pas compris mon exercice de maths.

Vlan : sourire !

– J'ai pas pu le faire !

– Eh bien, Moïse, je vais te le réexpliquer.

Du jamais-vu. Pas d'engueulade, pas d'avertissement. Rien.

À la cantine…

– J'pourrais en avoir encore un peu, d'la crème de marron ?

Vlan : sourire !

– Oui, avec du fromage blanc…

Et je l'obtiens.

À la gym, je reconnais que j'ai oublié mes chaussures de tennis.

Vlan : sourire !

– Mais elles étaient en train de sécher, m'sieur…

Le prof, il rit et me tapote l'épaule.

C'est l'ivresse. Plus rien ne me résiste. Monsieur Ibrahim m'a donné l'arme absolue. Je mitraille le monde entier avec mon sourire. On ne me traite plus comme un cafard. […]

Le soir, lorsque mon père rentre, je l'aide à retirer son manteau comme d'habitude et je me glisse devant lui, dans la lumière, pour être sûr qu'il me voit.

– Le repas est prêt.

Vlan : sourire !

Il me regarde avec étonnement.

Je continue à sourire. C'est fatigant, en fin de journée, mais je tiens le coup.

– Toi, tu as fait une connerie.

Là, le sourire disparaît.

Mais je ne désespère pas.

Au dessert, je ressaie.

Vlan : sourire !

Il me dévisage avec malaise.

– Approche-toi, me dit-il.

Je sens que mon sourire est en train de gagner. Hop, une nouvelle victime. Je m'approche.

Peut-être veut-il m'embrasser ? […]

Je suis près de mon père, contre son épaule. Ses cils battent dans ses yeux. Moi je souris à me déchirer la bouche.

– Il va falloir te mettre un appareil. Je n'avais jamais remarqué que tu avais les dents en avant.

C'est ce soir-là que je pris l'habitude d'aller voir monsieur Ibrahim la nuit, une fois que mon père était couché. *(439 mots)*

Éric-Emmanuel Schmitt, « Monsieur Ibrahim et les fleurs du Coran »

Annotations :

l. 2	le coup de poing	*all. :* Fausthieb
l. 2	le coup de vache *(fam.)*	*all. :* Hundsgemeinheit
l. 5	emmerder *(fam.)*	énerver
l. 10	piquer qn	*ici : all. :* jdm. eine Spritze geben
l. 13	vlan ! *(fam.)*	*all. :* peng!
l. 16	l'engueulade *f. (fam.)*	*all. :* Anpfiff
l. 16	l'avertissement *m.*	*ici :* une petite punition
l. 25	tapoter l'épaule de qn	*all. :* jdm. auf die Schulter klopfen
l. 26	l'ivresse *f.*	un état d'euphorie
l. 27	mitrailler	*all. :* durchlöchern
l. 28	le cafard	*all. :* Kakerlake
l. 35	la connerie *(fam.)*	la bêtise
l. 40	dévisager qn	regarder qn avec attention
l. 40	avec malaise	avec inquiétude
l. 47	l'appareil *m.*	*ici : all. :* Zahnspange

Aufgabenstellung

		Punkte
1.	Présentez le sujet du texte et les trois personnages principaux. *(compréhension)*	10
2.	Dégagez les situations dans lesquelles Momo suit le conseil de Monsieur Ibrahim et les effets qui en résultent. *(analyse)*	15
3.	Précisez ce que signifie le sourire pour Monsieur Ibrahim et pour Momo en tenant compte de ses expériences. *(analyse)*	16

4. Le soir même, Momo retourne chez Monsieur Ibrahim et lui raconte la réaction de son père.
Rédigez un dialogue entre les deux amis. Dans ce dialogue, Momo résume ses expériences et exprime ses sentiments et ses soucis. Monsieur Ibrahim l'encourage à ne pas se résigner. *(produktiv-gestaltende Aufgabe)* 19

Lösungsvorschläge

1. ***Hinweis:*** *Beschreiben Sie, wie in der Aufgabenstellung gefordert, die drei Hauptpersonen (Momo, seinen Vater und Monsieur Ibrahim) und gehen Sie auf das zentrale Thema des Textes ein (Monsieur Ibrahims Ratschlag und Momos Versuch, diesen umzusetzen).*

   Dans l'extrait du roman « Monsieur Ibrahim et les fleurs du coran », écrit par Éric-Emmanuel Schmitt et publié en 2003, il s'agit de l'amitié entre Momo, un garçon de onze ans, et Monsieur Ibrahim, un commerçant musulman.
   Momo vit seul avec son père depuis que sa mère les a quittés. Il doit faire le ménage et préparer les repas pour son père, qui, à part ça, ne s'intéresse pas à son fils. Momo se sent malheureux et très seul. Dans cette situation, Monsieur Ibrahim, qui a une épicerie dans la rue de Momo, s'occupe de lui en le réconfortant et en lui donnant des conseils. Il explique à Momo que sourire rend heureux et Momo, suivant son conseil, découvre que son sourire change le comportement de tous les gens autour de lui, à l'exception de son père.

2. ***Hinweis:*** *Hier sollen Sie die Situationen untersuchen, in denen Momo Monsieur Ibrahims Ratschlag umsetzt, und auch auf die Reaktionen seiner Umgebung eingehen. Greifen Sie dabei nicht der dritten Aufgabe vor (das heißt, analysieren Sie hier noch nicht die Bedeutung des Lächelns für Monsieur Ibrahim bzw. Momo). Belegen Sie Ihre Untersuchungen mit Zitaten oder Textverweisen.*

   Le lendemain de la conversation avec Monsieur Ibrahim, Momo suit son conseil et sourit « à tout le monde », comme « un malade qu'aurait été piqué pendant la nuit » (l. 10/11). Quand il commence à sourire, les réactions de son entourage sont étonnantes pour lui.
   Quand Momo sourit à son professeur de mathématiques en lui disant qu'il n'a pas compris le devoir, celui-ci ne fait que dire gentiment qu'il va lui réexpliquer l'exercice, « pas d'engueulade, pas d'avertissement » (l. 16), comme d'habitude. À la cantine, le sourire lui apporte une portion supplémentaire de dessert (voir ll. 17–21) et à la gym, le professeur ne le gronde pas d'avoir oublié ses chaussures de tennis : « Vlan : sourire ! […] Le prof, il rit et me tapote l'épaule. » (ll. 22–25).

Le seul à rester impassible en voyant le visage radieux de Momo, c'est son père. Quand il rentre le soir, Momo l'attend déjà et lui sourit comme il l'a fait toute la journée avec les autres personnes. Mais le père réagit d'une façon tout à fait différente en le regardant « avec étonnement » (l. 33) et en le soupçonnant d'avoir fait une bêtise (voir l. 35). Après le repas, Momo essaye encore une fois de sourire à son père. D'abord, celui-ci semble être impressionné et le garçon espère même que son père va l'embrasser (voir l. 44), mais en réalité il ne veut qu'examiner les dents de Momo : « Il va falloir te mettre un appareil. Je n'avais jamais remarqué que tu avais les dents en avant » (l. 47/48).
Le conseil de Monsieur Ibrahim a donc fait ses preuves partout, à l'exception de la personne qui, pour Momo, aurait été la plus importante : son père.

3. Pour Momo, le sourire a toujours été « un truc » de gens riches, c'est-à-dire, de gens heureux (voir ll. 4–8). Comme il n'appartient pas à ce groupe, il ne sourit jamais : « J'ai pas les moyens » (l. 4). Monsieur Ibrahim, par contre, est d'avis qu'il ne faut pas être heureux pour sourire, mais qu'il faut sourire *pour* être heureux : « C'est sourire, qui rend heureux » (l. 9). Il sourit à Momo comme pour souligner sa thèse (voir l. 5). Pour Momo, c'est un point de vue tout à fait nouveau. En suivant le conseil de Monsieur Ibrahim, il découvre que ce tout petit geste peut effectivement tout changer, que le sourire est « l'arme absolue » (l. 26/27). Cette conclusion le met dans un état euphorique. Finalement, il ne se sent plus comme « un cafard » (l. 28) parce que son sourire « mitraille le monde entier » (l. 27). Cependant, Momo doit se rendre compte que cette méthode infaillible n'a pas d'effet sur son père. C'est justement son propre père qui ne se laisse pas émouvoir par le sourire rayonnant de son fils (voir ll. 45–48).

4. ***Hinweis:** Bei einer kreativen Schreibaufgabe wie dieser können Sie Ihre Fantasie spielen lassen. Halten Sie sich dabei aber an die Vorgaben in der Aufgabenstellung: Arbeiten Sie in den Dialog ein, wie Momo Monsieur Ibrahim von seinen Erfahrungen mit dem Lächeln erzählt und wie er sich nun fühlt. Berücksichtigen Sie auch, dass in dieser Unterhaltung Monsieur Ibrahim Momo ermutigen soll, nicht aufzugeben.*

MOMO : Bonsoir, Monsieur Ibrahim.

M. IBRAHIM : Bonsoir, Momo. Mais tu ne souris toujours pas ? Tu ne voulais pas l'essayer au moins ?

MOMO : Monsieur Ibrahim, aujourd'hui j'ai tellement souri que tout mon visage me fait mal. Avec les profs et à la cantine, ça a marché à fond. Mon sourire était comme l'arme absolue. Pour la première fois, les gens m'ont regardé comme une personne normale. Mais ce soir, à la maison…

M. IBRAHIM : … ton père, lui, n'a pas réagi à ton sourire ?

MOMO : Bof, d'abord, il a soupçonné que j'avais fait une bêtise et puis il a constaté que j'avais les dents en avant, c'est tout. J'avais espéré que, peut-être, il m'embrasserait, mais rien. Comme toujours.

M. IBRAHIM : Ne te résigne pas si vite, Momo. Si ça a marché à l'école, c'est déjà un grand pas en avant, n'est-ce-pas ? Maintenant il faut avoir de la patience.

MOMO : Mais parfois j'ai l'impression que la situation avec mon père ne changera jamais. Je lui souris à me déchirer la bouche et il ne s'intéresse qu'à mes dents ? Pour lui, je ne compte pas, tant que le repas est prêt quand il rentre à la maison.

M. IBRAHIM : Il ne faut pas perdre espoir. On ne change pas le monde en un seul jour ! En souriant, tu te sens mieux, plus heureux, et ton père va s'en rendre compte. Moi aussi, j'ai vécu des temps difficiles, mais avec un sourire, la vie est simplement plus facile. Alors, fais-moi un grand sourire. Très bien !

MOMO : D'accord, je vais continuer l'expérience demain. Je vais être tout sourire, vous allez voir. Personne ne va me résister.

Contre le racisme ordinaire, Rokhaya Diallo choisit l'humour

FRANÇAISE. Et noire. Et alors ? Née à Paris en 1978, Rokhaya Diallo, fan de mangas, travaille comme productrice de dessins animés après avoir fait des études de droit et de commerce. Ses parents, un mécanicien et une prof de couture, ont quitté Dakar dans les années 70 pour s'installer en France. D'eux, elle a appris l'estime de soi et l'envie de se battre. Elle a grandi dans le 9-3, à La Courneuve, banlieue sensible et melting-pot. Noire ? Petite, elle n'y pensait pas. Ce sont les autres qui se sont intéressés à la couleur de sa peau. Et ont posé la question qui essayait de mettre en doute ce qu'elle croyait aller de soi : « Tu viens d'où ? » Parce que pour certains, quand on est noire et qu'on s'appelle Rokhaya, on ne peut pas être française, on vient forcément d'ailleurs. À plus forte raison quand on est d'un milieu populaire. Devant le magazine Psychologies, Rokhaya Diallo résume : « Je me sens française, pas sénégalaise ».

Souvent, elle a été en colère. De devoir se justifier, parler de ses origines, expliquer qu'elle est bien française. […] Derrière les propos, plus ou moins bienveillants, se cache une foule de clichés et de préjugés raciaux, toujours vivaces dans la société française d'aujourd'hui. En 2007, Rokhaya Diallo décide de les dénoncer systématiquement en les ridiculisant : elle fonde « Les Indivisibles, français… sans commentaire ! », une association qui a pour but de combattre le racisme par l'humour et s'engage pour une France multiculturelle. […]

« Un Français ne se définit ni par son apparence physique, ni par sa provenance géographique », peut-on lire dans la Charte des « Indivisibles ». […] Elle* réunit des Noirs, des Blancs, des Arabes, des Asiatiques, des gens venus de partout. Une partie de son travail consiste à relever les expressions du racisme ordinaire rencontrées dans les médias, la publicité, le monde politique, la vie quotidienne. Pour ensuite les tourner en dérision. Mais « Les Indivisibles » n'appellent pas à la manif et ne distribuent pas de tracts. Leurs armes les plus efficaces : les vidéos, le dessin animé, la BD. Sur leur site Internet on peut voir des clips marrants qui mettent en scène des caricatures et se terminent par de courtes recommandations pleines de bon sens. L'un d'eux, « N'ayez pas peur du noir… », encourage à employer le mot « noir » plutôt que « black » ou « personne de couleur », précisant que le mot « noir » est garanti sans danger pour son utilisateur.

Depuis 2009, « Les Indivisibles » décernent, lors d'une cérémonie parodique, les « Y'a bon Awards ». Ceux-ci récompensent les personnes publiques qui prononcent « les meilleures paroles racistes ». […] *(466 mots)*

* *L'association « Les Indivisibles… »*

Sonia Nowoselsky : « Contre le racisme ordinaire, Rokhaya Diallo choisit l'humour ».
In : Revue de la Presse, Februar 2011, S. 8

Annotations :

l. 4	l'estime *m.* de soi	avoir une bonne opinion de soi
l. 5	se battre	*all. :* sich durchkämpfen
l. 5	9-3	le département Seine-Saint-Denis (93), en banlieue parisienne
l. 7	mettre en doute	remettre en question
l. 8	aller de soi	être clair
l. 9/10	venir forcément d'ailleurs	*all. :* zwangsläufig von woanders stammen
l. 10	à plus forte raison quand	*all. :* erst recht wenn
l. 13	les propos *m.*	les paroles *f.*
l. 13	bienveillant, -e	*all. :* wohlwollend
l. 16	indivisible	*all. :* unteilbar; *ici :* Anspielung auf den Artikel 1 der französischen Verfassung: « La France est une République indivisible. »
l. 22	relever	dégager
l. 23/24	tourner en dérision	ridiculiser
l. 31	décerner qc à qn	*all. :* jdm. etw. verleihen
l. 32	« Y'a bon Awards »	« c'est bon » ; *ici :* ironische Anspielung auf die frühere Werbung *Y'a bon Banania* der frz. Marke *Banania* für ihre Trinkschokolade, illustriert mit einem senegalesischen Soldaten
l. 32	récompenser qn	*all. :* jdn. belohnen, auszeichnen

Aufgabenstellung

Punkte

1. Présentez les étapes de la vie de Rokhaya Diallo. *(compréhension)* 10

2. Analysez ses expériences et ses sentiments comme « Française et noire ». *(analyse)* 14

3. Expliquez les objectifs de l'association *Les Indivisibles* et les moyens que cette association utilise pour les atteindre. *(analyse)* 16

4. Samira, protagoniste du roman « Samira des Quatre-Routes » de Jeanne Benameur, veut devenir membre d'une association comparable à celle des « Indivisibles ». Dans ce but, elle écrit une lettre à l'association dans laquelle elle expose sa situation et ses problèmes. Elle exprime ce qui la motive à s'y engager et ce qu'elle en attend. Rédigez la lettre. *(produktiv-gestaltende Aufgabe)* 20

Lösungsvorschläge

1. Rokhaya Diallo est née en 1978 à Paris. Étant la fille de parents sénégalais, elle passe son enfance dans une banlieue sensible qui a un grand pourcentage d'étrangers. Tout de même, elle fait des études de droit et de commerce et gagne son pain quotidien en produisant des dessins animés. En 2007, elle fonde l'organisation « Les Indivisibles » qui a pour but de lutter contre le racisme en le tournant en ridicule.

2. ***Hinweis:*** *Hier liegt eine Doppelaufgabe vor: Es geht darum, die Erfahrungen und Gefühle von Rokhaya bezüglich des Rassismus auszuarbeiten. Der größte Teil an Informationen befindet sich in den Zeilen 6–15, aber auch darüber hinaus findet sich Material, das zum Teil für die Beantwortung der Frage noch etwas abstrahiert werden muss.*

   Sa famille venant du Sénégal et s'étant installée en France il y a une quarantaine d'années, Rokhaya a appris d'elle la force de se battre et une certaine assurance. Quand elle était petite, la couleur de sa peau n'avait aucune importance : pour elle, il était évident qu'elle était française (voir l. 6). Mais les autres la renvoyaient toujours à sa couleur de peau différente quand ils voulaient savoir d'où elle venait (voir ll. 6–8). Comme Rokhaya se sentait française, le fait de devoir « se justifier, parler de ses origines » (l. 12) à cause de la couleur de sa peau la rendait furieuse et ces préjugés l'agaçaient énormément (voir ll. 12–15). Pour se battre contre ces stéréotypes embêtants, elle a fondé une organisation qui se moque du racisme ordinaire en utilisant des moyens graphiques et visuels (voir ll. 15–17, 25–27). C'est l'arme de Rokhaya pour démasquer créativement les préjugés auxquels elle doit tout le temps faire face.

3. ***Hinweis:*** *Achtung, hier handelt es sich wieder um eine Doppelaufgabe: Die Ziele der Organisation und die Mittel, diese zu erreichen, sind hier gefragt.*

   L'organisation « Les Indivisibles, français… sans commentaire ! » a pour objectif de détecter les propos et attitudes racistes, de lutter contre ce racisme en le tournant en ridicule et de s'engager pour la diversité des cultures en France. Elle veut attirer l'attention sur les expressions racistes latentes ou évidentes dans la société, mais aussi dans la presse française (voir ll. 21–23).
   « Les Indivisibles » se composent d'émigrés du monde entier (voir l. 20/21) qui se battent avec des moyens (audio-)visuels et graphiques (voir l. 25). Sur son site Internet, on trouve aussi des caricatures et des recommandations en ce qui concerne par exemple le bon usage de certains mots en rapport avec le racisme (voir ll. 25–30). L'organisation met donc l'accent sur le côté humoristique. Cela se manifeste aussi lors du décernement des « Y'a bon Awards » à des personnes connues qui émettent les «meilleures paroles racistes» (l. 33).

4. ***Hinweis:*** *Samira ist auch Kind einer Einwandererfamilie mit ähnlichen Problemen wie Rokhaya. Von daher können Ideen aus dem Text entnommen werden. Im Brief muss auf vier Aspekte eingegangen werden: Samiras Situation, ihre Probleme, ihre Motivation, sich zu engagieren und ihre Erwartungen an die Organisation.*

Madame, Monsieur,

Je m'appelle Samira. Mes parents venant du Maghreb, je suis souvent confrontée à certains préjugés, on me croit terroriste, femme de ménage, femme dépendante d'un homme qui ne fait que m'abuser et qui a plusieurs femmes à la fois… Vous voyez qu'il s'agit des stéréotypes classiques qui se sont, malheureusement, bien accrochés dans l'opinion publique. De plus, je ne me sens pas du tout arabe, je suis française, je suis née à Paris, j'ai un passeport français et je ne parle pas bien l'arabe. Je me débrouille dans cette langue, mais ma langue maternelle, c'est le français, c'est clair. Actuellement, je suis à la recherche d'un boulot, mais croyez-moi, ce n'est pas facile du tout. Personne ne veut employer une « Arabe » quand il y a aussi des candidats « français-français », si vous comprenez ce que je veux dire. Mes origines arabes pourraient être un trait intéressant et un atout sur le plan professionnel, mais j'ai l'impression que les autres ne veulent pas comprendre et se ferment les yeux.
De plus, c'est le racisme déclaré qui me choque vraiment, la violence dans ma banlieue est partout et un de mes camarades a été battu et grièvement blessé. Heureusement, l'hôpital n'était pas loin.
C'est la raison pour laquelle j'aimerais bien m'engager dans votre organisation et en devenir membre actif. Je suis convaincue qu'ensemble, on pourrait changer ce monde raciste, au moins, un tout petit peu. On pourrait faire voir aux autres la simplicité et la stupidité de leurs arguments. Une seule personne n'a ni les moyens ni le pouvoir d'atteindre de tels buts, mais ensemble ce serait plus efficace. On pourrait montrer qu'une personne est définitivement française même si ses parents sont immigrés. Le fait d'être français ou non dépend entièrement de l'attitude et de la volonté de s'intégrer. Laissez-nous donc démasquer ces attitudes racistes qui sont en train d'infiltrer notre société.
Dans l'association, je chercherais une tâche créative, j'aimerais bien rédiger des articles, organiser des fêtes ou des expositions, dessiner des caricatures, des BD. Je m'engagerais là où vous auriez besoin de moi.
Je serais très heureuse de faire la connaissance d'autres personnes qui se trouvent dans la même situation que moi et qui en souffrent et veulent donc en sortir.

Dans l'attente d'une réponse positive de votre part, je vous prie d'agréer mes salutations distinguées. En cas de questions, n'hésitez pas à me contacter, vous trouverez mes coordonnées ci-dessous.

Samira

Pauvreté à Paris : clochards et nouveaux pauvres

La ville du luxe, la ville lumière, capitale mondiale du tourisme, Paris, a un autre visage, un visage que l'on ne voudrait pas montrer, un visage qui n'est pas forcément dans l'esprit des touristes venus à la recherche des merveilles architecturales ou des achats de luxe sur les Champs Elysées. […]

J'ai été choqué de voir autant de personnes laissés sur le coin de la rue, dormant à la belle étoile, devant les Galeries Lafayette et le Printemps, des hauts lieux de la consommation et du luxe, alors que nous étions en pleines vacances de Noël. […]

Mais la pauvreté parisienne, ce n'est pas que des clochards. C'est aussi ces quartiers insalubres, ces gens qui vivent à 10 dans une même pièce, ces personnes qui vivotent pour payer les loyers honteusement élevés, faute d'avoir pu trouver un logement social. Ce sont ce qu'on appelle les « mal logés », qui souffrent de conditions de vie impropres à l'éducation des enfants, qui ne savent pas ce que c'est que d'avoir une chambre à soi. Des rues, des quartiers entiers se retrouvent dans cette situation, y compris à Paris intramuros. Ces gens travaillent, ces gens font vivre Paris, ce sont eux qui font le ménage dans les immeubles, dans les bureaux, qui vident les poubelles, qui font les métiers que trop de gens ne veulent pas faire.

Beaucoup d'étrangers sans papiers sont dans cette situation, comme on peut s'en douter. […]

À coté de tout ça, il y a une autre sorte de pauvres, ceux qui s'ignorent. C'est étrange, comme catégorie de gens, comment peut-on ignorer qu'on est pauvre ? Tout simplement parce que notre « pauvreté » est volontaire. Des gens prêts à vivre dans un espace minuscule, pour un prix assourdissant, volontairement. Parce que vivre à Paris, c'est bien, être dans la capitale, c'est chouette. Pour ceux qui n'ont pas le choix, ce type de personne est presque détestable, ils contribuent à la hausse généralisée et soutenue des prix de l'immobilier. Pour moi, quelqu'un prêt à payer 1 000 euros pour un petit deux pièces est un nouveau pauvre. Même avec son bon salaire de 3 000 euros, il ne peut pas s'offrir de meilleur logement qu'un deux pièces de 30 m².

Impossible de faire une vie de famille, difficile d'inviter des potes à la maison. Les sorties que l'on prise tant sont également très chères, la moindre bière pouvant facilement coûter 5 euros. Avec de tels tarifs, il est bien sûr pratiquement impossible d'épargner. Ceux qui ont fait le choix de l'espace en revanche, d'avoir un logement plus confortable, doivent s'exiler en banlieue, et passer une heure ou deux dans les transports. Sans doute sont-ils mieux logés, sans doute arrivent-ils à économiser un peu d'argent, mais à quel prix ! Au prix de leur vie familiale, au prix du temps qu'ils ne passent pas avec les amis, mais avec le métro et le RER. Pauvres d'argent ou « pauvres de temps », leur situation sociale n'est pas très enviable. […] *(527 mots)*

José da Silva : « Pauvreté à Paris : clochards et nouveaux pauvres ». In : Le blog de Paris, 03. 05. 2011, Text gekürzt. http://parisii.fr/2011/05/pauvrete-a-paris/ (Zugriff am 19. 02. 2012)

Annotations :
Sprachliche Fehler des Textes (Zeile 5 laissés, 18 coté) wurden nicht geändert.

l. 3	la merveille architecturale	*ici :* bâtiment/monument extraordinaire et admiré
l. 5/6	dormir à la belle étoile	dormir dehors, sans abri
l. 6/7	les hauts lieux de la consommation	*all. :* Konsumtempel
l. 9	insalubre	qui a des effets négatifs sur l'organisme
l. 10	vivoter	vivre avec de petits moyens
l. 10	honteusement	scandaleusement
l. 10	faute de	par manque de
l. 12	impropre à	défavorable à
l. 22	un prix assourdissant	un prix exorbitant
l. 24	la hausse	une forte augmentation des prix
l. 25	soutenu, -e	*ici :* continu, -e
l. 29	le pote *(fam.)*	ami
l. 30	priser qc	apprécier qc
l. 32	épargner	*ici :* faire des économies/mettre de l'argent à côté
l. 37	enviable	*all. :* beneidenswert

Aufgabenstellung

Punkte

1. Résumez le texte. *(compréhension)* 10
2. Etudiez la situation de ceux que l'auteur appelle les « mal logés » et les causes qui ont mené à cette situation. *(analyse)* 14
3. Expliquez comment l'auteur définit les « nouveaux pauvres » et son point de vue sur ce groupe social. *(analyse)* 16
4. Après vos études, vous acceptez un poste bien payé dans une grande entreprise au centre de Paris. Vous préférez un logement près du centre dans un quartier aisé. Au cours de vos recherches, vous êtes tombé par hasard sur le blog présent. Vous postez votre réponse sur ce blog pour justifier votre choix. Ecrivez cette réponse en vous basant sur le blog et sur vos connaissances acquises en cours. *(produktiv-gestaltende Aufgabe)* 20

Lösungsvorschläge

1. ***Hinweis:*** *Im Rahmen des Resümees soll Paris als ambivalente Stadt dargestellt werden, die sowohl durch Luxus als auch von Armut geprägt ist. Es sollte deutlich werden, dass der Autor des Blogs verschiedene Arten von Armut darstellt und diese mit der Darstellung unterschiedlicher Wohnsituationen verknüpft. Das Tempus des Resümee ist das* présent.

   Dans l'extrait de blog qui s'appelle « Pauvreté à Paris : clochards et nouveaux pauvres », écrit par José da Silva, il s'agit des différents types de pauvreté qu'on trouve aujourd'hui à Paris.
   À l'écart du Paris touristique avec son *glamour* et son luxe, il n'y a pas seulement les clochards. L'auteur décrit aussi la pauvreté des gens qu'il appelle les « mal logés » : ils ont un travail, mais ils doivent partager un appartement avec d'autres personnes à cause des loyers élevés. C'est pour cela qu'ils vivent dans des conditions misérables.
   Da Silva nomme une des raisons pour cette hausse des prix, à savoir les gens qui sont prêts à payer n'importe quel prix pour vivre dans des pièces minuscules parce que vivre à Paris, c'est chic.
   Finalement, l'auteur pèse le pour et le contre entre vivre dans le centre de Paris avec des dépenses énormes ou choisir une vie en banlieue de Paris et être prêt à accepter de longs trajets. En conclusion, il affirme que les deux possibilités ne sont guère satisfaisantes.

2. ***Hinweis:*** *Im Bereich der Analyse soll zunächst die Situation der* mal logés *erarbeitet werden, nämlich dass diese meistens Arbeiter in gering qualifizierten Berufen sind bzw. sich illegal in Frankreich aufhalten. Wichtig ist auch, dass mögliche Gründe für deren schlechte Wohnsituation benannt werden.*

   Dans son étude de la nouvelle « pauvreté parisienne » (l. 8), l'auteur décrit la vie des gens qu'il appelle les « mal logés » (l. 11). Quand on parle des problèmes sociaux à Paris, on parle normalement des SDF (voir ll. 5–7) ou des immigrés dans les banlieues. Les « mal logés » ont un travail régulier (voir l. 14) et un logement, mais ils doivent cependant vivre dans des conditions indignes. Souvent ils « vivent à 10 dans une même pièce » (l. 9), ce qui est une catastrophe pour l'éducation des enfants (voir l. 11 / 12).
   Selon le texte, ce sont exactement ces gens qui « font vivre Paris » (l. 14 / 15) par un travail qui sert souvent à l'intérêt public (voir ll. 14–16). Bien que l'auteur ne le dise pas directement, il y voit une certaine injustice.
   En outre, la plupart de ces gens-là n'a pas le choix parce qu'il n'y a pas assez de HLM et ils n'ont pas la possibilité de se plaindre car ils vivent souvent clandestinement à Paris (voir l. 17 / 18). C'est pourquoi ils doivent accepter n'importe quel logement.
   La raison pour laquelle il est impossible de payer des logements agréables même si on travaille est bien sûr le prix des loyers « à Paris intramuros » (l. 14) qui aug-

mente constamment. Mais face à cela, il faut aussi des gens qui paient ces loyers. Comme vivre à Paris est devenu « chouette » (l. 22/23), beaucoup de gens sont prêts à sacrifier l'espace et le confort pour une vie dans « la ville lumière » (l. 1).

3. ***Hinweis:*** *Nun muss bei der Analyse erläutert werden, was der Autor unter den* nouveaux pauvres *versteht. Es sind gut verdienende Personen, die bereit sind, für kleine Wohnungen überhöhte Mieten zu zahlen. Wichtig ist die Erkenntnis, dass der Autor sich selbst zu dieser Schicht zählt, obwohl er durchaus eine negative Einstellung gegenüber den* nouveaux pauvres *hat.*

À côté des « mal logés », « une autre sorte de pauvres » (l. 19) est présentée dans le texte. L'auteur explique la différence entre eux parce que, premièrement, ils ne savent pas qu'ils sont pauvres (voir l. 19) et, deuxièmement, ils le sont « volontairement » (l. 21). Ces gens ont de bons salaires (voir l. 26), mais ils ne peuvent que « s'offrir de meilleur logement qu'un deux pièces de 30 m^2 » (l. 27/28). Ils sont prêts à payer des prix énormes pour vivre au centre de Paris tout en sacrifiant non seulement le confort, mais aussi la possibilité d'avoir une vie familiale ou sociale (voir l. 29).
Le point de vue de l'auteur sur ces gens-là montre bien l'attitude négative envers eux bien qu'il souligne qu'il fait partie de ce groupe en utilisant l'expression « notre pauvreté » (l. 21). Avec la remarque « pour ceux qui n'ont pas le choix, ce type de personne est presque détestable » (l. 23/24), il leur attribue une certaine ignorance. Comme ils « contribuent à la hausse généralisée » (l. 24/25), l'auteur pense que si la situation du logement est difficile à Paris, c'est en partie de leur faute.
Cependant, l'auteur parle aussi du dilemme de ces gens qui travaillent souvent à Paris. Quand ils choisissent de vivre en banlieue parisienne dans des pièces plus grandes pour peu d'argent, ils se sentent exilés (voir l. 33). Ils doivent donc « passer une heure ou deux dans les transports » (l. 31), du temps perdu pour leur vie de famille et leur vie sociale (voir l. 33/34). L'auteur montre alors aussi une certaine compréhension pour la difficulté pour beaucoup de Parisiens à choisir entre « Pauvre d'argent ou pauvre de temps » (l. 36/37).

4. ***Hinweis:*** *Versetzen Sie sich in folgende Lage: Sie haben ein gut bezahltes Jobangebot in einem Pariser Unternehmen und haben sich für eine Unterkunft in einem wohlhabenden Viertel in der Nähe des Zentrums entschieden. Nach der Lektüre des Blogs werden nun alle Für und Wider in einem neuen Blogbeitrag dargestellt, wobei die Entscheidung schließlich auch begründet werden muss.*

Quel est le choix ?

Je suis tombé sur votre blog par hasard et j'aimerais vous répondre. Tout d'abord, je voudrais me présenter : j'ai vingt-sept ans et on m'a offert un travail très bien payé dans une entreprise au centre-ville. C'était donc normal que je déménage à Paris. En faisant des recherches, j'ai vu que j'avais le choix. Je pouvais choisir

une vie au centre de Paris dans un appartement qui était beaucoup trop cher. Mais avec mon nouveau poste je savais que je pourrais le payer. Ou bien je pouvais vivre loin du centre pour peu d'argent, mais aussi avec une plus mauvaise qualité de vie.
La ville de Paris offre beaucoup d'attractions pour ses habitants. Cette ville n'est pas seulement exceptionnellement belle par son architecture et son charme, mais on y trouve aussi tout ce qu'on peut désirer : il y a une culture très variée grâce à un grand nombre de musées et d'évènements ; il y a le shopping, les cafés et les restaurants. On ne peut sûrement pas s'ennuyer à Paris. Bien que je puisse m'offrir cette vie dans la ville lumière, je dois tout de même faire attention à ne pas trop dépenser.
Pourquoi choisirais-je une vie en banlieue de Paris ? Mis à part le fait que tout le monde connaît bien les problèmes sociaux en banlieue où la violence et la criminalité sont à l'ordre du jour, le temps qu'il me faudrait pour aller au travail chaque jour serait vraiment fatiguant. Pour qu'il n'y ait pas de malentendu, je comprends bien ce que vous dites en ce qui concerne les « mal logés » et je pense que c'est une situation terrible. C'est sans doute complètement injuste que ces gens doivent vivre comme ça malgré un travail pénible. Mais je ne pense pas que cette situation soit de ma faute ou de la faute des gens comme moi. À mon avis, c'est le gouvernement qui ne fait pas assez pour les Parisiens. On a besoin de plus de logements sociaux dans des quartiers au centre de Paris. Peut-être faut-il même établir des règlements contre ces augmentations ridicules de loyers. Ce qui est sûr, c'est qu'il nous faut des débats sur ce sujet, mais ce n'est pas réaliste d'attendre des gens assez riches qu'ils ne continuent pas à payer les prix demandés pour rester au centre-ville.
En particulier des gens comme moi qui n'ont pas encore de famille et qui donc n'ont pas besoin de beaucoup d'espace vont toujours continuer à payer les loyers demandés.

Jean-Paul Sartre : « L'âge de raison »

Localisation du passage : Mathieu Delarue, 34 ans, est professeur dans un lycée parisien. Quand son amie Marcelle tombe enceinte, Mathieu ne voit qu'une solution : un avortement. Pour le payer, il essaie en vain d'emprunter l'argent nécessaire à ses amis. Enfin il se rend chez son frère aîné Jacques, qui est avocat et assez riche, pour lui demander la somme.

[…] Jacques retira sa main et fit quelques pas d'un air réfléchi : « Il va me faire un discours, pensa Mathieu, je n'aurais jamais dû accepter la discussion. »

– Mathieu, dit Jacques d'une voix posée, je te connais mieux que tu ne crois et tu m'effraies. Il y a beau temps que je redoutais quelque chose de ce genre : cet enfant qui va naître est le résultat logique d'une situation où tu t'es mis volontairement et tu veux le supprimer parce que tu ne veux pas accepter toutes les conséquences de tes actes. Tiens, veux-tu que je te dise la vérité ? Tu ne te mens peut-être pas en ce moment précis : mais c'est ta vie tout entière qui est bâtie sur un mensonge.

– Mais je t'en prie, dit Mathieu, ne te gêne pas : apprends-moi ce que je me cache. Il souriait.

– Ce que tu te caches, dit Jacques, c'est que tu es un bourgeois honteux. Moi je suis revenu à la bourgeoisie après bien des errements, j'ai contracté avec elle un mariage de raison, mais toi tu es bourgeois par goût, par tempérament, et c'est ton tempérament qui te pousse au mariage. Car tu es marié, Mathieu, dit-il avec force.

– Première nouvelle, dit Mathieu.

– Si, tu es marié, seulement tu prétends le contraire parce que tu as des théories. Tu as pris tes habitudes chez cette jeune femme : quatre fois par semaine tu t'en vas tranquillement la rejoindre et tu passes la nuit avec elle. Voilà sept ans que ça dure, ça n'a plus rien d'une aventure ; tu l'estimes, tu te sens des obligations envers elle, tu ne veux pas la quitter. Et je suis bien sûr que tu ne recherches pas uniquement le plaisir […]. En fait, le soir, tu dois t'asseoir près d'elle et lui raconter longuement les événements de la journée et lui demander conseil dans les cas difficiles.

– Evidemment, dit Mathieu en haussant les épaules. Il était furieux contre lui-même.

– Eh bien, dit Jacques, veux-tu me dire en quoi ceci diffère du mariage… à la cohabitation près ?

– À la cohabitation près ? dit Mathieu ironiquement. Excuse-moi, c'est une paille.

– Oh ! dit Jacques, j'imagine que ça ne doit pas te coûter beaucoup à toi, de t'en abstenir.

« Il n'en avait jamais tant dit, pensa Mathieu, il prend sa revanche. » Il aurait fallu partir en claquant la porte. Mais Mathieu savait bien qu'il resterait jusqu'au bout : il avait un désir combatif et malveillant de connaître l'opinion de son frère.

– À moi, dit-il, pourquoi dis-tu que ça ne doit pas me coûter beaucoup à moi ?

– Parce que toi, tu y gagnes le confort, une apparence de liberté : tu as tous les avantages du mariage et tu te sers de tes principes pour en refuser les inconvénients. Tu refuses de régulariser la situation, ça t'est bien facile. Si quelqu'un en souffre, ça n'est pas toi. *(507 mots)*

[…]

Jean-Paul Sartre : « L'âge de raison » (1945). Gallimard, Collection Folio 2005, S. 134–135

Annotations :

l. 1/2	faire un discours à qn	*ici : all. :* eine Moralpredigt halten
l. 4	effrayer qn	faire peur à qn
l. 4	il y a beau temps que	cela fait longtemps que
l. 4	redouter qc	avoir peur que qc se produise/arrive
l. 11	honteux, -euse	qui (montre qu'on) éprouve un sentiment pénible, une gêne à une certaine idée
l. 12	les errements *m.*	les erreurs *f.*
l. 25/26	la cohabitation	le fait d'habiter ensemble, de vivre dans le même appartement
l. 25/26	à… près	*all. :* bis auf, außer
l. 27	c'est une paille *(fam.)*	ce n'est rien d'important
l. 28	coûter à qn	donner du mal à qn
l. 28/29	s'abstenir de qc	éviter de faire qc, ne pas faire qc
l. 32	combatif, -ive	prêt à lutter, à se battre
l. 32	malveillant, -e	agressif, -ive ; hostile
l. 35	l'inconvénient *m.*	le désavantage
l. 36	régulariser une situation	*ici :* épouser Marcelle

Aufgabenstellung

		Punkte
1.	Résumez le contenu de ce passage. *(compréhension)*	11
2.	Dégagez les reproches que Jacques fait à son frère. *(analyse)*	14
3.	Analysez les pensées et les réactions de Mathieu pendant la rencontre. *(analyse)*	17
4.	Commentez la phrase : « … tu ne veux pas accepter toutes les conséquences de tes actes » (l. 6/7) en comparant les réflexions philosophiques telles qu'elles sont présentées dans le texte à celles qui se trouvent dans l'œuvre *Huis Clos*. *(commentaire)*	18

Lösungsvorschläge

1. Dans cet extrait tiré de l'œuvre « L'âge de raison » de Jean-Paul Sartre, publié en 1945, il s'agit d'une discussion entre deux frères, Mathieu et Jacques.
   Mathieu va voir son frère aîné Jacques pour lui demander de l'argent pour pouvoir payer l'avortement de son amie Marcelle. Dès le début du discours, Mathieu se rend compte que cette discussion se terminera par une leçon de morale donnée par Jacques. C'est pourquoi il regrette d'avoir commencé l'entretien.
   Pendant la conversation, Jacques lui donne non seulement son opinion personnelle sur le sujet de l'avortement, mais il veut aussi que Mathieu prenne conscience de son style de vie, en lui montrant qu'il est responsable de ses actes et qu'il a des obligations envers son amie. Jacques reproche à son frère de tirer profit de la situation tout en faisant souffrir les autres.

2. Au cours de cet entretien, Jacques fait plusieurs reproches à son frère pour que celui-ci prenne conscience de ses responsabilités.
   Tout d'abord, il reproche à Mathieu de ne pas accepter la réalité (« ta vie tout entière […] est bâtie sur un mensonge », l. 8). Il dit que Mathieu refuse de se rendre compte de la conséquence de ses actes, c'est pourquoi il ne veut pas garder l'enfant (voir ll. 4–7).
   En outre, il reproche à son frère d'être en réalité « un bourgeois honteux » (l. 11). En disant cela, Jacques montre à Mathieu que d'un côté, il prétend qu'il mène une vie sans obligations et sans liaison, mais de l'autre, il a déjà commencé à mener une vie bourgeoise car il a une amie avec laquelle il vit comme s'ils étaient mariés : « ça n'a plus rien d'une aventure » (l. 19), « veux-tu me dire en quoi ceci diffère du mariage » (l. 25).
   À la fin de la conversation, Jacques souligne que Mathieu est égoïste et ne pense qu'à ses avantages. Il profite de la relation qu'il mène avec Marcelle, mais il refuse d'avoir des responsabilités. Tout compte fait, Jacques lui reproche de faire souffrir celle qu'il aime sans le remarquer (voir l. 36/37). Il veut que son frère accepte la réalité au lieu de la supprimer et qu'il ne vive pas dans le mensonge.

3. ***Hinweis:*** *Bei dieser Aufgabe sollten Sie darauf achten, dass Sie bei der Analyse von Mathieus Antworten auch auf eventuell vorhandene stilistische Merkmale wie die Satzstruktur o. Ä. eingehen.*

   Lorsque Mathieu demande de l'argent à Jacques, celui-ci commence à lui faire un discours. Mathieu regrette d'être venu, mais il accepte la confrontation (voir l. 1/2).
   Durant toute la conversation, Mathieu ne parle pas beaucoup. Ses répliques sont assez courtes et réservées. Dans le fond, il est furieux contre lui-même (voir l. 23/24) et du fait que son frère l'ait démasqué, mais il essaie de ne pas le montrer. C'est pourquoi il prend une attitude défensive. Il donne parfois des répliques ironiques (voir par exemple l. 15, l. 27) et essaie de minimiser l'argumen-

tation de son frère (« excuse-moi, c'est une paille », l. 27). En souriant (l. 10) et en haussant les épaules (l. 23), il fait semblant de s'en moquer. De plus, il reprend les explications de son frère dans des questions courtes, comme un écho, pour montrer son incrédulité (voir l. 27, l. 33).
Finalement, Mathieu semble apprécier l'opinion de son frère aîné parce qu'il « aurait [...] [voulu] partir en claquant la porte. Mais [il] savait bien qu'il resterait jusqu'au bout [...] » (l. 31/32). C'est la première fois que Jacques donne son avis de façon explicite. Dans le fond, Mathieu sait que son frère a raison.

4. ***Hinweis:*** *Bei dieser Aufgabe sollten Sie darauf achten, dass Sie zunächst den Grundgedanken der Philosophie Sartres anhand der Textstelle herausarbeiten und anschließend Bezug auf die Gedanken im Werk* Huis clos *nehmen. Dabei können Sie auch jeweils einen Grundgedanken, der sich in der Textpassage wiederfindet, mit* Huis clos *vergleichen und so Ihren Text in verschiedene Aspekte einteilen.*

La phrase « ... tu ne veux pas accepter toutes les conséquences de tes actes » (l. 6/7) reflète l'essence de la philosophie de Sartre qui se retrouve dans l'extrait donné et dans l'œuvre *Huis clos*. Selon Sartre, « l'existence précède l'essence ». Cela veut dire que l'homme est né tout d'abord et après, il se définit par ses actes. Il est responsable de ce qu'il fait et il doit donc en supporter les conséquences.
Dans l'extrait du texte, Jacques fait un discours à son frère Mathieu pour qu'il prenne conscience de ses actes. Mathieu, par contre, dépend du jugement de son frère parce qu'il sait qu'il a tort et qu'il est responsable de ce qu'il a fait. Dans ce cas, Jacques démasque la lâcheté de son frère qui ne veut pas accepter la réalité. Lorsqu'on compare les deux œuvres, on peut constater qu'il y a des parallèles entre Jacques et Inès dans *Huis clos* qui, de son côté, démasque la lâcheté de Garcin.
De plus, ce sont les relations avec les autres et leurs conséquences qui se reflètent dans les deux œuvres. Ainsi, les notions de la philosophie de Sartre de liberté et de mauvaise foi ainsi que l'importance du regard des autres s'y retrouvent. Comme Inès, Garcin et Estelle dans *Huis clos* dépendent du regard et du jugement de l'autre, Mathieu dépend du jugement de son frère aîné et reste jusqu'au bout pour l'écouter. Selon Sartre, l'homme a besoin des autres pour trouver la confirmation de ses actes. L'individu a toujours besoin du jugement d'autrui pour se juger soi-même.
En outre, Mathieu ne respecte pas la liberté des autres. Il choisit ce qui est commode pour lui et y « gagn[e] le confort » (l. 34). Il n'est pas prêt à respecter la volonté des autres et se fait des illusions. Ainsi, il fait souffrir celle qu'il aime. Selon Sartre, « l'homme est condamné à être libre », mais être libre signifie aussi respecter la liberté et la volonté des autres.

Jean-Paul Sartre : « La République du Silence »

Jamais nous n'avons été plus libres que sous l'occupation allemande. Nous avions perdu tous nos droits et d'abord celui de parler ; on nous insultait en face chaque jour et il fallait nous taire ; on nous déportait en masse, comme travailleurs, comme Juifs, comme prisonniers politiques ; partout sur les murs, dans les journaux, sur l'écran, nous retrouvions cet immonde et fade visage que nos oppresseurs voulaient nous donner de nous-mêmes : à cause de tout cela nous étions libres. Puisque le venin nazi se glissait jusque dans notre pensée, chaque pensée juste était une conquête ; puisqu'une police toute-puissante cherchait à nous contraindre au silence, chaque parole devenait précieuse comme une déclaration de principe ; puisque nous étions traqués, chacun de nos gestes avait le poids d'un engagement. Les circonstances souvent atroces de notre combat nous mettaient enfin à même de vivre, sans fard et sans voile, cette situation déchirée, insoutenable qu'on appelle la condition humaine. [...] : il fallait y voir notre *lot,* notre destin, la source profonde de notre réalité d'homme ; à chaque seconde nous vivions dans sa plénitude le sens de cette petite phrase banale : « Tous les hommes sont mortels. » Et le choix que chacun faisait de lui-même était authentique puisqu'il se faisait en présence de la mort, puisqu'il aurait toujours pu s'exprimer sous la forme « Plutôt la mort que... ». Et je ne parle pas ici de cette élite que furent les vrais Résistants, mais de tous les Français qui, à toute heure du jour et de la nuit, pendant quatre ans, ont dit *non.* La cruauté même de l'ennemi nous poussait jusqu'aux extrémités de notre condition en nous contraignant à nous poser ces questions qu'on élude dans la paix : tous ceux d'entre nous – et quel Français ne fut une fois ou l'autre dans ce cas ? – qui connaissaient quelques détails intéressant la Résistance se demandaient avec angoisse : « Si on me torture, tiendrai-je le coup ? » Ainsi la question même de la liberté était posée et nous étions au bord de la connaissance la plus profonde que l'homme peut avoir de lui-même. Car le secret d'un homme, ce n'est pas son complexe d'Oedipe ou d'infériorité, c'est la limite même de sa liberté, c'est son pouvoir de résistance aux supplices et à la mort. À ceux qui eurent une activité clandestine, les circonstances de leur lutte apportaient une expérience nouvelle : ils ne combattaient pas au grand jour, comme des soldats ; traqués dans la solitude, arrêtés dans la solitude, c'est dans le délaissement, dans le dénuement le plus complet qu'ils résistaient aux tortures : seuls et nus devant des bourreaux bien rasés, bien nourris, bien vêtus qui se moquaient de leur chair misérable et à qui une conscience satisfaite, une puissance sociale démesurée donnaient toutes les apparences d'avoir raison. Pourtant, au plus profond de cette solitude, c'étaient les autres, tous les autres, tous les camarades de résistance qu'ils défendaient ; un seul mot suffisait pour provoquer dix, cent arrestations. Cette responsabilité totale dans la solitude totale, n'est-ce pas le dévoilement même de notre liberté ? Ce délaissement, cette solitude, ce risque énorme étaient les mêmes pour tous, pour les chefs et pour les hommes ; pour ceux qui portaient des messages dont ils ignoraient le contenu comme pour ceux qui décidaient de toute la résistance, une sanction unique : l'emprisonnement, la déportation, la mort. Il n'est pas d'armée au monde où l'on trouve pareille égalité de risques pour le soldat et le généralissime. Et c'est pourquoi la Résistance fut une démocratie véritable : pour le soldat comme pour le chef, même danger, même responsabilité, même absolue liberté dans la discipline. Ainsi, dans l'ombre et dans le sang, la plus forte des Républiques s'est constituée. Chacun de ses citoyens savait qu'il se devait à tous et qu'il ne pouvait compter que sur lui-même ; chacun d'eux réalisait, dans le délaissement le plus total, son rôle historique. Chacun d'eux, contre les oppresseurs, entreprenait d'être lui-même, irrémédiablement et en se choisissant lui-même dans sa liberté, choisissait la liberté de tous. [...]

(689 mots)

Jean-Paul Sartre : « Situations, III ». Paris : Gallimard 1949, S. 11–14

Annotations :

l. 5	immonde	dégoûtant
l. 8	contraindre	forcer qn à agir contre sa volonté
l. 10	traquer qn	poursuivre qn
l. 11	mettre à même	*all. :* in die Lage versetzen
l. 11/12	sans fard et sans voile	*all. :* ungeschminkt
l. 20	les extrémités *f.*	les limites
l. 21	éluder	éviter
l. 26	le complexe d'infériorité	*all. :* Minderwertigkeitskomplex
l. 27	le supplice	la peine, la torture
l. 30	le délaissement	l'abandon *m.*
l. 30/31	le dénuement	la misère
l. 33	démesuré, -e	ce qui dépasse la mesure ordinaire
l. 37	le dévoilement	*all. :* Enthüllung
l. 42	généralissime	le général chargé du commandement en chef ; *all. :* Oberbefehlshaber
l. 48/49	irrémédiablement	forcément

Aufgabenstellung

Punkte

1. Présentez le sujet de cet article et la situation dans laquelle vivaient les Français comme décrite par l'auteur. *(compréhension)* 12
2. Dégagez les conséquences que l'occupation allemande a eues sur la vie des Français et pour la société française. *(analyse)* 15
3. Expliquez la phrase initiale « Jamais nous n'avons été plus libres que sous l'occupation allemande » (l. 1) en relevant aussi les deux formes de résistance dans le texte. *(analyse)* 16
4. Comparez les réflexions faites sur la liberté dans ce texte et dans la pièce de théâtre *Huis Clos*. *(commentaire)* 17

Lösungsvorschläge

1. ***Hinweis:*** *Laut Aufgabenstellung sollen Sie das Hauptthema des vorliegenden Auszuges nennen und einen Zusammenhang herstellen zu der prekären Situation der Franzosen zur Zeit der deutschen Besatzung in Frankreich. Geben Sie objektiv die vom Autor angesprochenen Aspekte wieder, ohne sie mit Sartres Philosophie in Verbindung zu setzen.*

   Dans l'extrait de l'article « La République du Silence », écrit par Jean-Paul Sartre et paru en 1949, l'auteur analyse la situation, surtout la liberté de la population française, pendant l'occupation allemande.
   Pendant l'occupation nazie en France les Français souffrent énormément : Ils n'ont plus de droits , p. ex. ils n'ont plus le droit d'exprimer leurs avis. Les Allemands les insultent, mais ils ne peuvent pas se défendre. On risque à tout moment d'être déporté ou même tué. On est partout confronté à la propagande des oppresseurs. Beaucoup de Français résistent à la fureur des envahisseurs de façon active ou passive. L'auteur souligne aussi que cette situation mène à une démocratie parmi les citoyens où tous les hommes de n'importe quelle provenance ou couche sociale courent le même risque, le même danger, mais ont aussi la même responsabilité. Chacun résiste seul aux tortures et défend ainsi tous les autres.

2. ***Hinweis:*** *Beachten Sie, dass Sie in dieser zweigeteilten Aufgabe sowohl die Konsequenzen für jeden einzelnen Franzosen als auch für die gesamte Gesellschaft herausarbeiten sollen.*

   Pendant l'occupation allemande, les Français étaient opprimés et humiliés. Les Allemands les avaient privés de leurs droits, de leur dignité et souvent de leur vie (voir l. 2). Ils n'avaient plus le droit de parler : « il fallait [se] taire » (l. 3). En plus, on arrêtait les « travailleurs, […] [les] Juifs, […] [les] prisonniers politiques » (l. 3/ 4) pour les déporter dans les camps de concentration. Chaque jour, les Français avaient peur d'être arrêtés ou même tués. L'oppression renforcée par la propagande nazie était présente partout dans la vie quotidienne, par exemple « sur les murs, dans les journaux, sur l'écran » (l. 4), c'est-à-dire qu'on était toujours confronté à la toute-puissance de l'envahisseur. Il fallait faire attention à ses actions et à tous ses gestes. Cette vie était la « réalité d'homme » (l. 13/14) en France à cette époque-là. Selon la devise « Plutôt la mort que… » (l. 17), les Français luttaient contre le régime en disant « non » (voir l. 19). Le comportement des Allemands a influencé « les vrais Résistants » (l. 18) autant que tous les Français et il les a amenés à résister selon leurs possibilités contre l'ennemi. D'après Sartre, ils étaient libres de se décider pour ou contre la résistance, face aux tortures et à la mort (voir l. 26/27), chacun combattait « [seul] et [nu] » (l. 31). Les résistants défendaient également tous les autres Français (voir ll. 34–36) ; ils montraient une responsabilité individuelle pour toute la société, ce que Sartre qualifie d'une « responsabilité totale dans la solitude totale » (l. 36/37). Tout le monde risquait d'être emprisonné, déporté ou tué. Ainsi s'est développé une solidarité et l'égalité « pour tous, pour les chefs et pour les hommes » (l. 38/39) déjà réclamée dans les trois mots clés de la Révolution Française *liberté, égalité* et *fraternité*. Mais l'auteur ne s'arrête pas à souligner la signification de la liberté et la responsabilité, il met en relief en même temps que « la plus forte des Républiques s'est constituée » (l. 45). Les gens dépendaient les uns des autres et chacun devait compter sur lui-même. Ce « rôle historique » (l. 47) a mené à « une démocratie véritable » (l. 43) dans laquelle chacun prenait sa décision pour lui-même et tous se trouvaient dans la même situation : le « même danger, la même responsabilité, même absolue liberté » (l. 44).

3. ***Hinweis:*** *In dieser Aufgabe können Sie Sartres Thesen zum Begriff der* liberté *näher analysieren, auch unter Berücksichtigung der im Unterricht erarbeiteten Aspekte zum* existentialisme. *Beziehen Sie Ihre Ausführungen aber deutlich auf die Textvorlage.*

Sartre introduit son texte en disant que « jamais nous n'avons été plus libres que sous l'occupation allemande » (l. 1). Il justifie cette thèse en dessinant une image atroce de la situation des Français pendant l'occupation allemande et en mettant en relief deux formes de résistance : La première représentant tous les hommes qui se réunirent dans une organisation clandestine, « cette élite que furent les vrais Résistants » (l. 18), écrit en majuscule, et qui luttèrent d'une façon plus ou moins organisée et active contre les Allemands et leurs collaborateurs. La deuxième, c'est l'ensemble des hommes et des femmes qui luttèrent seuls de façon passive, « pas au grand jour, comme des soldats » (l. 29), mais dans « la solitude » (l. 30), par exemple en disant « non ».
Selon Sartre, tous les citoyens avaient la liberté de choisir comment réagir dans cette situation-là, pendant l'occupation, sous un régime cruel. Ils ne pouvaient rien faire sans la légitimation des envahisseurs, ils étaient toujours confrontés à la mort. Par conséquent, les gens avaient des raisons de résister (« Plutôt la mort que… », l. 17). Mais chaque homme avait la liberté de résister ou non. Il avait le choix ; il pouvait user de cette liberté. Tout le monde a une responsabilité, y compris l'auteur. Il utilise le pronom « nous » (par exemple ll. 1–3) pour souligner cet aspect. Mais de cette liberté et de la responsabilité des hommes les uns pour les autres, même pour toute la société, résulte « la solitude, […] le délaissement, […] le dénuement le plus complet » (l. 30/31).

4. ***Hinweis:*** *Ein Vergleich wie in der Aufgabenstellung gefordert sollte immer eine Herausstellung von Gemeinsamkeiten und Unterschieden sein. Konzentrieren Sie sich auf den Aspekt der* liberté, *andere Aspekte von Sartres* existentialisme *können zur Analyse dieses Begriffes verwendet werden. In der Aufgabenstellung wird von Ihnen keine Stellungnahme zu den existenzialistischen Thesen erwartet.*

D'abord, on peut constater que, dans cet extrait, Sartre se réfère à un contexte historique en analysant la liberté des Français à l'époque de l'occupation allemande. Dans « Huis clos », l'action est fictive, tous les personnages sont imaginés.
En se référant à une période historique, Sartre a la possibilité de transférer ses pensées philosophiques à la réalité ; il peut montrer que la liberté de choisir et d'agir mène à une situation plus agréable, à une vraie démocratie, à une République forte, bien sûr sans oublier les restrictions et les souffrances. Selon Sartre, l'homme est condamné à être libre ; il est responsable de tout ce qu'il fait. Dans son texte, il parle surtout de ceux qui ont assumé leur responsabilité en choisissant de résister et, bien sûr, ils étaient vivants. Dans « Huis clos », Sartre présente trois personnages qui sont déjà morts et qui se trouvent en enfer. Les deux protagonistes Garcin et Estelle n'assument pas la responsabilité de leurs actes. Inès, au contraire, dévoile les mensonges des autres et reflète comme un miroir leurs crimes et leurs actes.
Sartre a dit que l'existentialisme était une doctrine optimiste. Les deux textes le prouvent. Dans « Huis clos », les protagonistes se trouvent en enfer parce qu'ils sont responsables de la situation. En agissant autrement, ils auraient pu éviter leur destin. Ils avaient la liberté de faire autre chose. Les personnes mentionnées dans l'extrait de texte ont dû supporter souffrances et tortures, mais ils ont choisi de résister. Selon sa doctrine « optimiste », Sartre souligne les conséquences positives de ces actes (la démocratie, une République forte). Et comme dans « Huis clos » les hommes ont toujours la possibilité, la liberté de choisir – on est condamné à être libre. On est responsable de tout ce qu'on fait, responsable de soi-même et des autres. On est alors responsable de ce qu'on est parce que l'existence précède l'essence. Par conséquent, on se décide seul : Garcin, Estelle et Inès ont choisi de commettre leurs crimes, ils n'ont pas exécuté l'instruction ou l'ordre d'une autre personne. Les Français dans l'extrait agissent dans la solitude, chacun prenant seul sa décision.

« Charming Paris » par Benoît Duteurtre, août 2011

QUAND LA CITÉ DEVIENT PARC À THÈME

À la boulangerie du quartier, la plupart des touristes s'expriment en « globish ». Sitôt entrés dans la boutique, ils bredouillent quelques mots d'anglais pour commander leur sandwich. Plus loquaces, certains Américains se lancent dans de longues phrases, avec toute l'assurance de représentants de la culture dominante. Quand je me trouve dans la file d'attente, j'ose parfois leur signaler qu'en France on utilise généralement le français – la politesse consistant à demander : « Parlez-vous anglais ? » Certains me regardent, l'air ahuri, et je comprends leur étonnement. Car tout semble fait aux alentours pour leur éviter semblables préoccupations. Les cafés déguisés en bistrots typiques affichent sur des ardoises les prix de leurs *appetizers* et de leur *French merlot*. Quant aux autobus qui passent toutes les cinq minutes, pour déplacer les visiteurs d'un monument à l'autre, ils ont également opté pour l'affichage en anglais. Bref, le voyageur venu découvrir la double destination « Paris-Eurodisney » peut avoir l'impression d'évoluer, à deux pas de Notre-Dame, dans une annexe du parc de loisirs mondialisé.

[…]

En 1988, l'immeuble où je venais de m'installer restait relativement bon marché avec ses retraités, ses étudiants et ses jeunes couples qui y séjournaient un an ou deux avant d'émigrer vers des contrées plus doucereusement familiales. Dans la rue, entre les boutiques de souvenirs, on trouvait encore une charcuterie, un opticien, un pharmacien, une boulangerie, une marchande de journaux et un cabaret en déshérence : La Colombe, où Guy Béart avait débuté dans les années 1950. Dès mon arrivée, j'ai toutefois pu constater la discrète transformation qui remplace désormais les brutales « rénovations » des années 1960 : une mutation progressive du décor, contribuant à refaçonner ce quartier selon les normes d'un pittoresque organisé.

À l'époque, plusieurs bistrots étaient fréquentés par le personnel de l'Hôtel-Dieu tout proche, qui venait y prendre un plat du jour ou un café. Puis, d'un ravalement à l'autre, les zincs ont disparu et les salles se sont réinventées en confortables *lounges,* où il faut demander pour s'asseoir et où le plat micro-ondé se vend cher. Les nouveaux gérants ne prisent guère la clientèle de comptoir, avec ses bavards plus ou moins alcoolisés. Ils privilégient une cible internationale prête à puiser dans son budget vacances pour s'offrir une illusion de Paris. D'où l'invasion récente d'un décor néofrançais, combinant fresques pseudo-impressionnistes et nappes à carreaux […]. Dans le même temps, les prix ont été multipliés au moins par deux. La charcuterie est devenue un restaurant « sur le pouce » ; puis les marques ont fait leur entrée avec le glacier Häagen-Dazs et les lunettes de soleil Solaris, tandis que la pharmacie cédait la place à L'Occitane et ses authentiques savons de Provence (on les trouve aussi à Tokyo ou Chicago, mais c'est encore mieux quand le produit vient de France).

[…]

Sur l'île de la Cité et l'île Saint-Louis – où mon immeuble fait désormais figure d'exception –, il n'est pas difficile de remarquer la quantité d'appartements aux volets clos, fermés onze mois de l'année par les investisseurs et les propriétaires qui ont choisi d'en faire un pied-à-terre. Depuis 1960, Paris a perdu six cent mille habitants, principalement issus de la classe ouvrière et des classes moyennes. Tous les commerces se sont adaptés – telle cette brasserie où l'on pouvait, il n'y a pas si longtemps, dîner tard dans la nuit : aujourd'hui, le service s'interrompt après le passage de la vague touristique.

[…]

Depuis quelque temps, les accordéonistes se multiplient. Certains, comme ce vieux Roumain en chaise roulante installé en bas de chez moi, connaissent seulement trois notes qui leur permettent de jouer en boucle *La Vie en rose* et *Sous les ponts de Paris*. Un jour, à bout de nerfs, je lui ai demandé s'il pourrait varier un peu son répertoire. L'air accablé, il m'a désigné ces couples de Japonais qui paient seulement pour les rengaines d'Edith Piaf. Elles confortent leur impression de découvrir cette ville « romantique » et un authentique accordéoniste populaire parisien. *(672 mots)*

Benoît Duteurtre : « Charming Paris », in : Le Monde diplomatique, August 2011, S. 28, Text gekürzt
http://www.monde-diplomatique.fr/2011/08/DUTEURTRE/20872 (Zugriff am 01. 03. 2012)

Annotations :

l. 1	globish	une version simplifiée de l'anglais n'utilisant que les mots et les expressions les plus communs ; le jargon utilisé par des locuteurs de diverses autres langues quand ils veulent communiquer en anglais.
l. 9	l'ardoise *f.*	*ici :* un petit panneau
l. 18	la contrée	la région
l. 18	doucereux, -euse	d'une douceur affectée
l. 20	en déshérence	oublié, e
l. 21	Guy Béart	compositeur et chanteur français célèbre
l. 24	refaçonner	*all. :* neu- oder umgestalten
l. 25	l'Hôtel-Dieu *m.*	célèbre hôpital à Paris
l. 27	le zinc *(fam.)*	*all. :* (Zink-)Theke oder auch kleine Bar
l. 26	le ravalement	*ici : all. :* Neugestaltung
l. 29	priser	apprécier
l. 29	la clientèle de comptoir	*all. :* Thekenkundschaft
l. 34	sur le pouce	manger sans assiette et debout
l. 35	Häagen-Dazs	chaîne de glacier américaine plutôt chère
l. 35	Solaris	une chaîne de boutiques vendant exclusivement des lunettes de soleil, de marques principalement
l. 36	L'Occitane	chaîne de magasins de produits cosmétiques et de produits pour la maison plutôt luxueux
l. 42	le pied-à-terre	le logement qu'on occupe seulement occasionnellement
l. 50	jouer en boucle	jouer toujours les mêmes morceaux
l. 53	la rengaine	la chanson que l'on chante très souvent
l. 53	Edith Piaf	célèbre interprète de chanson française (1915–1963)

Aufgabenstellung Punkte

1. Décrivez l'évolution de la ville de Paris telle que l'auteur la présente dans le texte. *(compréhension)* 12
2. Dégagez les causes de cette évolution et leurs effets sur l'identité de la ville. *(analyse)* 14
3. Expliquez l'intention de l'auteur et les moyens qu'il emploie pour atteindre son but. *(analyse)* 16
4. *Le monde diplomatique* a publié cet article également dans sa rubrique *Les blogs du Diplo* pour que les lecteurs puissent entrer en contact avec l'auteur. Imaginez que vous postiez sur ce site votre commentaire dans lequel vous discutez l'image de la ville donnée par l'auteur. Basez-vous sur vos connaissances acquises en cours et éventuellement sur vos expériences personnelles. *(produktiv-gestaltende Aufgabe)* 18

Lösungsvorschläge

1. ***Hinweis:** Fassen Sie die wichtigsten im Text genannten Aspekte zusammen. Konzentrieren Sie sich dabei auf die Entwicklung, die die Stadt Paris seit den 1960er-Jahren durchlaufen hat.*

L'auteur Benoît Duteurtre décrit dans l'article « Charming Paris », paru dans « Le Monde diplomatique » en août 2011, sa vision de l'évolution de la ville de Paris depuis les années 60.
Selon Benoît Duteurtre, on parle de plus en plus l'anglais à Paris et pour beaucoup de touristes il est tout naturel de s'exprimer dans cette langue. Les Américains surtout s'attendent à ce qu'on réponde en anglais. On transporte les touristes d'un monument à l'autre. Il y a beaucoup de magasins qu'on trouve également dans le monde entier, tandis que les petits commerces originaux ont disparu. En plus, les prix dans les bistrots et les restaurants sont très élevés. Par conséquent, Paris a perdu six cent mille habitants. Dans certains quartiers des gens aisés ont loué ou acheté des appartements qu'ils n'habitent que pendant quelques semaines par an. L'auteur compare la situation à Paris à l'illusion d'un parc à thème. Maintenant, on essaie, par exemple, de recréer l'ambiance pittoresque qu'avait le quartier dans lequel l'auteur habite avant les années 60. Il y a également de nombreux accordéonistes qui ne savent jouer que quelques chansons très connues et qui essaient de créer une ambiance romantique.

2. ***Hinweis:** Hier sollten Sie die in der Inhaltsangabe angesprochenen Aspekte vertiefen und insbesondere auf die Konsequenzen für die Stadt und für die Pariser Bevölkerung eingehen.*

Le premier aspect que l'auteur souligne explicitement est celui de la langue et de l'américanisation. En se référant au quartier où il habite, Duteurtre souligne que « la plupart des touristes s'expriment en globish » (l. 1) ; ils utilisent un anglais souvent élémentaire pour faire leurs achats. Les Américains parlent anglais sans respecter la langue de l'autre et sans tenir compte qu'ils se trouvent dans un autre pays où la moindre politesse serait de demander si l'autre parle anglais (voir ll. 5–7). D'après l'auteur, ils sont sûrs d'eux et pensent même qu'ils sont des « représentants de la culture dominante » (l. 4). Pour plaire aux touristes et attirer les masses, on trouve des panneaux devant les magasins ou restaurants sur lesquels on peut lire des expressions anglaises comme « appetizers » ou « French merlot » (l. 9/10). On a changé les cafés en « lounges » (l. 27) pour créer une ambiance internationale et multiculturelle. Cette internationalisation a pour conséquence que beaucoup de chaînes de magasins, qu'on trouve partout dans le monde, s'y installent, par exemple « Häagen-Dazs » et « Solaris » (l. 35), qui font partir les petits commerces originaux.
La ville s'aligne sur les besoins prétendus des touristes : En plus de l'anglicisation, on organise des autobus qui transportent les touristes d'une curiosité à l'autre « toutes les cinq minutes » (l. 10). On leur donne la possibilité de voir le

plus possible. Le visiteur peut avoir l'impression qu'il se trouve au milieu d'un parc à thème, une « double destination Paris-Eurodisney » (l. 12/13), dans lequel il faut manger rapidement pour voir beaucoup. On installe des restaurants *fast-food* où on n'a plus la possibilité de s'asseoir et où les très petits plats coûtent très chers. Autrefois, on pouvait y « dîner tard dans la nuit » (l. 45), aujourd'hui, on ferme et arrête le service après que la plupart des touristes les ont quittés. On y ajoute même « un décor néo-français, combinant fresques pseudo-impressionnistes et nappes à carreaux » (l. 32) pour offrir aux touristes l'illusion d'une ville pleine d'art et de culture. Les voyageurs sont prêts « à puiser dans [leur] budget vacances » (l. 30/31) pour s'adonner à cette illusion. Les accordéonistes jouent des chansons très connues dans les zones piétonnes ou dans les stations de métro ; la musique qui est, selon les attentes des touristes, typique pour Paris.
La transformation de la ville a pour conséquence que la vie coûte chère à Paris, pour les touristes et les habitants. Les prix dans les restaurants, dans les boutiques et sur le marché immobilier sont élevés. Dès lors, beaucoup d'habitants ont quitté la ville, surtout des habitants « de la classe ouvrière et des classes moyennes » (l. 43). « Sur l'île de la Cité et l'île Saint-Louis » (l. 39) des propriétaires et des investisseurs assez riches ont acheté des appartements qu'ils n'habitent pas régulièrement. Pendant onze mois de l'année ils ne sont pas là, on peut seulement voir « les volets clos » (l. 40/41).

3. ***Hinweis:*** *Achten Sie insbesondere auf die Sprache und die Verwendung rhetorischer Mittel und setzen Sie diese in Beziehung zur Intention des Autors.*

Duteurtre montre qu'il s'intéresse personnellement à l'évolution de la ville de Paris. Il se sert de la première personne du singulier (« je ») pour souligner qu'il ne parle pas de choses fictives, mais qu'il présente des faits. À l'exemple du quartier dans lequel il habite, il critique l'envahissement des étrangers, il se plaint surtout de l'usage de la langue anglaise. Il énumère d'autres exemples de la rue de son quartier (la charcuterie, l'opticien, le cabaret, etc. ; voir l. 19/20) qui montrent que Paris a perdu son image et son atmosphère originales. Ce qui frappe le lecteur, c'est l'emploi des temps : D'abord, l'auteur présente la situation d'autrefois en usant de l'imparfait, par exemple au début du deuxième et troisième paragraphe ; puis, il se sert du présent pour décrire la situation actuelle. Il exprime ainsi la nostalgie du bon vieux temps et essaie de montrer au lecteur que Paris n'est pas un parc à thème. Il qualifie ce développement par exemple avec l'adjectif péjoratif « pseudo-impressionnistes » (l. 32), ce qui souligne qu'il refuse absolument cette pseudo-modernité, la perte de l'identité et l'image artificielle et superficielle : Les cafés sont « déguisé[s] en bistrots typiques » (l. 9), les vrais bistrots « se sont réinventés en confortables lounges » (l. 27), « tous les commerces se sont adaptés » (l. 43/44), on ne donne aux touristes qu' « une illusion de Paris » (l. 31). Il se sert de l'ironie (« typiques », l. 9 ; « confortables », l. 27 ; « ville romantique », « authentique accordéoniste », l. 53/54) pour mettre en relief son attitude critique.

Mais il exprime également son espoir : Il a « toutefois » (l. 22) remarqué qu'on s'efforce de « refaçonner ce quartier selon les normes d'un pittoresque organisé » (l. 24), c'est-à-dire qu'on prend conscience des erreurs du passé, même si l'auteur ne peut pas cacher ses doutes en s'exprimant encore une fois de façon ironique.

4. ***Hinweis:*** *Sie sollen in dieser Teilaufgabe in eine Diskussion mit dem Autor treten, das heißt, Sie sollten sowohl Argumente finden, die die Meinung des Autors unterstützen als auch solche, die dieser widersprechen. Vergessen Sie nicht, am Ende eine Schlussfolgerung aus Ihrer Argumentation zu ziehen.*

Paris vaut le voyage

Paris est cher ; surtout dans les quartiers où on trouve la plupart des touristes qui veulent visiter les monuments les plus connus, par exemple l'île de la Cité avec Notre-Dame, le quartier autour de la Tour Eiffel ou Montmartre avec sa place du Tertre et le Sacré-Cœur. Je suis tout à fait d'accord avec vous, un des impacts du tourisme de masse est que non seulement les restaurants, les boutiques de souvenirs, les musées et monuments augmentent leurs prix, mais aussi que les loyers et le coût de la vie de tous les jours des Parisiens sont de plus en plus chers. Il est certainement de plus en plus difficile de trouver un logement qu'on peut payer : Les banlieues avec les HLM grandissent. Dans les quartiers touristiques, on ne trouve plus le Paris authentique ; les magasins et les restaurants ont pour seul but d'attirer autant de touristes que possible.
Mais M. Duteurtre généralise : À Paris, il y a beaucoup de quartiers et beaucoup d'endroits qui reflètent l'atmosphère du vieux Paris. On y trouve des marchés, des petits musées et cabarets, des restaurants qui ne sont pas envahis par les touristes. Paris nous offre plus que les quartiers touristiques, la ville nous offre une diversité culturelle dans les théâtres et les expositions cachées dans les salles peu connues. Ce sont des aspects que l'auteur ne mentionne pas, il se concentre aux bars et restaurants et aux accordéonistes. En plus, il faut dire que le tourisme est important pour l'économie de Paris : Les magasins gagnent beaucoup d'argent, la ville peut investir dans l'infrastructure. Elle vit de ses clichés et a une bonne réputation dans le monde entier. La situation est semblable à celle des autres capitales, prenons par exemple Berlin et Londres.
En résumé, il faut souligner que, d'un côté, beaucoup d'habitants, parmi eux surtout ceux qui ne gagnent pas assez d'argent, ont des problèmes à Paris. Les responsables doivent prendre soin d'un développement réfléchi de la ville. De l'autre côté, cela vaut la peine de s'y rendre et de découvrir la ville et il ne faut pas oublier que Paris a besoin des touristes.

Fatou Diome : « Le ventre de l'Atlantique » [extrait]

Introduction : « L'homme de Barbès » a vécu plusieurs années à Paris, dans le quartier Barbès. Après son retour au Sénégal, les jeunes de son village s'intéressent à la vie qu'il a menée à Paris.

– Alors tonton, c'était comment là-bas, à Paris ? […]

– Avant, je n'avais jamais pensé qu'une si belle ville pouvait exister. Mais là, je l'ai vue, de mes propres yeux. La Tour Eiffel et l'Obélisque, on dirait qu'ils touchent le ciel. Les Champs-Élysées, il faut une journée, au moins, pour les parcourir, tellement les boutiques de luxe, qui les jalonnent, regorgent de marchandises extraordinaires qu'on ne peut s'empêcher d'admirer.

Puis, il y a de très beaux monuments historiques, par exemple l'Arc de Triomphe, car il faut savoir que les Blancs sont orgueilleux ; et comme ils sont riches, ils érigent un monument au moindre de leurs exploits. Cela leur permet aussi de se souvenir des grands hommes de leur histoire. D'ailleurs, pour ceux-là, ils ont un cimetière de luxe, le Panthéon : un prince pourrait y vivre, dire qu'ils y mettent des morts ! Et puis, leur Dieu est si puissant qu'il leur a donné des richesses incommensurables ; alors, pour l'honorer, ils ont bâti des églises partout, de gigantesques édifices d'une architecture étonnante. […]

– Et la vie ? C'était comment la vie, là-bas ? […]

– Ah ! La vie, là-bas ! Une vraie vie de pacha ! Croyez-moi, ils sont très riches, là-bas. Chaque couple habite, avec ses enfants, dans un appartement luxueux, avec électricité et eau courante. Ce n'est pas comme chez nous, où quatre générations cohabitent sous le même toit. Chacun a sa voiture pour aller au travail et amener les enfants à l'école ; sa télévision, où il reçoit des chaînes du monde entier ; son frigo et son congélateur chargés de bonne nourriture. Ils ont une vie très reposante. Leurs femmes ne font plus les tâches ménagères, elles ont des machines pour laver le linge et la vaisselle. […] Et tout le monde vit bien. Il n'y a pas de pauvres, car même à ceux qui n'ont pas de travail l'État paie un salaire : ils appellent ça le RMI, le revenu minimum d'insertion. Tu passes la journée à bâiller devant ta télé, et on te file le revenu maximum d'un ingénieur de chez nous ! Afin que les familles gardent un bon niveau de vie, l'État leur donne de l'argent en fonction du nombre d'enfants. Alors, plus ils procréent, plus ils ramassent. Chaque nuit d'amour est un investissement ! J'avais un voisin qui ne travaillait pas, ses deux femmes non plus, mais avec ses dix enfants, tous déclarés au nom de la première, il gagnait plus que moi qui travaillais. Les Blancs n'auraient pas besoin de travailler s'ils faisaient beaucoup d'enfants, mais ils n'aiment pas en avoir autant que nous autres. Là-bas, tout le monde peut devenir riche, regardez tout ce que j'ai maintenant. *(466 mots)*

« Le ventre de l'Atlantique » de Fatou Diome, Éditions Anne Carrière, Paris, 2003, pages : 95 à 99

Annotations :

l. 1	tonton *(fam.)*	oncle (dans la langue des enfants), ici les jeunes appellent « l'homme de Barbès » « tonton »
l. 5	jalonner	se trouver des deux côtés
l. 5	regorger	*all. :* überquellen
l. 8	orgueilleux, se	fier, fière
l. 8	ériger	*all. :* errichten (construire)
l. 9	au moindre de	*all. :* bei der/dem geringsten
l. 9	l'exploit *m.*	*all. :* Heldentat
l. 12	incommensurable	immense
l. 22	la tâche ménagère	*all. :* Arbeit im Haushalt
l. 24/25	le RMI, le revenu minimum d'insertion	*all. :* staatliche finanzielle Grundsicherung
l. 25	bâiller	*all. :* gähnen
l. 25	filer *(fam.)*	*ici :* donner
l. 27	en fonction de	*all. :* je nach
l. 28	procréer	*all. :* Nachwuchs zeugen
l. 30	déclarer	*ici : all. :* anmelden

Aufgabenstellung

		Punkte
1.	Présentez ce que le narrateur raconte de la ville de Paris et de ses habitants. *(compréhension)*	12
2.	Examinez comment le narrateur dresse son portrait de la ville de Paris et de la vie de ses habitants. *(analyse)*	18
3.	Expliquez l'importance que le narrateur attache au nombre d'enfants. *(analyse)*	10
4.	Amadou, un jeune Sénégalais qui a assisté au récit du narrateur, s'est décidé à immigrer en France. Après une année vécue à Paris, il écrit une lettre à « l'homme de Barbès » au Sénégal et lui fait part de ses expériences positives et négatives. Rédigez cette lettre. *(produktiv-gestaltende Aufgabe)*	20

Lösungsvorschläge

1. ***Hinweis:*** *Da es sich um eine Text zusammenfassende Aufgabe des Anforderungsbereichs 1 handelt, nennen Sie in einem einleitenden Satz Autor, Titel, Textsorte, Erscheinungsjahr und -ort sowie das Thema des Textes. Fassen Sie die Aussagen des Textes strukturiert in zwei Abschnitten zur Stadt Paris und zu deren Einwohnern zusammen. Geben Sie den Inhalt mit Ihren eigenen Worten wieder und verzichten Sie vollständig auf Zitate.*

L'extrait du roman « Le ventre de l'Atlantique », écrit par Fatou Diome et publié à Paris en 2003, parle d'un Sénégalais qui a vécu pendant plusieurs années dans le quartier Barbès à Paris et qui, après être rentré au Sénégal, raconte cette vie aux jeunes du village. Le narrateur présente de nombreux aspects de la ville de Paris et de la vie de ses habitants.
D'abord, il donne un portrait très positif de la ville. Il nomme beaucoup de monuments historiques et de sites touristiques comme la Tour Eiffel, les Champs-Élysées, l'Arc de Triomphe, le Panthéon et des églises et il décrit leur splendeur et leur beauté exceptionnelle.
Puis, il présente la vie aisée et confortable des habitants de cette ville et il compare cette vie à la situation des gens au Sénégal. Il parle des conditions excellentes de vie : il y a le soutien technologique pour faciliter le quotidien et le soutien financier de l'État. Des exemples de soutien technologique sont l'électricité, l'eau courante, la voiture ou la télévision. De plus, le narrateur décrit deux sortes de soutien financier que les Français peuvent recevoir : le soutien pour les chômeurs, appelé RMI, et pour les familles.
Selon le narrateur, la ville de Paris ainsi que la vie de ses habitants se caractérisent par la surabondance.

2. ***Hinweis:*** *Bei dieser Analyseaufgabe geht es um die Art und Weise, wie der Erzähler einen Inhalt darstellt, z. B. durch den Textaufbau oder die Sprache. Benennen Sie nicht nur das Mittel der Darstellung, sondern erklären Sie auch immer dessen Funktion. Erläutern Sie also, weshalb der Autor an einer bestimmten Stelle ein bestimmtes Mittel eingesetzt hat. Achten Sie außerdem darauf, Textverweise einzubeziehen, um Ihre Thesen zu belegen. Vor der eigentlichen Analyse sollten Sie einen Einleitungssatz verfassen, der dem Leser einen Überblick über die Strukturierung ihres Textes gibt.*

Dans cet extrait de roman, le narrateur se sert de différents moyens stylistiques pour souligner son image positive de la ville de Paris et de ses habitants. D'abord, il utilise un champ de mot d'adjectifs et de superlatifs positifs pour décrire non seulement la ville même, mais aussi les conditions de vie des habitants. Pour faire le portrait de Paris, il emploie des expressions comme : « une si belle ville » (l. 2), « les boutiques de luxe » (l. 5), « de marchandises extraordinaires » (l. 5/6), « de très beaux monuments historiques » (l. 7), « cimetière de luxe » (l. 10) et « de gigantesques édifices » (l. 13). Ainsi, le narrateur donne aux Sénégalais l'impres-

sion que cette ville est un paradis sur terre qui se caractérise par une beauté extraordinaire et qui est très supérieur au village sénégalais où ils se trouvent à ce moment-là. Le même champ de mot est utilisé pour décrire les conditions luxueuses de vie des Parisiens. Par exemple : « ils sont très riches » (l. 16), « un appartement luxueux » (l. 17), « des chaînes du monde entier » (l. 20), « de bonne nourriture » (l. 21), « une vie très reposante » (l. 21). Le champ de mot choisi révèle une image très partiale de la vie des habitants et ne considère nulle part ses côtes négatives.
Par l'énumération de beaux et grands monuments (l. 7–13), le narrateur veut montrer la grande richesse de la ville. Au-delà, il y a une énumération des moyens qui facilitent la vie des Parisiens. Il énumère par exemple la télévision (l. 20), le congélateur (l. 21) ou le RMI (l. 24), ce qui lui sert à clarifier l'aisance des habitants.
Un autre moyen stylistique que le narrateur emploie est l'exagération. Il dit par exemple que la Tour Eiffel et l'Obélisque presque « touchent le ciel » (l. 3/4) pour souligner leur extrême grandeur. De plus, il raconte qu'il faut « une journée, au moins » (l. 4) pour faire les Champs-Élysées tant il y a de magasins. Ainsi, le narrateur veut mettre l'accent sur la surabondance de marchandise et le luxe à Paris. Pour décrire la vie des habitants, il utilise aussi le moyen de l'exagération quand il dit que « chaque couple […] habite dans un appartement luxueux » (l. 17), que « chacun a sa voiture pour aller au travail » (l. 19) et que « tout le monde vit bien » (l. 23). Ainsi, le narrateur exclut toute exception et il montre de nouveau une perspective très partiale de la vie dans cette ville.

3. ***Hinweis:*** *In dieser Analyseaufgabe geht es darum, den Abschnitt zum Thema „Kindergeld" sowie die Motivation des Erzählers, sich zu diesem Thema so detailliert zu äußern, zu erklären.*

Dans son discours, le narrateur parle aussi de la situation des familles en France. Il explique que les familles reçoivent un considérable soutien financier de l'État français, des allocations familiales, pour chaque enfant qu'ils ont (l. 27). Le narrateur donne l'exemple de son voisin qui – au lieu de travailler – a des enfants et gagne ainsi de l'argent (l. 29/30). De plus, il dit que malgré cette aide considérable, les Français ont moins d'enfants que les Sénégalais (l. 32).
Pour le narrateur sénégalais cette situation est incroyable parce qu'au Sénégal, les familles ont de nombreux enfants et on vit dans de grandes communautés (l. 18/19). Cependant, comme la société sénégalaise est plutôt pauvre, la plupart des Sénégalais cherchent probablement à avoir suffisamment de nourriture pour nourrir la famille. Par conséquent, un Sénégalais considère les allocations familiales en France certainement comme un luxe énorme et a du mal à comprendre la contradiction entre ce soutien financier et – comparé au Sénégal – le faible taux de natalité en France.

4. ***Hinweis:*** *Verwenden Sie die Anrede und Verabschiedung sowie das sprachliche Register eines persönlichen Briefes. Versetzen Sie sich in die Perspektive des jungen Mannes, der diesen Brief verfasst, und lehnen Sie sich inhaltlich an den Romanauszug an. Gehen Sie im Brief darauf ein, inwieweit der junge Mann das Paris aus den sehr positiven Schilderungen des* homme de Barbès *wiedergefunden hat und beschreiben Sie ebenfalls die negativen Seiten der Stadt.*

Cher tonton,

Ça fait un an déjà que je suis à Paris. Après le discours que tu as tenu dans notre petit village, j'ai décidé de quitter le Sénégal et de tenter ma chance dans la ville des rêves et du luxe. J'ai commencé un travail comme serveur dans un restaurant africain à Barbès et je vis à Saint-Denis, dans la banlieue parisienne. Comme tu as été ma motivation de quitter mon pays natal, je voulais t'informer de ma « vie de pacha ».
Tonton, tu avais raison quand tu disais que Paris était extrêmement beau. Tous les grands immeubles splendides, les restaurants de haute cuisine et toutes les marchandises de luxe sont vraiment impressionnants. J'ai presque pleuré quand je les ai vus pour la première fois.
Mais maintenant, après un an, je pleure pour une autre raison – je n'ai jamais eu accès à ces choses car il me manque l'argent. Je ne peux même pas m'acheter une tasse de chocolat chaud dans un café parce qu'elle coûte sept euros. Avec mon petit salaire de serveur, je peux payer une toute petite chambre en banlieue. Le matin, je me lève tôt pour aller travailler et je rentre tard le soir et je prends le métro au travail, pas la voiture. D'abord, parce que je n'en ai pas et puis parce qu'il n'y a pas de places de parking à Paris. Je n'ai ni machine à laver ni lave-vaisselle.
Chaque jour, je me heurte à la criminalité et à la prostitution qui dominent les rues de banlieue et qui existent aussi dans les rues du centre-ville. Je suis confronté à la mauvaise humeur des Parisiens et à des métros surchargés. De plus, je suis discriminé chaque jour à cause de la couleur de ma peau. Le Parisien m'identifie directement comme étranger, immigrant, pauvre. C'est triste.
Au Sénégal, je vivais mieux qu'ici, dans cette ville des superlatifs. Là-bas, on est solidaire, on se serre les coudes – ici, chaque individu semble être l'ennemi de l'autre. Dès que j'aurai assez d'argent pour m'acheter un vol, je vais rentrer à la maison, dans notre petit village du Sénégal où le soleil brille.
J'espère te retrouver là-bas pour qu'on discute un peu de nos impressions divergentes de cette ville et ses habitants. J'ai l'impression que ton opinion de la ville n'est pas très réaliste.

À bientôt,

Amadou

Jonathan Parienté : « La vie à Montpellier est extra quand on a du travail »

Ira Imig est venue vivre en France parce qu'elle est *« tombée amoureuse d'un Français qui ne voulait pas apprendre l'allemand »*. Il venait de trouver du travail à Montpellier et c'est tout naturellement qu'elle a quitté l'Allemagne pour s'installer ici. C'était il y a treize ans.

Depuis, Ira Imig est devenue française. Ou plutôt « binationale », comme on dit. Elle a acquis la nationalité française au prix *« de beaucoup de paperasse »* et d'un entretien destiné, entre autres, à évaluer son niveau de français – qu'elle maîtrise parfaitement. Elle en parle comme d'une simple formalité, à mille lieues des files d'attente interminables en préfecture, des rendez-vous vexatoires ou des décisions discrétionnaires. *« Il y a deux types d'étrangers, ceux qui viennent des pays du Nord et les autres. C'est tout à fait par hasard que je suis née dans un pays qui est moins étranger »*, reconnaît-elle [...].

Ira Imig peut désormais *« voter et participer aux petites choses du quotidien »*. *« Je savais que j'avais droit à la nationalité, car je rapportais de l'argent à l'État français »*, explique-t-elle. Depuis plusieurs années, Ira dirige une agence de relations presse. *« Enfin, une agence... L'agence, c'est moi, moi et moi »*, tempère-t-elle. Au départ, elle proposait aux entreprises françaises d'assurer leurs relations avec la presse étrangère. Petit à petit, elles lui ont demandé de prendre en charge les relations avec la presse française. Un peu étonnée, elle s'y est pliée de bonne grâce et aujourd'hui son entreprise prospère.

Quand elle vivait en Allemagne, Ira Imig travaillait dans le mécénat culturel. Une activité qu'elle tente de lancer à Montpellier, mais des deux côtés du Rhin les habitudes divergent. [...]

La perception du mécénat se trouve en bonne place sur sa liste des différences culturelles [...]. Ira Imig rit en évoquant cette manie qu'ont les Français de *« monter des dossiers »* ou leurs repas interminables. Elle vante la *« légèreté »* des Fêtes de Bayonne, dont elle revient, se moque du stéréotype de l'Allemand très ordonné : *« Je pourrais être trois fois plus bordélique que les Français, ça ne se remarquerait pas »*, tant le cliché est ancré. *« Avoir deux cultures, c'est génial »*, résume-t-elle en louant les nombreuses occasions qui lui ont permis de s'intégrer [...].

Après avoir cherché du travail pendant un an, elle a été embauchée dans une *« start-up qui est rapidement devenue une start-down »*. De cette entreprise qui a périclité, elle a conservé de solides relations amicales. Une chance, puisqu'ici il est *« très facile de se faire des contacts superficiels, mais beaucoup plus dur de nouer des amitiés »*. Aujourd'hui, en traversant le centre-ville, elle rencontre sans arrêt des gens, des proches ou de simples connaissances. [...] *(454 mots)*

Jonathan Parienté: « La vie à Montpellier est extra quand on a du travail », 02. 08. 2011, Text gekürzt und geringfügig geändert, http://montpellier.blog.lemonde.fr/2011/08/02/la-vie-a-montpellier-est-extra-quand-on- a-du-travail (Zugriff am 03. 03. 2013)

Annotations :

l. 6	la paperasse	*all. :* Papierkram
l. 8/9	à mille lieues des files d'attente	*all. :* meilenweit von Warteschlangen entfernt
l. 9	vexatoire	humiliant
l. 10	discrétionnaire	*ici : all. :* willkürlich
l. 18	prendre qc en charge	s'occuper de qc
l. 19	se plier de bonne grâce	*all. :* sich gerne beugen
l. 21	le mécénat culturel	*all. :* Kultursponsoring (ohne werbewirksame Gegenleistung)
l. 22	tenter de lancer qc	*all. :* versuchen, etwas in Gang zu bringen
l. 25/26	monter un dossier	*all. :* eine Akte anlegen
l. 26	vanter qc	parler très favorablement de qc
l. 27	Bayonne	une ville située dans le département des Pyrénées-Atlantiques
l. 28	bordélique	chaotique
l. 33	péricliter	*all. :* zugrunde gehen

Aufgabenstellung

Punkte

1. Présentez le parcours personnel et professionnel d'Ira. *(compréhension)* 12
2. Dégagez les défis auxquels Ira et d'autres immigrés sont confrontés en France. *(analyse)* 14
3. Analysez la façon dont Ira arrive à surmonter ces défis. *(analyse)* 16
4. « Avoir deux cultures, c'est génial » (l. 25/26).
   Voici ce que pense Ira qui, comme beaucoup d'autres jeunes Allemands, profite des rapports entre la France et l'Allemagne dans son parcours personnel et professionnel. Commentez cette opinion en comparant sa situation et ses chances à celles des jeunes immigrés maghrébins. *(commentaire)* 18

Lösungsvorschläge

1. ***Hinweis:*** *Da es sich um eine Text zusammenfassende Aufgabe des Anforderungsbereichs 1 handelt, nennen Sie in einem einleitenden Satz Autor, Titel, Textsorte, Erscheinungsjahr und -ort sowie das Thema des Textes. Fassen Sie die Aussagen des Textes strukturiert in zwei Abschnitten zur persönlichen und zur professionellen Biografie von Ira zusammen. Geben Sie den Inhalt mit Ihren eigenen Worten wieder und verzichten Sie auf Zitate.*

   Dans l'article « La vie à Montpellier est extra quand on a du travail », écrit par Jonathan Parienté et publié le 2 août 2011 sur montpellier.blog.lemonde.fr, il s'agit d'une jeune Allemande francophile qui quitte l'Allemagne pour mener sa vie en France et qui y est confrontée à plusieurs défis.
   Le parcours personnel d'Ira Imig est simple : elle aime un Français qui ne veut pas vivre en Allemagne. Francophone et francophile, Ira décide de s'installer en France avec lui et elle y habite maintenant depuis 13 ans. Entretemps, elle s'est bien intégrée et elle a trouvé de bons amis français.
   Son parcours professionnel, par contre, ne se développe pas avec la même facilité que son parcours personnel. Ira, qui travaillait dans le mécénat culturel en Allemagne, doit lutter pour trouver un travail permanent en France. D'abord, elle essaie de fonder une telle activité à Montpellier, mais sans succès. Après un an de chômage, Ira travaille dans une jeune entreprise qui ne réussit pas à s'imposer sur le marché. Finalement, elle décide de s'établir à son compte en fondant une agence de relations presse. L'orientation initiale vers la presse internationale est remplacée peu à peu par des relations avec la presse française ce qu'Ira salue fortement.

2. ***Hinweis:*** *Es sollte auf eine sinnvolle Klassifizierung der Herausforderungen, denen Ira und andere Migranten sich stellen müssen, geachtet werden. In jedem Textabschnitt sollte eine andere Herausforderung in eigenen Worten erklärt werden. Achten Sie darauf, vor der eigentlichen inhaltlichen Analyse einen Einleitungssatz zu verfassen, der einen Überblick über die Strukturierung des folgenden Textes gibt. Verwenden Sie Textverweise.*

   En France, Ira et d'autres immigrés sont confrontés à plusieurs sortes de défis. D'abord, pour les immigrés, il est souvent difficile de trouver de vraies relations amicales dans le pays d'accueil. On connaît peut-être beaucoup de gens avec qui on peut parler ou même aller dîner, mais ce ne sont souvent que des connaissances superficielles. Pour Ira, ça a été dur de trouver de vrais amis (l. 33–35).
   En plus, les immigrés doivent souvent faire un grand effort pour trouver du travail, comme le montre le cas d'Ira qui au début a eu du mal à gagner de l'argent dans le pays d'accueil malgré ses expériences professionnelles en Allemagne (l. 22/23 ; l. 31/32). La situation est probablement encore plus compliquée pour des immigrés non-européens qui sont parfois moins formés.

Et puis, c'est un grand défi pour les immigrés de devenir français, donc d'obtenir la nouvelle nationalité. De nombreuses demandes et des démarches administratives qui doivent être faites ainsi que des tests de langue compliquent le parcours pour les étrangers. Mais ce sont surtout des décisions arbitraires, prises par des fonctionnaires non motivés, qui constituent leur plus grand défi (l. 6–10).

3. ***Hinweis:*** *Wie in Aufgabe 2 sollte auf eine sinnvolle Strukturierung des Textes geachtet werden sowie auf einen Einleitungssatz, der die im Folgetext genannten Aspekte präsentiert, damit der Leser weiß, worauf er sich bei der Lektüre inhaltlich einstellen muss.*

Ira surmonte les défis auxquels elle est confrontée en France avec grande légèreté et persévérance. Pour elle, les obstacles pour trouver du travail et des amis et pour obtenir la nationalité française sont franchissables.
Ce qui aide Ira à vite s'établir en France est qu'elle se montre ouverte et positive envers la société française. Cette attitude est probablement influencée par la relation amoureuse avec un Français. Quand son compagnon refuse de vivre en Allemagne, elle prend vite la décision de commencer une nouvelle vie en France (l. 3).
En plus, il est plutôt facile pour Ira de s'intégrer et de surmonter les défis parce qu'elle maîtrise bien la langue française (l. 7/8). Ainsi, elle passe tous les tests de langue sans effort et dès le début, elle peut communiquer avec les Français et nouer des contacts sociaux (l. 32/33).
Cependant, c'est surtout sa façon de construire son identité qui facilite le franchissement des défis. Ira ne se considère pas comme une Allemande qui vit maintenant en France, mais elle intègre des éléments français et allemands dans son identité. Elle crée ainsi une identité « binationale » (l. 5), une identité qui combine les deux cultures dans lesquelles elle vit. Ira apprécie beaucoup avoir une telle identité hybride (l. 29).

4. ***Hinweis:*** *In dieser Aufgabe verlangt der Operator* commenter *in einem ersten Schritt die Darstellung und Erklärung der eigenen Meinung zum beschriebenen Zitat und damit zu Iras Situation. Im nächsten Schritt soll Iras Situation mit der Situation von Migranten maghrebinischen Ursprungs verglichen werden.*

Ira apprécie sa propre identité internationale et hybride qui se compose de la culture allemande et de la culture française. Cette attitude positive est tout à fait compréhensible. Elle profite de cette identité et par conséquent du bon rapport entre la France et l'Allemagne au niveau personnel et professionnel.
Au niveau personnel, elle a la possibilité de nouer des contacts avec des jeunes d'une autre culture. Grâce à ces contacts, elle apprend à connaître une nouvelle culture, par exemple la cuisine, la littérature, l'histoire, les coutumes et les habitudes. En outre, elle peut améliorer ses compétences linguistiques en utilisant la langue française dans la vie quotidienne. Cet échange culturel lui permet par conséquent de vérifier ses propres perspectives du monde ainsi que d'élargir son ho-

rizon culturel pour enfin mieux comprendre les différences et les similarités entre les cultures.
Au niveau professionnel, il y a aussi beaucoup d'aspects positifs pour une personne qui tire avantage des bons rapports entre la France et l'Allemagne. Beaucoup de grandes entreprises agissent à un niveau international ce qui rend indispensable des compétences linguistiques dans plusieurs langues européennes, ainsi que des compétences interculturelles des candidats. Il est alors pratique d'avoir deux cultures parce que cela aide à être ouvert à d'autres cultures et à acquérir la connaissance d'autres langues pour améliorer ses chances de trouver un travail intéressant et bien payé.
Cependant, la situation d'Ira diffère considérablement de la situation des immigrés maghrébins. Même si ceux-ci ont l'avantage de parler la langue française couramment, ils sont confrontés à beaucoup d'obstacles qu'Ira, qui vient d'un pays du Nord, n'a pas rencontrés. Les Maghrébins ont une culture très différente de la culture française ce qui complique une assimilation à celle-ci. Par exemple, la bureaucratie française est probablement très nouvelle pour eux car leur pays d'origine est moins fonctionnarisé. De plus, ils rencontrent souvent de la discrimination et de la xénophobie, entre autres dans la vie professionnelle. En outre, les jeunes se retrouvent souvent entre les deux cultures : à la maison la culture arabe et dans la rue l'européenne. Cette situation crée souvent un conflit d'identité.
À mon avis, les immigrés maghrébins ont beaucoup plus de problèmes avec le fait d'avoir deux cultures qu'Ira qui représente ici l'immigré du Nord.

François Ost : « Antigone voilée » [extrait]

Introduction : Un drame s'est produit dans la famille d'Aïcha et de Yasmina. Le lendemain, les deux sœurs se retrouvent devant leur école. Aïcha veut informer sa sœur d'une décision prise par l'école suite à cet événement.

[…]

YASMINA.

Que pourrait-il nous arriver de pire que la mort d'un frère et l'accident mortel d'un autre frère ? Parle, je n'ai pas quitté l'hôpital de la nuit.

AÏCHA.

Le Directeur a construit toute une histoire. Ils ont décidé que la grenade qui a explosé, c'était celle de Nordin – un terroriste prétendent-ils, un islamiste radical. Hassan aurait voulu le dissuader de l'utiliser. Nordin a refusé, ils se sont battus, et finalement, dans leur lutte, la grenade s'est dégoupillée et a explosé. Voilà, à partir d'aujourd'hui, le mauvais, le galeux c'est Nordin – d'autant plus commode qu'il est mort. Et le bon, le raisonnable, c'est Hassan. S'il s'en sort, il sera l'immigrant présentable. Celui sur qui on pourra compter pour s'assimiler. Conséquence : toute l'école retiendra son souffle pour Hassan ; on écrira des lettres dans les classes, on enverra des délégations à l'hôpital quand il ira mieux. Mais pour Nordin, c'est l'interdiction absolue de manifester la moindre solidarité. Il est rejeté comme un chien, banni comme un pestiféré : tu penses, un terroriste à l'école ! Aucune classe, même pas la sienne, ne sera autorisée à assister à son enterrement. Et, comble de tout, le Directeur compte afficher, ici même, et dès ce matin, l'interdiction de tout signe d'appartenance religieuse ou politique, y compris le port du *hijab*. Avec renvoi immédiat pour ceux qui désobéiraient. Que dis-tu de cela ? Laisserons-nous diviser notre famille, flétrir le souvenir de Nordin ?

YASMINA.

Aïcha, tu cries si fort. Que sont tous ces discours face au deuil qui nous frappe ? Je n'ai plus que mes yeux pour pleurer. Je voudrais fermer les yeux. Oublier tout cela. Dormir, dormir…

AÏCHA.

Il est bien temps de dormir ! Allons, viens. Il n'y a pas une minute à perdre.

YASMINA.

Mais que veux-tu à la fin ? Nordin est mort et Hassan à l'agonie !

AÏCHA.

Il y a qu'on veut les opposer et nous couvrir de honte. Il faut relever la tête Yasmina. Chercher une photo de Nordin, la photocopier en des dizaines d'exemplaires, les coller partout, avant même que les instructions du Directeur soient affichées. Acheter des fleurs, des bougies : le visage de Nordin à tous les coins de l'école !

YASMINA.

Mais tu es folle, Aïcha, tu vas te faire renvoyer !

AÏCHA.

Et alors, qu'ai-je encore à faire dans cette école ?

YASMINA.

(Se détournant, le visage dans les mains, puis revenant à elle, suppliante)

Aïcha, tu es tout ce qui me reste. [...] Si tu es renvoyée, je resterai toute seule ici. Et toi, que deviendras-tu sans même un diplôme de fin d'études ?

Calme-toi, Aïcha. Moi aussi je souffre. Nous n'avons pas dormi de la nuit. J'ai la tête vide et cette boule, là, dans la gorge. Il nous faut seulement du temps. Espérer encore pour Hassan, puis du temps, beaucoup de temps pour oublier. Va dormir un peu, tout à l'heure tu verras les choses autrement. *(491 mots)*

Espaces littéraires: François Ost Antigone voilée. Cornelsen Schulverlage ISBN 978-3-06-024407-2

Annotations :

l. 3	l'accident mortel	*ici :* accident qui peut causer la mort
l. 8	dissuader	empêcher qn de faire qc
l. 9	dégoupiller	*all. :* entsichern
l. 10	galeux, se	*ici :* une personne que l'on considère comme mauvaise, que l'on méprise, repousse
l. 16	le pestiféré	une personne atteinte de la peste
l. 17	comble de tout	il ne manquait plus que cela (se dit d'une chose désagréable)
l. 19	le hijab	voile porté traditionnellement par les femmes musulmanes
l. 21	flétrir	*ici :* déshonorer
l. 29	être à l'agonie	être en train de mourir
l. 31	il y a que	*ici :* c'est que

Aufgabenstellung

Punkte

1. Résumez le texte. *(compréhension)* 10
2. Dégagez les conséquences que pourraient entraîner, d'après Aïcha, les réactions du Directeur. *(analyse)* 16
3. Comparez les réactions des deux sœurs. *(analyse)* 16
4. Aïcha parle d'« un terroriste » (l. 7) et de « l'immigrant présentable » (l. 11/12). Jugez de cette classification en vous référant au texte et au travail fait en cours. *(commentaire)* 18

Lösungsvorschläge

1. ***Hinweis:** Im Resümee sollten Sie die Hintergrundinformationen und das Gespräch der beiden Schwestern kurz und knapp zusammenfassen. Das Tempus des Resümees ist das* présent.

   Dans le texte, un extrait de la pièce de théâtre « Antigone voilée » écrite par François Ost, Aïcha et Yasmina se rencontrent devant leur école le lendemain de l'explosion d'une grenade lors de laquelle leur frère Nordin a été tué. Comme l'autre frère est gravement blessé, Yasmina passe la nuit près de lui à l'hôpital.
   Aïcha raconte à sa sœur que le Directeur de l'école est persuadé que Nordin est le fautif et qu'il prétend prendre des mesures. Elle essaie donc de la persuader de perpétuer le souvenir de leur frère Nordin grâce à plusieurs actions qui vont s'opposer aux interdictions du Directeur. Mais, finalement, Yasmina refuse les propositions de sa sœur.

2. ***Hinweis:** In dieser ersten Analyseaufgabe sollen Sie deutlich machen, dass der Direktor die beiden Brüder klar stigmatisiert sowie (vor)verurteilt und somit die Reaktionen seiner Umwelt beeinflusst.*

   Dans cet extrait, d'après Aïcha, le Directeur attribue aux frères, en public, des rôles bien définis, ce qui influence les réactions de l'environnement social.
   D'une part, il y a Nordin, présenté comme « l'islamiste radical » (l. 7) qui voulait utiliser la grenade pour un acte de terrorisme. On lui attribue le rôle du « mauvais » (l. 10), du coupable. D'après l'avis d'Aïcha, cet exposé des faits a pour résultat que l'environnement social se désolidarise de lui. Cette attitude est intensifiée par l'interdiction de participer à l'enterrement de Nordin ou de présenter des condoléances de toute autre manière.
   D'autre part, il y a Hassan, le frère raisonnable, « le bon » (l. 11) qui a, selon le Directeur, essayé en vain de convaincre son frère de ne pas commettre ce crime. C'est lui, « l'immigrant présentable » (l. 11/12) qui sait bien s'intégrer. Selon Aïcha, cette description aboutit à ce que les camarades d'école et les proches éprouvent beaucoup de compassion et de sympathie pour lui, ce qui est soutenu par l'école.
   En outre, le Directeur tire profit de cet événement en déclarant « l'interdiction de tout signe d'appartenance religieuse ou politique » (l. 18/19). En plus, il promet des sanctions dures. On constate que le Directeur influence significativement les élèves de l'école et le restant de la famille en privant tout le monde, y compris les sœurs, de faire convenablement le deuil de Nordin.
   Les sœurs doivent par conséquent soit accepter les interdictions et se soumettre au règlement du Directeur soit se révolter contre ce système et en subir les conséquences.

3. ***Hinweis:*** *In der zweiten Analyseaufgabe sollen Sie herausstellen, dass das Verhalten und die Einstellung der beiden Schwestern zwar gewisse Parallelen aufweisen, aber sie sich in ihren Reaktionen und ihrem Charakter in vielen Dingen unterscheiden.*

En comparant les réactions des deux sœurs, on remarque une certaine similitude de comportement et d'attitude mais les différences sont plus importantes.
Toutes les deux font le deuil de leur frère mais de deux façons différentes. Elles assument la responsabilité et voient bien les conséquences de leurs actions. Mais tandis que Yasmina pense essentiellement à son cursus scolaire (l. 43), seule la réputation de la famille compte pour Aïcha.
Il y a encore d'autres différences en ce qui concerne leurs réactions et leurs caractères. Yasmina se concentre sur son frère gravement blessé et espère sa guérison. Pour Aïcha, il est plus important de faire ses adieux à l'autre frère sans que sa réputation soit salie. Aïcha donne donc la priorité absolue à la réputation de toute la famille (l. 31), au contraire de Yasmina pour qui le deuil de son frère mort est au premier plan (l. 29). Elle préfère pleurer silencieusement, en espérant que le temps lui fera oublier ses chagrins ou de moins les atténuera (l. 23–25).
Yasmina pense surtout aux conséquences si elle agit contre les interdictions du Directeur. Elle est raisonnable et évite ce conflit. Aïcha par contre réagit, elle est furieuse et révoltée parce qu'elle ne veut pas se plier aux ordres du Directeur. Elle prévoit alors de protester en pleine connaissance des conséquences (l. 32–34).
En résumé on peut dire que Yasmina se comporte plutôt de manière passive et avec pragmatisme tandis qu'Aïcha est plus rebelle et donc plus active.

4. ***Hinweis:*** *In Ihrem* commentaire *sollen Sie zeigen, dass bei der Bewertung der Integration von Menschen mit Migrationshintergrund, wie hier im Fall von Hassan und Nordin, eine häufig praktizierte Kategorisierung in „Gut" und „Böse" vorgenommen wird. Sie müssen sich an geeigneten Stellen auf den Text beziehen und außerdem eine persönliche Wertung dieser Einteilung vornehmen.*

Quant à l'évaluation de l'intégration des immigrants comme Hassan et Nordin, il y a souvent une catégorisation comme « le terroriste » et « l'immigrant présentable ».
Dans le premier cas, d'après Aïcha, on fait souvent référence à un contexte religieux. C'est à dire qu'on voit dans ceux qui ne veulent pas s'intégrer souvent des islamistes radicaux. Ces immigrants s'excluent eux-mêmes ou sont exclus par la société. Dans l'extrait, cette exclusion est représentée par l'interdiction de participer à l'enterrement de Nordin.
Mais, à mon avis, le prétexte que les immigrants ne s'intègrent pas peut aussi être considéré comme une excuse parce que la société n'offre pas de programmes d'intégration sérieux. On peut dire donc que c'est plus facile d'assumer un manque de bon vouloir que de s'occuper des jeunes immigrants difficiles.

Le comportement des personnes issues de l'immigration « adaptées » aux coutumes du pays où ils vivent, les « immigrants présentables », est récompensé par la société. Dans l'extrait par exemple, c'est Hassan qui recevra, d'après Aïcha, beaucoup de lettres et de visites. En évitant tout signe d'appartenance religieuse ou politique, on montre son intégration réussie extérieurement. Ces « immigrants présentables » aident par exemple les hommes politiques à prouver que l'intégration fonctionne même si ce n'est peut-être pas le cas.
Finalement, à mon avis, l'assimilation est considérée comme une sorte d'intégration positive bien qu'en s'adaptant complètement à la nouvelle société on abandonne sa propre identité.

Amitié franco-allemande : Merkel et Hollande raniment la flamme

[…] « Es lebe die Deutsche Französiche Freundschaft. Vive l'amitié franco-allemande ». Sur le parvis de la cathédrale de Reims, Angela Merkel a fait écho dimanche au général de Gaulle pour célébrer, aux côtés de François Hollande, 50 ans d'amitié franco-allemande. Dans leurs discours respectifs rappelant ceux prononcés par Konrad Adenauer et le général de Gaulle le 8 juillet 1962, les deux dirigeants ont évoqué le nécessaire renforcement de la construction européenne et la transmission à la jeunesse des leçons de la réconciliation franco-allemande.

« Notre chance, c'est d'être unis », a souligné la chancelière, tandis que François Hollande proposait, comme Charles de Gaulle à l'époque, de « franchir ensemble une nouvelle porte sur des années qui rendront encore plus étroite l'amitié entre deux nations ». « Nous n'héritons pas d'une amitié, nous la renouvelons à chaque génération », a-t-il ajouté devant des centaines de Rémois réunis sur le parvis de la cathédrale gothique très ouvragée, gravement endommagée durant la Première Guerre mondiale. […]

Le président comme la chancelière ont dit vouloir bâtir un pont entre la réconciliation d'hier et la construction européenne. « Nous devons aujourd'hui parachever au niveau politique l'union économique et monétaire. C'est un travail digne d'Hercule mais l'Europe en est capable », a assuré Angela Merkel. « L'Europe, c'est bien plus qu'une monnaie, et la relation franco-allemande est incontournable à cet égard. Ce n'est pas une relation exclusive, elle invite chacun à s'y associer », a-t-elle ajouté, rejoignant François Hollande sur ce thème d'une Union ouverte au-delà du seul axe Paris-Berlin.

François Hollande s'est lui aussi voulu volontariste. « Nous avons une jeunesse en partage, une économie, une monnaie. Nous devons les défendre avec des règles et des instruments puissants », a dit le chef de l'État, dix jours après le sommet européen à Bruxelles qui a donné un nouveau souffle à une zone euro en grande difficulté. […]

François Hollande a fait une allusion à la profanation de tombes de soldats allemands découverte samedi dans les Ardennes, assurant qu'« aucune force obscure, et encore moins la bêtise, qui lui prête souvent son concours, ne pourra altérer le mouvement profond de l'amitié franco-allemande ». Angela Merkel a commencé son discours en se disant consciente que deux « guerres mondiales dévastatrices » avaient « laissé des blessures profondes dans la mémoire des Français ». Affichant une cordialité sans effusion excessive, président et chancelière se sont embrassés avant d'aller saluer le public ayant bravé les averses pour venir les écouter en agitant des drapeaux français, allemand et européen.

Cette journée du souvenir a été ponctuée par une cérémonie à la cathédrale, où l'archevêque de Reims Thierry Jordan a rappelé l'audace du geste accompli en ce lieu il y a 50 ans par Charles de Gaulle et Konrad Adenauer, 17 ans après la fin de la guerre. « Un tel acte visionnaire n'allait pas de soi. En 1962, ces deux visionnaires n'avaient pas toute l'opinion de leur côté, loin de là. Les plaies étaient trop vives. Ils durent vraisemblablement prendre sur eux », a-t-il souligné. *(487 mots)*

Amitié franco-allemande : Merkel et Hollande raniment la flamme, in: Le Point.fr, 08. 07. 2012, Text gekürzt; http://www.lepoint.fr/monde/merkel-et-hollande-raniment-la-flamme-de-50-ans-d-amitie-franco-allemande-08-07-2012-1482592_24.php (Zugriff am 01. 02. 2013)

Annotations :

l. 1	Deutsche Französiche Freundschaft: Fehler der Vorlage, die nicht korrigiert wurden.	
titre	ranimer qc	redonner de la force à qc
l. 2	le parvis	place ou cour située devant une cathédrale ou une église
l. 12	les Rémois	les habitants de Reims
l. 13	ouvragé, e	*all. :* kunstvoll gearbeitet
l. 17	parachever	achever complètement de faire qc
l. 17/18	un travail digne d'Hercule	un travail énorme, gigantesque
l. 19	incontournable	*ici :* ce qu'il faut absolument considérer
l. 23	volontariste	*ici :* qn qui est prêt à agir
l. 23/24	avoir qc en partage	avoir qc en commun
l. 26	donner un nouveau souffle à qc	donner une nouvelle force à qc
l. 28	la profanation	action de traiter sans respect p. ex. un objet ou un lieu en violant son caractère sacré
l. 30	prêter son concours à qn / qc	*ici : all.* mit etwas einhergehen
l. 34	l'effusion *f*	*ici :* action de donner libre cours à des sentiments profonds
l. 35	braver les averses	*all. :* den Regenschauern trotzen
l. 42	prendre sur soi	supporter des choses pénibles

Aufgabenstellung

		Punkte
1.	Présentez les circonstances et les motifs de la rencontre de Merkel et de Hollande et les sujets principaux abordés dans l'article. *(compréhension)*	11
2.	Dégagez les défis et les perspectives des relations franco-allemandes à l'époque de Adenauer et de Gaulle et ceux d'aujourd'hui. *(analyse)*	13
3.	Analysez les attitudes de Merkel et de Hollande concernant l'amitié franco-allemande en tenant compte de la façon d'exprimer leurs positions. *(analyse)*	18
4.	« Nous n'héritons pas d'une amitié, nous la renouvelons à chaque génération » (l. 11 / 12). Après avoir lu cette phrase dans l'article, vous postez votre réaction dans la rubrique « Commentaires » sur le site www.lepoint.fr. Rédigez votre point de vue en vous référant à vos connaissances sur l'évolution de l'amitié franco-allemande et aux défis d'aujourd'hui. *(produktiv-gestaltende Aufgabe)*	18

Lösungsvorschläge

1. ***Hinweis:*** *Im Resümee sollten Sie die Hintergrundinformationen, die für das Zusammentreffen von Merkel und Hollande entscheidend sind, sowie die Themenschwerpunkte des Treffens kurz und knapp herausarbeiten. Das Tempus des Resümees ist das* présent.

   Dans le texte, il s'agit d'un article abrégé sur Internet intitulé « Amitié franco-allemande : Merkel et Hollande raniment la flamme », publié dans lepoint.fr le 08 juillet 2012.
   L'auteur de cet article présente les circonstances d'une rencontre entre Merkel et Hollande. Elle a lieu à l'occasion des 50 ans de l'amitié franco-allemande et tous les deux se rencontrent à la cathédrale de Reims pour participer à la cérémonie, au cours de laquelle ils prononcent un discours.
   Merkel et Hollande évoquent les relations franco-allemandes antérieures marquées d'un côté par les deux guerres mondiales, d'un autre côté par la réconciliation franco-allemande que l'on doit à Konrad Adenauer et à Charles de Gaulle. Les orateurs ajoutent que cette amitié joue un rôle important dans l'Union européenne et ils soulignent que c'est à la jeunesse de renouveler cette amitié.

2. ***Hinweis:*** *Zunächst sollten Sie die Herausforderungen der deutsch-französischen Beziehungen zu Zeiten Adenauers und de Gaulles sowie deren Visionen erläutern. Anschließend zeigen Sie die aktuellen Herausforderungen auf und erklären, welche Aufgaben sich den beiden Ländern zukünftig stellen.*

   À l'époque d'Adenauer et de Gaulle, les guerres mondiales avaient détruit toute confiance entre les Français et les Allemands (l. 32/33). Les deux hommes politiques voulaient réconcilier les deux peuples, un grand défi à l'époque puisque les citoyens des deux côtés du Rhin étaient marqués par les deux guerres et n'étaient pas encore prêts à défendre cette idée (l. 41). Mais le chancelier allemand et le président français ont assumé la responsabilité et sont arrivés à ouvrir une perspective aux deux pays, avec la vision d'approfondir les relations franco-allemandes.
   Aujourd'hui, les défis des relations entre la France et l'Allemagne doivent être perçus selon un plan soit franco-allemand soit européen.
   Selon le plan franco-allemand, il faut tirer une leçon du passé et l'enseigner aux jeunes pour qu'ils puissent renouveler ou approfondir cette amitié qui est encore stable (l. 6/7) même s'il y a des problèmes de temps en temps, comme le montre par exemple la profanation de tombes de soldats allemands dans les Ardennes (l. 28/29).
   Selon le plan européen, il faut défendre les acquisitions comme l'unité monétaire et économique surtout au regard des difficultés européennes (l. 24–27). Ce qui fonctionne déjà en ce qui concerne la monnaie et l'économie unie doit être poursuivi au niveau politique (l. 16/17). De toute façon, l'amitié franco-alle-

mande doit être développée pour soutenir la création d'une Europe unie, une « Union ouverte au-delà du seul axe Paris-Berlin (l. 21/22) ».

3. ***Hinweis:*** *In diesem Teil der Analyse sollten Sie herausarbeiten, dass Angela Merkel und François Hollande eine grundsätzlich positive Einstellung zur deutsch-französischen Freundschaft haben und sich ihrer Verantwortung für die Beziehungen beider Länder und deren Bedeutung auch auf europäischer Ebene bewusst sind.*

   En ce qui concerne l'amitié franco-allemande, François Hollande et Angela Merkel ont une attitude très positive. En utilisant des mots et expressions comme « notre chance » (l. 8), « franchir ensemble » (l. 9) et « nous », (l. 11), ils montrent qu'ils désirent une vraie collaboration entre la France et l'Allemagne. En plus, ils mettent en valeur la grande importance de cette amitié aussi sur le plan européen (l. 15/16, l. 20–22) en mettant l'accent sur leur confiance et leur conviction (l. 17/18).
   Le fait que Merkel et Hollande nomment les objectifs et les actions de leur travail commun (l. 6/7, l. 15/16) montre bien qu'ils se rendent compte de leur responsabilité vis-à-vis des relations franco-allemandes et de leur importance sur le plan européen. De plus, ils soulignent qu'ils s'engagent en faveur des buts communs même au prix de certains efforts (l. 17/18).
   En outre, Merkel et Hollande mettent toute leur confiance dans les jeunes (l. 6/7) parce qu'ils voient la nécessité du développement, du renouvellement ou bien de l'approfondissement de l'amitié franco-allemande (l. 11/12).
   À part cela, Merkel et Hollande montrent bien qu'ils considèrent les relations franco-allemandes comme importantes en prenant les « deux guerres dévastatrices » (l. 32) pour thème. Ils soulignent la nécessité des jeunes d'apprendre ce qui s'est passé dans le passé pour bien comprendre l'importance de la réconciliation (l. 6/7). On ne doit pas taire des évènements actuels comme la profanation de tombes de soldats allemands (l. 28/29) sans toutefois y attribuer trop d'importance.
   Finalement, dans leurs discours, Merkel et Hollande reprennent les idées et les pensées des pères fondateurs de l'amitié franco-allemande, Konrad Adenauer et Charles de Gaulle ; ils soulignent ainsi la dimension historique de leur responsabilité.

4. ***Hinweis:*** *Sie sollten Ereignisse und Gegebenheiten, die die deutsch-französische Freundschaft mit sich bringt, erörtern, sowie Möglichkeiten zu deren Erneuerung aufzeigen. Anschließend stellen Sie kritische Überlegungen zum gegenwärtigen Stand der deutsch-französischen Freundschaft an.*

   Oui, c'est vrai, il faut renouveler l'amitié franco-allemande à chaque génération. Dès le début de cette amitié, au début des années soixante, de Gaulle et Adenauer ont essayé de créer une union entre nos deux pays. Le problème a été d'abord de

convaincre les peuples allemand et français de leur idée, qui avaient encore l'image de l'ennemi héréditaire en tête. Mais au cours des années, les relations se sont améliorées progressivement de manière qu'il existe aujourd'hui de nombreuses offres binationales comme par exemple les jumelages, l'OFAJ, ARTE, AbiBac ou le DELF. En plus, les coopérations de l'apprentissage ou des diplômes universitaires se sont aussi intensifiées. Il est donc plus facile aujourd'hui de faire ses études en France, de trouver de nouveaux contacts liés à la possibilité d'améliorer une langue étrangère.
À part cette évolution positive des relations franco-allemandes pendant les dernières décennies, les défis d'aujourd'hui montrent qu'il faut renouveler cette amitié.
Dans le domaine politique par exemple, les deux États n'ont pas toujours les mêmes intérêts et, de temps en temps, chacun essaie d'imposer ses propres projets sans penser au pays voisin. Une amitié encore plus profonde pourrait faire réapparaître une vraie collaboration au niveau international.
Dans la vie quotidienne, à l'école par exemple, l'allemand et le français ne sont plus si populaires, ce qui est encore intensifié par un nombre d'élèves en baisse. Il y a une évolution contraire: d'un côté, d'autres langues étrangères modernes comme l'espagnol concurrencent le français en Allemagne, d'un autre côté la culture française n'est plus si attrayante et le désir de choisir la France comme destination de vacances faiblit de plus en plus.
En résumé, on peut dire qu'il y a une bonne relation entre les deux pays mais il faut faire des efforts pour qu'elle reste ainsi à l'avenir.

Nordrhein-Westfalen: Französisch (f) Leistungskurs 2014
Aufgabe 1

Guy de Maupassant : « Un parricide » [extrait]

Localisation du passage : Georges Louis est accusé devant le tribunal d'avoir tué ses parents. Enfant illégitime, il avait été abandonné à la naissance et élevé par une autre femme. Il a tout de même réussi à s'établir comme menuisier. Un jour, un couple est arrivé dans son atelier pour commander des meubles et est revenu plusieurs fois. Lors d'une visite, la dame a commencé à lui poser des questions sur sa vie, son enfance et ses parents.
Georges Louis raconte au président du tribunal ce qui s'est passé après :

[…] Je répondis : « Mes parents, Madame, étaient des misérables qui m'ont abandonné. » Alors elle porta la main sur son cœur, et tomba sans connaissance. Je pensai tout de suite : « C'est ma mère ! » mais je me gardai bien de laisser rien voir. Je voulais la regarder venir.

Par exemple, je pris de mon côté mes renseignements. J'appris qu'ils n'étaient mariés que du mois de juillet précédent, ma mère n'étant devenue veuve que depuis trois ans. On avait bien chuchoté qu'ils s'étaient aimés du vivant du premier mari, mais on n'en avait aucune preuve. C'était moi la preuve, la preuve qu'on avait cachée d'abord, espéré détruire ensuite.

J'attendis. Elle reparut un soir, toujours accompagnée de mon père. Ce jour-là, elle semblait fort émue, je ne sais pourquoi. Puis, au moment de s'en aller, elle me dit : « Je vous veux du bien, parce que vous m'avez l'air d'un honnête garçon et d'un travailleur ; vous penserez sans doute à vous marier quelque jour ; […] je suis riche, sans enfants, libre, maîtresse de ma fortune. Voici votre dot. »

Elle me tendit une grande enveloppe cachetée.

Je la regardai fixement, puis je lui dis : « Vous êtes ma mère ? »

Elle recula de trois pas et se cacha les yeux de la main pour ne plus me voir. Lui, l'homme, mon père, la soutint dans ses bras et il me cria : « Mais vous êtes fou ! »

Je répondis : « Pas du tout. Je sais bien que vous êtes mes parents. On ne me trompe pas ainsi. Avouez-le et je vous garderai le secret ; je ne vous en voudrai pas ; je resterai ce que je suis, un menuisier. »

Il reculait vers la sortie en soutenant toujours sa femme qui commençait à sangloter. Je courus fermer la porte, je mis la clef dans ma poche, et je repris : « Regardez-la donc et niez encore qu'elle soit ma mère. »

Alors il s'emporta, devenu très pâle, épouvanté par la pensée que le scandale évité jusqu'ici pouvait éclater soudain ; que leur situation, leur renom, leur honneur seraient perdus d'un seul coup ; il balbutiait : « Vous êtes une canaille qui voulez nous tirer de l'argent. […] »

Ma mère, éperdue, répétait coup sur coup : « Allons-nous-en, allons-nous-en ! »

Alors, comme la porte était fermée, il cria : « Si vous ne m'ouvrez pas tout de suite, je vous fais flanquer en prison pour chantage et violence ! »

J'étais resté maître de moi ; j'ouvris la porte et je les vis s'enfoncer dans l'ombre.

Alors il me sembla tout à coup que je venais d'être fait orphelin, d'être abandonné, poussé au ruisseau. Une tristesse épouvantable, mêlée de colère, de haine, de dégoût, m'envahit ; j'avais comme un soulèvement de tout mon être, un soulèvement de la justice, de la droiture, de l'honneur, de l'affection rejetée. Je me mis à courir pour les rejoindre le long de la Seine [...].

Je les rattrapai bientôt. La nuit était venue toute noire. J'allais à pas de loup sur l'herbe, de sorte qu'ils ne m'entendirent pas. Ma mère pleurait toujours. Mon père disait : « C'est votre faute. Pourquoi avez-vous tenu à le voir ? C'était une folie dans notre position. On aurait pu lui faire du bien de loin, sans se montrer. Puisque nous ne pouvons le reconnaître, à quoi servaient ces visites dangereuses ? »

Alors, je m'élançai devant eux, suppliant. Je balbutiai : « Vous voyez bien que vous êtes mes parents. Vous m'avez déjà rejeté une fois, me repousserez-vous encore ? »

Alors, mon président, il leva sa main sur moi, je vous le jure sur l'honneur, sur la loi, sur la République. Il me frappa, et comme je le saisissais au collet, il tira de sa poche un revolver.

J'ai vu rouge, je ne sais plus, j'avais mon compas dans ma poche ; je l'ai frappé, frappé tant que j'ai pu.

Alors elle s'est mise à crier : « Au secours ! à l'assassin ! » en m'arrachant la barbe. Il paraît que je l'ai tuée aussi. Est-ce que je sais, moi, ce que j'ai fait à ce moment-là ? [...]

(707 mots)

Guy de Maupassant : « Un parricide », 1885.

Annotations :

Titre	le parricide	(1) meurtre du père ou de la mère, (2) celui qui a commis un parricide
l. 3	se garder de	éviter de
l. 7	du vivant de qn	pendant qu'il vivait encore
l. 14	la dot	ce que les parents donnent à leur enfant quand il se marie
l. 15	cacheté, e	*all. :* versiegelt
l. 20	en vouloir à qn	garder du ressentiment contre qn
l. 25	s'emporter	se mettre en colère
l. 25	épouvanté, e	très effrayé, e
l. 26	le renom	l'opinion favorable que les gens ont de qn
l. 27	balbutier	parler de manière hésitante et confuse
l. 27	une canaille	injure qui désigne une personne malhonnête
l. 29	éperdu, e	très troublé, e par une émotion violente
l. 31	flanquer en prison	jeter en prison
l. 31	le chantage	*all. :* Erpressung
l. 33	l'orphelin *m.*	un enfant dont les parents sont morts
l. 36	la droiture	l'honnêteté
l. 38	à pas de loup	sans faire de bruit
l. 47	le collet	le col
l. 49	le compas	une longue pointe de fer

Aufgabenstellung | **Punkte**

1. Présentez brièvement le protagoniste et la situation dans laquelle il se trouve. *(compréhension)* 9
2. Examinez la réaction du couple lorsque Georges Louis fait comprendre qu'il connaît la vérité. *(analyse)* 16
3. Analysez les sentiments qu'éprouve Georges Louis pendant la rencontre et l'assassinat ainsi que les moyens stylistiques qui les soulignent. *(analyse)* 17
4. Discutez du cas de Georges Louis en examinant les causes et les circonstances du crime et en vous référant aussi à vos connaissances de la société de l'époque. *(commentaire)* 18

Lösungsvorschläge

1. ***Hinweis:*** *Bei diesem Resümee sollten Sie sich auf den Protagonisten Georges Louis konzentrieren und seine Situation kurz und prägnant schildern.*

   Dans l'extrait du récit « Un parricide » écrit par Guy de Maupassant en 1885, Georges Louis, accusé, raconte au président du tribunal sa rencontre avec ses parents pendant laquelle il les a tués.
   Georges Louis n'a pas été élevé par son père et sa mère mais par une autre femme. Il est menuisier et travaille dans un atelier. Dans cet atelier, il fait pour la première fois la connaissance de ses parents qui veulent commander des meubles. Ceux-ci reviennent une deuxième fois et Georges les confronte avec le fait que la femme est sa mère. D'abord, il leur donne la possibilité d'accepter ce fait, mais ces derniers le rejettent de nouveau. C'est la raison pour laquelle il les hait. Il parle de ses émotions et dit que son père a admis de se débarrasser de lui à cause de leur position sociale. Enfin, il décrit les détails du crime, l'homicide du père et le meurtre de sa mère.

2. ***Hinweis:*** *Konzentrieren Sie sich bei dieser Aufgabe auf die Reaktionen der Eltern und die Entwicklung der Gefühle beider im Verlauf des Gespräches mit dem Sohn, nachdem dieser sie mit der Vermutung konfrontiert hat, die Frau sei seine Mutter. Reaktionen und Gefühle von Georges analysieren Sie erst in der folgenden Aufgabe.*

   Avant que Georges admette qu'il connaît la vérité, on voit bien que sa mère regrette de l'avoir abandonné : elle essaie de lui faire un compliment en mettant en relief le fait qu'il est « un honnête garçon et […] un travailleur » (l. 12/13) et elle lui donne de l'argent (l. 15) ; d'après elle, c'est une dot pour son mariage futur (l. 14). Cela explique sa réaction lorsque Georges lui dit qu'elle est sa mère.

Elle a honte et se met la main devant les yeux (l. 17). Elle sanglote, pleure et elle ne peut rien dire. Elle ne sait plus se tirer d'affaire et réagit d'une façon « éperdue » (l. 29) : elle ne veut rien d'autre que s'en aller, que s'enfuir de cette situation désagréable.
Le père, par contre, défend et soutient d'abord son épouse (l. 18). Il crie et désavoue ce que Georges dit. Il se met en colère, réagit furieusement et devient « très pâle » (l. 25). Il se comporte ainsi, d'un côté, parce qu'il a peur de faire « scandale » (l. 25/26) et de perdre « leur renom [et] leur honneur » (l. 26), de l'autre côté, parce qu'il craint que Georges veuille rien d'autre que son argent (l. 27/28). Il devient de plus en plus agressif et menace de le faire jeter en prison (l. 31). Après avoir quitté l'atelier, le père fait des reproches à son épouse. À son avis, c'est de sa faute s'ils se trouvent dans cette situation parce que c'était elle qui voulait le revoir. Le père ne pense qu'à sa position sociale et sa réputation. Selon lui « on aurait pu lui faire du bien de loin » (l. 41), c'est-à-dire lui envoyer de l'argent sans le rencontrer et sans lui parler. Cela montre que son fils ne lui est pas complètement égal mais que ce n'est pas la peine de risquer un scandale. Georges les suit et le père n'est plus capable de cacher ou nier la vérité. D'après la déposition testimoniale du protagoniste, l'agression du père augmente encore : il frappe Georges et, quand celui-ci se défend, tire « de sa poche un revolver » (l. 47/48) ; il est alors prêt à sacrifier son fils pour éviter une probable descente sociale.

3. ***Hinweis:*** *Im Verlauf der beiden Treffen mit seinen Eltern erlebt der Protagonist ein Wechselbad der Gefühle, was sich sowohl in seinen Reaktionen als auch in seiner Wortwahl zeigt. Führen Sie dementsprechend auch eine Sprachanalyse durch.*

Au cours des rencontres avec ses parents, les sentiments de Georges changent plusieurs fois. Pendant la première rencontre, il ne dit rien bien qu'il sente déjà que la femme est sa mère. Ce jour-là, ils s'en vont tous les deux, ils le quittent encore une fois. Georges se sent seul en racontant d'une façon mélancolique comment il a appris qu'il était un enfant illégitime et que ses parents avaient peur de perdre leur bonne réputation sociale. Il se voit comme une « preuve qu'on avait cachée d'abord » (l. 8/9) et qu'ils voulaient « détruire » (l. 9). Dans ces mots, on ressent son attitude négative envers ses parents.
Au retour de ses parents, il dit à la femme qu'elle est sa mère. En employant des impératifs (« avouez-le », l. 20 ; « regardez », « niez », l. 24), il fait appel à ses parents pour qu'ils avouent qu'il est leur fils et donc, de l'accepter. Les impératifs montrent son désespoir. Celui-ci augmente quand Georges ferme la porte et cache la clé pour empêcher ses parents de quitter l'atelier. Après être menacé d'emprisonnement, il ouvre la porte et les laisse s'en aller. Il prétend rester « maître » (l. 32) de lui-même : il se calme et, en peu de temps, il se rend à la raison.
Mais « tout à coup » (l. 33) il est dominé de nouveau par ses sentiments. Il énumère qu'il est « abandonné » et « poussé au ruisseau » (l. 34) et il utilise des mots qui renforcent de plus en plus son attitude négative (« tristesse », « colère »,

« haine », l. 34/35). Il ne peut plus penser qu'à lui-même, à la « justice », à la « droiture » et à « l'honneur » (l. 36).
Par conséquent, il poursuit ses parents et « les rattrape bientôt » (l. 38). Pour la dernière fois, il tente de les convaincre, il leur demande « en suppliant » (l. 43), ce qui montre encore une fois son désespoir, s'ils sont capables de le repousser encore une fois (l. 44/45). Au moment où, selon lui, son père le frappe et prend un revolver, il « [voit] rouge » (l. 49). Cette image montre qu'il perd la maîtrise de lui-même. Il tire son compas de sa poche et frappe son père plusieurs fois « tant qu' [il peut] » (l. 50). Il ne se souvient plus du meurtre de sa mère, il ne sait plus « ce qu' [il a] fait à ce moment-là » (l. 52/53).

4. ***Hinweis:*** *In Ihrem Kommentar sollten Sie Gründe und Motive für die Handlungen sowohl des Protagonisten Georges Louis als auch der Eltern vor dem Hintergrund der gesellschaftlichen Normen des 19. Jahrhunderts nennen und gegeneinander abwägen. Bilden Sie am Ende eine Synthese Ihrer Argumentation und formulieren Sie Ihre eigene Meinung.*

Pendant le XIXe siècle, la femme dépendait de l'homme. Il fallait absolument respecter les règles sociales, surtout si elles concernaient les relations entre l'homme et la femme.
Dans le cas de Georges Louis, cela explique le point de vue des parents. L'âge de Georges montre que ses parents avaient déjà une relation du vivant du premier mari de sa mère. C'était pour des raisons sociales et économiques qu'ils ont été obligés de se débarrasser de ce fils. Ils avaient tous les deux peur de perdre leur position dans la société, de perdre le respect des autres et de n'avoir plus d'honneur. Ce n'était pas conforme à leur rang d'élever un enfant illégitime. Peut-être que son père a poussé sa mère à prendre cette décision, ce qu'il fait également pendant les rencontres présentées dans le texte. Il craignait plus encore la perte d'honneur et d'argent.
Le protagoniste n'a pas été élevé par ses propres parents. Toute sa vie, il a pensé que ses vrais parents ne l'aimaient pas et qu'il les gênait. Mais ce n'est qu'après les réactions des parents, surtout du père pendant les rencontres que Georges voit « rouge » (l. 49). Ils lui disent plusieurs fois qu'ils ne veulent pas l'accepter et ils veulent le payer avec de l'argent et des bonnes paroles. C'est pour la deuxième fois qu'ils le repoussent. Ce mélange entre le sentiment de ne pas être aimé et d'être rejeté une deuxième fois explique son état d'âme lorsqu'il tue ses parents. En outre, c'est son père qui le frappe et qui tire un revolver. Donc, Georges Louis agit en légitime défense. Mais il frappe son père plusieurs fois, il est tellement agressif qu'il s'accommode de la mort de son père. Il est furieux et exaspéré si bien qu'il tue aussi sa mère.
À mon avis, on ne peut pas accepter le comportement des parents. Au moins dans la perspective actuelle, c'est pour des raisons morales qu'on doit condamner leurs réactions. Mais ce n'est pas du tout une justification pour les deux meurtres. Georges a commis des crimes ; il faut qu'on le condamne.

Nordrhein-Westfalen: Französisch (f) Leistungskurs 2014
Aufgabe 2

Déclaration de M. François Hollande, Président de la République, sur les relations franco-allemandes et la construction européenne, à Ludwigsburg (Allemagne) le 22 septembre 2012

[…]

Nous ouvrons ici à Ludwigsburg, l'année franco-allemande.

Durant les prochains mois, en France, en Allemagne, à Strasbourg, à Hambourg, à Sarrebruck, à Avignon, des rencontres universitaires sportives, culturelles symboliseront l'amitié de nos deux pays.

Le 22 janvier prochain, les deux parlements, français et allemand se réuniront à Berlin pour commémorer le cinquantenaire du traité de l'Élysée. Ce traité, c'était la volonté de deux hommes, qui avaient connu, l'un et l'autre, la guerre et l'avaient faite et qui voulaient établir la paix, la paix non pas pour leur génération, la paix pour toujours entre nos deux Nations. Ces deux hommes s'appelaient Konrad ADENAUER et Charles de GAULLE.

[…]

Il fallait de l'audace, moins de vingt ans après la fin du plus horrible conflit mondial, d'appeler à l'union de nos deux pays, qui s'étaient combattus, et avec quelle barbarie. Il fallait de l'audace pour croire en l'Europe, ce continent qui venait de se déchirer, il fallait de l'audace pour transformer les ressentiments en espérance et cette audace a été une réussite. Elle nous pose une grande question à nous tous, aux dirigeants de l'Europe, aux peuples de l'Union. Est-ce que nous avons encore cette audace ? Est-ce que nous sommes encore capables de dépasser ce qui peut nous séparer pour nous unir dans un nouveau projet ?

Nous nous trouvons, nous aussi, face à l'Histoire.

L'Europe traverse non plus une guerre, c'est fini, mais une crise, et elle dure. Une crise qui traduit les déséquilibres de la finance, l'ampleur des dettes, mais aussi la vulnérabilité des États. Cette crise se paie cher : un chômage élevé, l'angoisse des jeunes pour leur avenir et une défiance à l'égard de la politique. C'est une crise morale que nous avons à relever.

L'Europe, la première puissance économique du monde doute d'elle-même. Comment comprendre ? Elle hésite à s'unir davantage au risque que nos pays soient eux-mêmes ramenés, emportés par le scepticisme, l'égoïsme et le populisme.

La réponse à la crise de l'Europe a un nom, un seul nom, c'est l'Europe elle-même, c'est l'Europe qui vaincra la crise qui la traverse !

[…]

C'est une nouvelle frontière que nous devons tracer. Nos prédécesseurs ont été capables de faire le marché commun, de créer l'Euro et d'élargir l'Europe aux pays qui étaient sortis du communisme. Aujourd'hui, nous devons inventer nous aussi, porter une espérance, déplacer la frontière et être capables de forger une union budgétaire, une union bancaire, une union sociale, une union politique.

Dans cette entreprise, l'Allemagne et la France ont une responsabilité exceptionnelle.

Nous formons le cœur de l'Europe. Nous n'avons pas vocation à décider pour les autres pays, mais nous devons, s'ils l'acceptent, les entraîner. Notre amitié est essentielle, mais nous sommes comme un couple déjà âgé qui s'est uni depuis longtemps et qui, parfois, perd ses repères.

[…]

L'Allemagne, la France, nous pouvons porter des projets. Et d'abord une communauté de l'énergie. Nous voulons dans chacun de nos pays, avec des voies différentes, réussir cette transition énergétique, écologique. Alors travaillons ensemble pour ces énergies renouvelables, développons de nouvelles technologies, inventons les emplois de demain qui nous permettrons à la fois de tenir notre rang dans la compétition mondiale, mais aussi de lutter contre le réchauffement climatique de la planète. Voilà un beau projet pour nos deux pays !

Mais nous avons aussi à faire davantage pour la recherche. Parce que l'Europe, la France, l'Allemagne détiennent une richesse incomparable avec leur nombre de savants et d'ingénieurs.

Faisons travailler, encore davantage qu'aujourd'hui, nos étudiants, nos enseignants, nos chercheurs pour porter, là encore, de nouveaux projets.

Et puis, nous avons aussi à donner du sens à notre amitié et quel plus beau sens pouvons-nous lui donner que de le faire à travers un projet culturel ? Multiplions toutes les créations artistiques, développons les industries culturelles, mobilisons les technologies de l'information et tournons-nous vers la jeunesse. C'est elle qui donnera la direction de notre amitié.

[…]

Construisez donc l'Europe à votre image, jeunes allemands, jeunes français. Une Europe exigeante, une Europe morale, une Europe généreuse, une Europe ouverte ! Poursuivez le rêve européen, celui qui a été esquissé par les pères fondateurs, ce rêve que faisaient, ici même, il y a cinquante ans, ensemble, les yeux ouverts, le chancelier ADENAUER et le général de GAULLE. *(702 mots)*

Déclaration de M. François Hollande, Président de la République, sur les relations franco-allemandes et la construction européen, à Ludwigsburg (Allemagne) le 22 septembre 2012 ; http://discours.vie-publique.fr/notices/127001713.html (Zugriff am 12. 03. 2013)

Annotations :

In Z. 34 wurde der Druckfehler des Originals (capable) korrigiert.

l. 7	commémorer	fêter
l. 13	l'audace *f.*	*all. :* Kühnheit
l. 23	l'ampleur *f.*	un volume considérable
l. 24	la vulnérabilité	la fragilité
l. 25	la défiance	contraire de : la confiance
l. 29	le scepticisme	un grand doute
l. 33	tracer	*ici :* dessiner
l. 33	des prédécesseurs *m.*	*ici :* ceux qui ont agi avant nous
l. 36	forger	travailler un métal à chaud (ici utilisé au sens figuré)

l. 37	budgétaire	*all.* : haushaltspolitisch
l. 43	perdre un repère	perdre l'orientation
l. 52	davantage	plus

Aufgabenstellung

Punkte

1. Présentez l'occasion lors de laquelle François Hollande a prononcé son discours, ainsi que les principaux sujets de celui-ci. *(compréhension)* 13

2. Dégagez les rapports qu'il établit entre la crise actuelle de l'Europe et l'évolution de l'amitié franco-allemande depuis la Seconde guerre mondiale. *(analyse)* 14

3. Expliquez en quoi consiste la « responsabilité exceptionnelle » (l. 38/39) de l'Allemagne et de la France en vous référant aux moyens rhétoriques dont se sert le Président. *(analyse)* 17

4. À la fin de son discours, Hollande lance un appel aux jeunes des deux pays (l. 63–67). Un(e) jeune Allemand(e) se sent concerné(e) et écrit une lettre à son (sa) correspondant(e) français(e) dans laquelle il/elle parle des défis et des possibilités que l'Europe réserve aux jeunes.
Écrivez cette lettre. *(produktiv-gestaltende Aufgabe)* 16

Lösungsvorschläge

1. ***Hinweis:*** *Fassen Sie die wichtigsten im Text genannten Aspekte der Rede von François Hollande zusammen. Benennen Sie den Anlass sowie die Bedeutung und Ziele der deutsch-französischen Zusammenarbeit innerhalb der europäischen Union.*

Dans sa déclaration sur les relations franco-allemandes et la construction européenne prononcée à Ludwigsburg le 22 septembre 2012, François Hollande, Président de la République française, parle des projets futurs de l'Europe et du rôle de la France et de l'Allemagne.
À l'occasion du commencement des festivités du cinquantenaire du traité de l'Élysée entre la France et l'Allemagne, M. Hollande souligne que les idées du premier chancelier fédéral allemand, Konrad Adenauer, et l'ancien président français Charles de Gaulle servaient de socle au développement de l'amitié franco-allemande. Il met en relief le fait que l'Europe se trouve dans une crise budgétaire et économique en ce moment et que surtout les jeunes ont peur de leur avenir. Il est d'avis que l'Europe elle-même surmontera la crise en promouvant l'union budgétaire, bancaire, sociale et politique. Pour lui, la France et l'Allemagne sont un pilier de l'Europe et ont un rôle important. Il leur faut travailler ensemble pour créer des emplois, pour motiver les autres membres de l'Union européenne d'intensifier les efforts pour créer une Europe unie. Ces deux pays peuvent s'engager dans le développement des nouvelles technologies, ils doivent

soutenir la recherche et installer un projet culturel. Il s'adresse explicitement aux jeunes et leur fait appel de développer les idées européennes des fondateurs Adenauer et de Gaulle.

2. ***Hinweis:*** *Achten Sie darauf, dass Sie die Aufgaben 2 und 3 inhaltlich voneinander trennen. Hier sollen Sie die Parallelen zwischen der derzeitigen Krise Europas und der Entwicklung der deutsch-französischen Freundschaft herausarbeiten.*

Dans le discours, M. Hollande souligne que la relation et l'amitié franco-allemandes sont un moteur pour le développement de l'Europe et son avenir. Pour le prouver, il se réfère aux fondateurs de cette amitié, Konrad Adenauer et Charles de Gaulle, qui ont participé, eux-mêmes, à la Seconde Guerre mondiale (l. 8) et qui « voulaient établir la paix » (l. 9) bien que ces deux pays « [se soient] combattus, et avec [une énorme] barbarie » (l. 14/15). L'inimitié et la méfiance semblaient infranchissables. Selon Hollande « il fallait de l'audace, moins de vingt ans après la fin » (l. 13) de cette guerre dans laquelle on avait tué des milliers de gens dans le monde entier. Les deux dirigeants croyaient « en l'Europe » (l. 15), ils espéraient avoir une Europe en paix. Donc, ces deux hommes d'État avaient pour but la paix pour leur génération et toutes les générations qui suivaient.
En ce moment, l'Europe se trouve de nouveau dans une crise qui déchire les pays dans l'Union européenne. Cette crise bancaire provoque « un chômage élevé, l'angoisse des jeunes pour l'avenir et une défiance à l'égard de la politique » (l. 24/25). D'après M. Hollande, cette crise est un grand danger pour la solidarité des pays parce que l'ensemble de ces pays est « la première puissance économique du monde » (l. 27) et aucun pays ne veut perdre son rang dans l'économie mondiale. Au lieu de s'unir, ils se déchirent davantage.
Mais comme les fondateurs étaient capables de croire en l'Europe, de fonder une union économique, « de créer l'Euro et d'élargir l'Europe » (l. 34), les dirigeants et les pays d'aujourd'hui sont aussi « capables de forger [l'U]nion » (l. 36) en ce qui concerne les aspects budgétaires, sociaux et politiques. Il faut avoir encore une fois une certaine audace, l'audace qu'ont montrée Adenauer et de Gaulle.

3. ***Hinweis:*** *Analysieren Sie den Text insbesondere im Hinblick auf die Verwendung rhetorischer Mittel. Belegen Sie Ihre Aussagen am Text, versuchen Sie aber dabei, sich sprachlich vom Text zu lösen und eigenständig zu formulieren.*

L'Allemagne et la France ont, selon M. Hollande, « une responsabilité exceptionnelle » (l. 38/39) dans l'Union européenne. Elles doivent s'engager pour « une union budgétaire, […] bancaire, […] sociale [et] […] politique » (l. 37). En énumérant ces buts, du premier aspect particulier au dernier aspect global, il souligne cette responsabilité extraordinaire et simultanément il met en relief le fait qu'on ne peut pas atteindre ces buts sans les deux pays. Pour y réussir, il faut → gérondif

que la France et l'Allemagne veillent à ce que les autres membres aient confiance en l'Union européenne et son avenir, ils doivent « porter une espérance » (l. 36). Dans cette perspective, M. Hollande utilise une métaphore en disant que les deux pays forment « le cœur de l'Europe » (l. 40) qui n'agit pas seul et qui ne décide pas seul, c'est-à-dire sans les autres pays européens, mais qui peut « les entraîner » (l. 41), leur donner des conseils et les encourager. Bien qu'il compare la relation franco-allemande à celle d'un « couple déjà âgé » (l. 42) qui ne travaille pas toujours ensemble, on est capable, selon lui, de « porter des projets » (l. 45) en matière d'énergie, d'écologie, de nouvelles technologies et de culture.
Quoique les deux pays utilisent des chemins différents pour réaliser ces buts, M. Hollande rappelle qu'il faut travailler ensemble (l. 47). Dans une nouvelle énumération, il se sert des impératifs de la première personne du pluriel (« travaillons », « développons », « inventons », l. 47/48) pour que les auditeurs comprennent qu'il est indispensable de suivre ensemble les mêmes buts et de soutenir l'autre. Il s'adresse spécifiquement aux chercheurs et savants en utilisant l'anaphore « nos étudiants, nos enseignants, nos chercheurs » (l. 55/56) et aux jeunes (l. 60) et il exige qu'ils inventent et réalisent « de nouveaux projets » (l. 56) scientifiques et culturels et qu'ils construisent « une Europe morale, […] généreuse [et] […] ouverte » (l. 64).
Il finit son discours euphorique en se référant encore une fois aux fondateurs de l'Union, Adenauer et de Gaulle. Il engage les jeunes à poursuivre « le rêve européen » (l. 65) et, implicitement, à le renouveler et l'intensifier.

4. ***Hinweis:*** *Beachten Sie die sprachlichen und formalen Normen eines Briefes an einen französischen Brieffreund mit Anrede, Hauptteil und Grußformel. Beziehen Sie sich ausdrücklich auf die Textvorlage und arbeiten Sie Errungenschaften und Herausforderungen des europäischen Gedankens heraus. Entscheiden Sie selbst, ob Sie an einen Freund oder eine Freundin schreiben.*

Cher Julien,

Hier, j'ai entendu parler François Hollande, votre Président, à Ludwigsburg. Dans son discours, il a souligné l'importance de la relation franco-allemande. Il a invité les jeunes à former et à développer l'Europe.
À mon avis, il faut également la moderniser et la rendre plus juste. Dans l'Union européenne, il y a beaucoup de pays qui ont une culture et un système politique différents. D'un côté, ils essaient de défendre leurs intérêts ; de l'autre côté, on essaie d'uniformiser les règles et les lois. Cela provoque des conflits. En outre, il y a des pays pauvres et ceux qui ont un taux de chômage élevé et accuse un déficit budgétaire, ce qui est aussi un grand défi pour l'Union. Les exemples de la Grèce et du Portugal montrent que les pays dépendent les uns des autres.
Mais ils montrent aussi que l'Europe est capable d'aider les pays qui en ont besoin. En travaillant ensemble, on peut réduire le taux de chômage, on peut inventer des nouvelles technologies pour créer des emplois et pour protéger notre environnement. En faisant cela, l'Europe et tous ses pays peuvent garder leur

position dans l'économie mondiale. De plus, il est nécessaire que nous vivions le rêve européen pour continuer cette période de paix. Dans l'histoire de l'Europe, il n'y a encore jamais eu de plus longue période de paix.
Je pense que l'Europe ne connaît pas encore sa vigueur. Mais l'Europe doit surmonter des frontières. Je ne parle pas de frontières géographiques, mais de frontières dans l'esprit : il faut accepter la variété des langues, des cultures et des intérêts régionaux.
Je ne suis pas un homme politique et je n'ai pas la position pour réaliser tous ces buts. Mais cela est mon rêve européen et l'Europe unie commence dans nos deux pays en surmontant la frontière franco-allemande, en s'écrivant et en échangeant nos points de vue et nos idées. Qu'en penses-tu ?

Amicalement,

Lukas

LK 2014-11

Ihre Meinung ist uns wichtig!

Ihre Anregungen sind uns immer willkommen. Bitte informieren Sie uns mit diesem Schein über Ihre Verbesserungsvorschläge!

Titel-Nr.	Seite	Vorschlag

Bitte hier abtrennen

Lernen • Wissen • Zukunft
STARK

Bitte hier abtrennen

Zutreffendes bitte ankreuzen!

Die Absenderin/der Absender ist:

- ☐ Lehrer/in in den Klassenstufen: ____
- ☐ Fachbetreuer/in
  Fächer: ____
- ☐ Seminarlehrer/in
  Fächer: ____
- ☐ Regierungsfachberater/in
  Fächer: ____
- ☐ Oberstufenbetreuer/in
- ☐ Schulleiter/in
- ☐ Referendar/in, Termin 2. Staatsexamen: ____
- ☐ Leiter/in Lehrerbibliothek
- ☐ Leiter/in Schülerbibliothek
- ☐ Sekretariat
- ☐ Eltern
- ☐ Schüler/in, Klasse: ____
- ☐ Sonstiges: ____

Unterrichtsfächer: (Bei Lehrkräften!)

____

STARK Verlag
Postfach 1852
85318 Freising

24-V_Abi

Bitte ausfüllen und im frankierten Umschlag an uns einsenden. Für Fensterkuverts geeignet.

Kennen Sie Ihre Kundennummer? Bitte hier eintragen.

Absender (Bitte in Druckbuchstaben!)

Name/Vorname

Straße/Nr.

PLZ/Ort/Ortsteil

Telefon privat

Geburtsjahr

E-Mail

Schule/Schulstempel (Bitte immer angeben!)

(Bitte blättern Sie um)